经济转型背景下市场营销的重大理论与实践问题研究丛书

# 转型升级背景下品牌管理理论和实践

滕乐法 等 著

科学出版社

北京

# 内 容 简 介

本书深入探讨了品牌管理的各个方面。首先，本书介绍了品牌与品牌战略的基本概念，探讨了品牌战略的重要性，强调了它在企业成功中的关键作用。其次，本书分别从企业内部视角和外部视角讨论了品牌管理战略层面的内容，包括品牌文化和愿景、品牌识别、品牌内化、顾客品牌感知、竞争者导向战略，以及利益相关者关系管理。再次，本书深入探讨了品牌资产的概念、测量、驱动因素以及新兴科技对品牌资产的影响。品牌地位的塑造与管理也是本书的重要部分。鉴于当前我国高质量发展和创新驱动的大趋势，本书还着重讨论了品牌与质量之间的关系以及品牌感知创新性的理论、概念、测量方法以及战略指引。最后，鉴于消费升级和数字化发展的趋势，本书探讨了奢侈品品牌建设与管理、家族企业品牌建设与管理、品牌故事、社交网络中的品牌意见领袖与社会影响，以及新媒体使用对品牌营销的影响。

本书提供了丰富的理论和实践信息，适合营销学者和研究人员阅读，也为品牌管理者提供了有价值的参考和指导。

图书在版编目（CIP）数据

转型升级背景下品牌管理理论和实践 / 滕乐法等著. -- 北京：科学出版社，2024.12
（经济转型背景下市场营销的重大理论与实践问题研究丛书）
ISBN 978-7-03-078258-8

Ⅰ. ①转… Ⅱ. ①滕… Ⅲ. ①品牌-企业管理-研究 Ⅳ. ①F273.2

中国国家版本馆 CIP 数据核字（2024）第 055498 号

责任编辑：陶 璇 / 责任校对：王晓茜
责任印制：张 伟 / 封面设计：有道设计

科学出版社 出版
北京东黄城根北街 16 号
邮政编码：100717
http://www.sciencep.com

北京市金木堂数码科技有限公司印刷
科学出版社发行 各地新华书店经销

\*

2024 年 12 月第 一 版　开本：720×1000　1/16
2024 年 12 月第一次印刷　印张：14 3/4
字数：298 000
定价：178.00 元
（如有印装质量问题，我社负责调换）

# 前　　言

《转型升级背景下品牌管理理论和实践》是一部关于品牌管理的学术著作,由江南大学教授滕乐法及其团队倾心著述。随着中国经济的不断转型升级,企业对品牌管理的需求越发迫切,本书能够满足学者、从业者和学生对该领域深入理解的渴望。我坚信,本书将为广大读者提供一场知识盛宴,并帮助读者更深刻地了解转型升级背景下的品牌管理。

在本书中,我们探讨了品牌管理的各个方面,包括品牌战略、品牌资产、品牌地位、品牌与质量、品牌创新性、奢侈品品牌、家族企业品牌、品牌故事、社交网络中的品牌意见领袖以及新媒体使用对品牌营销的影响。通过深入浅出的阐述,我们为读者提供了关于品牌管理的全新视角,使读者能够更深刻地理解和掌握品牌管理的关键理念和实践技巧。

首先,品牌战略对于企业成功起到至关重要的作用,品牌战略是企业成功的基石,是企业发展的核心驱动力。在当今时代,品牌战略已经成为企业转型升级的关键。通过翔实的案例分析和系统的理论阐述,我们为读者提供了系统的品牌战略规划方法和策略,帮助读者能够更好地掌握品牌战略的实践应用。

其次,我们深入探讨了品牌资产的概念、测量、驱动因素以及新兴科技对品牌资产的影响,详细介绍了品牌资产的测量方法,能够帮助读者更好地理解品牌资产在企业价值中的重要性。此外,我们还探讨了新兴科技如何改变品牌资产的管理和营销方式,为读者提供了应对数字化时代挑战的策略和方法。

品牌地位的塑造与管理也是本书的重要部分,主要介绍了品牌地位的理论概念和测量方法,探讨了品牌地位的形成机理,以及对品牌地位的测量。此外,我们还重点分析了品牌与质量之间的关系,探讨了如何通过提升品牌质量来提升企业价值。品牌与质量是企业竞争力的重要来源,品牌质量的提升能够帮助企业提升消费者的忠诚度,从而促进企业的持续发展。

再次,我们还阐述了品牌创新性对企业发展的重要性,向读者展示了如何通过品牌创新来提高企业的竞争力。在当今数字化时代,品牌创新已经成为企业发展的重要驱动力,能够帮助企业在竞争激烈的市场环境中脱颖而出。

总之,本书是一部关于品牌管理的全面、深入的学术著作。本书作者在丰富的理论研究和实践经验的基础上,为读者提供了全面、系统的品牌管理知识,并深入探讨了品牌管理的核心概念和实践技巧。本书还为读者提供了一个系统的品牌管理思维框架,帮助读者能够更好地理解和掌握品牌管理的实践应用,并促使企业在数字化时代实现转型升级。

  最后，感谢国家自然科学基金重点项目（71832005）以及国家自然科学基金面上项目（72072074）对本书的大力支持，感谢科学出版社、测试读者和 22 级研究生朱江等研究助手对这本书的支持。我相信，本书将为我们的企业在数字化时代的发展带来重要的帮助。希望读者在阅读过本书之后，有所收获！

滕乐法<br>
2024 年 3 月于无锡

# 目　录

**第1章　品牌升级之道：内外兼修的战略框架** ·········································· 1
 1.1　品牌与品牌战略 ·································································· 1
 1.2　以企业为导向讲品牌战略 ······················································ 2
 1.3　以市场为导向讲品牌战略 ···················································· 11
 参考文献 ················································································ 19

**第2章　数字时代品牌资产管理** ······················································ 21
 2.1　品牌资产：理论、概念、测量方法 ········································ 22
 2.2　品牌资产的驱动因素和重大价值 ············································ 30
 2.3　科技对品牌资产影响的新兴话题 ············································ 33
 参考文献 ················································································ 43

**第3章　品牌地位：提升之道与战略管理** ········································ 50
 3.1　品牌地位：理论、概念、测量方法 ········································ 50
 3.2　品牌地位的塑造 ································································ 53
 3.3　品牌地位管理的战略指引 ···················································· 57
 参考文献 ················································································ 63

**第4章　品牌提质升级的基础：质量管理** ········································ 66
 4.1　质量与品牌概述 ································································ 66
 4.2　质量对品牌的影响 ····························································· 69
 4.3　品牌对质量的影响 ····························································· 70
 参考文献 ················································································ 73

**第5章　品牌创新之光：创新性感知与品牌管理** ······························· 75
 5.1　创新性感知：理论、概念、测量方法 ···································· 76
 5.2　从产品创新感知到品牌创新感知 ············································ 83
 5.3　品牌创新性的战略指引 ······················································· 87
 参考文献 ················································································ 93

**第6章　奢侈品牌建设与管理** ························································ 95
 6.1　什么是奢侈品牌 ································································ 95
 6.2　数字时代下的奢侈品牌管理 ················································ 101

6.3 可持续营销与奢侈品牌管理··················································109
参考文献·····································································118

## 第 7 章 传承与创新：家族企业品牌战略的建设与演进············124
7.1 家族企业品牌概述··························································124
7.2 家族企业品牌的建设与管理·············································128
7.3 家族企业品牌战略的执行················································134
7.4 家族企业品牌战略的总结与展望······································144
参考文献·····································································147

## 第 8 章 时代新篇：品牌故事的作用··············································150
8.1 品牌故事基本概念辨析··················································150
8.2 品牌叙事的故事呈现·····················································152
8.3 品牌互动叙事·······························································154
8.4 你的团队需要一个会讲故事的人······································156
8.5 示弱还是示强？品牌故事类型影响消费者品牌态度的双重路径模型···161
8.6 研究结论与启示···························································175
参考文献·····································································178

## 第 9 章 转型升级必修课：社交网络与意见领袖·····················185
9.1 意见领袖····································································185
9.2 社交媒体中的意见领袖··················································188
9.3 影响者营销及其对品牌的重要作用···································194
9.4 结论及品牌策略指引·····················································197
参考文献·····································································199

## 第 10 章 触手可及的品牌：移动触控与社交媒体营销···············202
10.1 移动触控媒介使用与品牌营销·······································202
10.2 移动触控媒介对消费者的影响·······································205
10.3 移动触控端的品牌营销策略··········································209
10.4 社交媒体使用与品牌营销············································213
10.5 社交媒体对品牌的影响···············································220
参考文献·····································································226

# 第1章 品牌升级之道：内外兼修的战略框架

滕乐法[①]

## 1.1 品牌与品牌战略

### 1.1.1 什么是品牌战略？

"品牌"一词，我们都不陌生。近三十年来，国内外对品牌的研究逐渐广泛。在学术界，学者对品牌的定义并无一个标准，以 Keller（2007）、Aaker（2009）等为代表的美国品牌学者认为品牌是产品之外的附加值，以 Kapferer（2012）、de Chernatony（2010）等为代表的欧洲品牌学者则认为品牌是产品加上产品之外的附加值。巴菲特曾多次表达，品牌是企业的护城河。品牌是一种无形资产，但它可以带来巨大的竞争优势。企业拥有强大的品牌时，价格的提升和市场占有率的扩大变得更容易。虽然学者和企业家意见不相统一，但品牌的效用是毋庸置疑的。不少企业顺应流行趋势做品牌，希望在品牌时代分一杯羹，却常常感觉到品牌的打造没有一个真实可靠的体系，花了钱出了力，还是抓不到品牌建设的"实体"。这是因为品牌建设的实现路径不明确。看到这里，我们心中或许有了一个模糊的答案，没错，这里的实现路径指的就是品牌战略。

品牌战略是企业为打造品牌差异实现品牌竞争而设立的指导性路径手段，其核心是建立强势品牌，引导并帮助品牌发展成熟（Aaker，2002）。

### 1.1.2 品牌战略为什么重要？

品牌战略就像企业为品牌设定的长期计划，重在稳步落地，旨在品牌树立，具体由五个环节构成。环节的起始是品牌架构，它是新品牌诞生的前夜，决定了品牌的属性、定位和具体结构，重点解决品牌"走路的方向"、"走什么样的路"、"怎么走路"和"想走多远"这四个问题。第二环节是品牌价值体系，主要包括内涵设计与外部元素设计。品牌的初心和使命如何？品牌有着什么个性

---

[①] 滕乐法，教授、博士生导师，江南大学质量品牌研究院执行院长，江苏高校哲学社会科学重点研究基地"品牌战略与管理创新研究基地"首席专家和江苏省"双创计划"人才（A类）；

研究方向：品牌战略、消费者行为及国际营销等。

和承诺？品牌的识别与营销怎么落实？品牌价值体系会来解决这些难题。第三环节品牌传播体系是承上启下的轴点，是品牌内容外化及传递的重要抓手。紧随其后的是第四环节——品牌管理体系，这是品牌建设的内生因素，人们常说"人无远虑，必有近忧"，企业想要做强做大，首先要规范自身，品牌管理体系就与企业的内在管理结构息息相关，从组织管理层面发力为品牌发展保驾护航。最后的环节是品牌体验体系，关注外部社会对企业的态度和认知。

这五个环节相互关联，齿轮滚动般相接与推动，持续丰盈着品牌建设机制，使品牌不断成长壮大。由此所构成的品牌战略扮演着品牌航行图的角色，持续为品牌塑造血肉，让品牌逐渐明朗、真实，是品牌打造过程中必不可少之物。这也就解释了品牌战略对于企业和品牌的重要性。

## 1.2 以企业为导向讲品牌战略

以企业为导向讲品牌战略，就是从企业视角谈论品牌战略设计，其出发点在于整合企业资源、做好品牌内部规划管理。企业导向下的品牌战略可以归纳总结为：品牌文化和愿景、品牌识别、品牌内化、产品质量与创新。基于此，本节将从这四个方面出发对品牌战略理论进行综述，并引入相关研究便于大家理解。

### 1.2.1 品牌文化与品牌愿景

相信很多时候，当我们在观看某个品牌的宣传广告时，会因为广告中的某些描述而对所宣传的产品产生兴趣。这种兴趣全部是由产品本身的性质而引起的吗？实际上，宣传广告元素中常常承载着品牌的独特理念，它无声潜伏于广告设计全流程，最后出现在荧幕上时又影响着人们的消费选择。这个影响机制，常常是由品牌文化渗透造成的。

品牌文化，是企业成员共同的价值观和信念，这样使得企业成员拥有共同的思维模式，从而更好地理解企业的运作模式，遵循企业的行为规范。它综合了与品牌相关的经营管理理念、价值取向、传统规范等思想，外显于品牌产品生产、制作、推销和宣传的过程之中，无形中促使消费者形成对品牌的信任和忠诚，同时内显于企业内部管理，在凝聚员工向心力方面起着重要作用。从企业管理的角度来看，它是企业建设历史河流的结晶，是品牌发展千千万万故事的载体，直接影响着品牌在员工心中的认知，成为员工对品牌形成文化认同和情感依恋的纽带。让我们进一步聚焦这个概念，不难发现，品牌文化的核心，是在文化积淀过程中形成的文化内涵。为传递品牌的理念追求，传承并发展品牌的文化内涵，许多企业会选择将品牌文化作为员工行为的准则，从而让员工情感自然而然地融入工作中，使员工在归属感中享受工作，真诚地为顾客服务。好的品牌文化建设有利于激励员工，帮助企业管理者与员工建立情感关联，实现文化养人、文化传承。

品牌文化赋予了企业品牌深刻且丰富的文化内涵，影响着人们对品牌的精神联结，让人们明白品牌的"今天"。而品牌愿景便告知了人们，在"今天"的基础上，品牌的"明天"将会如何，"明天"又代表着什么。

品牌愿景定义了企业品牌未来的目标，它明晰了企业未来的发展方向，激励企业采取行动，从而实现长期目标。它主要由品牌蓝图、品牌范围和品牌价值观三个部分组成。其一，品牌蓝图。它指的是品牌通过未来环境的测定，在充分考虑品牌现有资源和终极目标的基础上对品牌发展图景的综合描述，它以系统科学的方式刻画品牌未来，指导着不同阶段品牌的战略设计；其二，品牌范围。为帮助理解，我们可以尝试将这个概念名词展开描述。品牌范围，实际上就是品牌的业务范围。品牌愿景要求我们对品牌业务范围进行精准界定，只有明确品牌的业务情况，我们才能把握好品牌现有的资源状况并对其做好分配管理，为品牌蓝图设计做铺垫；其三，品牌价值观。品牌价值观是品牌愿景的指导原则和精神规范，影响着品牌愿景设计实施的全流程，它的确定从下面几个方面考虑：社会背景与相关政策状况、定位消费者的偏好、品牌所属企业的行为情况、管理者的风格等。

对品牌文化和愿景进行介绍之后，我们会发现，不论是品牌文化还是品牌愿景，它们都聚焦着精神建设，试图从意识感知的层面向企业内外部传递品牌中涵盖的信念、情感、理想、态度和世界观价值观等。毫无疑问，这是一种较为高级的品牌渗透方式，在无形中促进了品牌形象建设与传播。新时代下，企业如何获取消费者心智中的品牌认知优势？如何保持品牌初心并行稳致远？品牌文化和愿景的理解与建设是不可或缺的。

那么对于中国品牌来说，如何通过文化塑造品牌是非常值得探讨的。有一篇研究是 Schroeder 等（2015）在 *Journal of Brand Management* 上发表的，探索了中华文化遗产品牌的品牌文化路径，我们想与大家一起分享。

在研究中，作者以中国品牌"上海滩"为例，"上海滩"在品牌战略中运用了文化遗产，为中国品牌如何成为跨国界共同创造品牌文化的载体提供了新的视角。

"上海滩"将自己宣传为第一个且唯一一个从中国崛起的奢侈品品牌，产品包括定制的礼服和西装，旨在传达现代中国生活方式，将中国文化的标志性元素与当代时尚元素融为一体。研究通过访谈、实地考察、参与者观察等方式，探讨了中国品牌发展如何跨越不同领域。"上海滩"的设计至关重要，商店布局、颜色、服装细节设计、品牌名称等都在塑造品牌文化中发挥着重要作用。上海滩的名字很容易让人想到上海外滩热闹的过去和现在，外滩既是东亚的金融中心，也是国际社会在中国的政治中心，它是一个强大的文化象征。

"上海滩"提供了一套当代中国国际化消费者在身份认同方面可能接受或拒绝的准则；"上海滩"的产品、空间和商业环境能够满足消费者对品牌国际主义的需求；在"上海滩"的非中国消费者可以通过上海滩中充满中国文化的品牌属性、美学和价值观消费来建立他们的世界性的身份。"上海滩"提供了一种独特的风格，是充满时尚感又不过分本土化的中国特色。"上海滩"还提供了一个将全球时尚与中国国情相结合而产生文化构思的品牌系统的模型。

由此我们可以感受到，品牌文化核心是文化积淀而形成的文化内涵，是品牌的理念追求，影响着人们对品牌的精神联结，是品牌的"今天"。我们把目光移向品牌的"明天"，看一下中国优秀企业的品牌愿景。

世界 500 强的发展历史证明，几乎所有企业都是从国内市场起步，以本国为基地，不断走向世界，最终成为跨国企业，再成为世界级大企业的。2023 年世界企业 500 强排名中，中国有 142 家企业入选，前 100 强中，中国企业占 35 家，前 300 强中，中国企业占 88 家。

我们来看一下中国 500 强品牌的品牌愿景，如国家电网有限公司的愿景"建设世界一流电网、建设国际一流企业"，中国石油天然气集团有限公司的愿景"建设基业长青世界一流综合性国际能源公司"，京东集团股份有限公司的愿景"成为全球最值得信赖的企业"，中国华润有限公司的愿景"成为大众信赖和喜爱的世界一流企业"等。

田志龙和蒋倩（2009）在《管理世界》上发表的《中国 500 强企业的愿景：内涵、有效性与影响因素》中讲到中国 500 强企业有极强的成为世界级企业的愿望。在表达愿景时，各企业着重强调一流、能力、竞争地位。企业愿景可分为竞争成长目标型、形象理念构建型和平衡发展目标型，但以竞争成长目标型为主，这表明中国 500 强企业在目前发展阶段更重视成长和发展，因此在表达愿景时，强调竞争成长目标要远多于形象理念构建和平衡发展目标。

中国 500 强企业成长业绩上的差异与其愿景有无和愿景表达内容的世界级与否有相关关系。企业愿景对企业发展有引领作用；世界级愿景企业相比于非世界级愿景企业，更可能成为快速发展的企业。同时，中国 500 强企业愿景表达上的差异与企业所有制、企业规模和所处行业之间存在显著相关性。

## 1.2.2 如何提高品牌识别？

在社会竞争越发激烈的当下，为获得消费者的青睐，越来越多的企业开始重视差异化的打造。在让人眼花缭乱的市场上，如何让消费者注意并关注我们？如何让消费者为我们驻足停留？独特的且明显区别于对手的品牌特征是关键。于是，企业家开始思考品牌差异化过程中的品牌识别元素，从品牌标识到品牌个性，在产业领域内"别具一格""独树一帜"的愿望变得越发迫切。渐渐地，在业界市场变幻与学术进展加快的双重推力下，品牌识别的架构成为企业家重点的关注对象。

那么什么是品牌识别呢？品牌识别是品牌建设过程中建立和巩固品牌形象、提升品牌价值的核心方法与理念，是每个品牌营销者进行品牌打造的至关重要且必不可少的一步。

品牌识别贯穿品牌建设的全过程，是一项动态演化的长期战略工作，基本构成要素包括品牌价值、品牌愿景和品牌定位三个部分。

"价值"这个词是人们生活中经常使用的概念，它是人们对事物意识形态上的认知，如知识的价值、人的价值、某件事情的价值。从品牌的角度出发，当人们想要明白或者衡量某个品牌对消费者和企业自身有着什么样的效用时，我们往往使用这个名词：品牌价值。Porter（1976）简单阐述了品牌价值的概念：品牌价值基于企业组织的价值，概括了品牌所代表的东西。它超越了产品属性和服务特质所带来的价值，持续地影响着品牌的社会影响力和竞争力，甚至是所属细分市场的价值情况。想要提高品牌价值，企业可以在以下几个方面采取一些措施。①名称。如何设置品牌名称？我们通常可以从品牌故事中整合归纳，最常用的可以直接使用企业名称，又或者参考创始人的姓名或者绰号，当然也可以是景物名称，比如，Adobe就是一条小溪的名字。②标识。品牌的标识多种多样，有文字型的、图案型的、卡通型的。几种类型之间可以相互融合，使标识元素更加丰富。③标语。每个品牌都希望创造一个独特的、大众熟知的、朗朗上口的标语，标语可以根据品牌基因和品牌文化设置，通常是通俗易懂且简短的，易于大众记忆。④声音。品牌的声音指的是一切与品牌有关的音频信息。

接下来是品牌愿景。上文我们已经阐述了品牌愿景的概念，此处我们简单地下一个定义，便于读者对内容的理解。上文谈到，品牌愿景指的是企业为自身建立的品牌发展目标，企业管理者以此为指南驱动其企业成员及利益相关者工作，以达到同目的、同动力、同方向前行的效果。从品牌愿景的描述中我们可以发现，建立品牌愿景的主要目的是促进企业内部管理，使企业成员及利益相关者目标统一，达成共识。所以对于企业内外部品牌管理而言，品牌愿景的设计是非常重要的，品牌愿景是企业品牌建设的关键起点。那么，该如何进行品牌愿景设计呢？首先，我们需要明确，品牌愿景并非只是企业高管人员一厢情愿的结果，它与企业所有员工的愿望有关。在品牌愿景设置实施过程中，企业应充分吸纳、借鉴员工意见，并让员工认识到品牌愿景的重要性。其次，品牌愿景应符合企业文化建设内容。最后，品牌愿景必须与企业战略目标、企业使命描述保持一致。

品牌识别的第三个部分是品牌定位。品牌定位用以区分企业自身品牌与市场上的其他品牌，并在客户中产生积极的影响。一个企业，无论经营规模有多大，都无法满足市场的所有需求，企业只有在明确自身优势，把握品牌独特性的基础上做好品牌定位，才能使品牌占据优势地位，以实现品牌发展和企业利益最大化。那么如何做好品牌定位呢？品牌定位和企业市场定位是息息相关的，品牌定位是市场定位的核心。我们可以参考细分市场的概念，用STP（segmenting, targeting, positioning, 细分、目标、定位）模型做好市场细分与定位。在品牌定位过程中，企业可以思考以下问题：①品牌要主打什么品类？在市场中该品类是否空白？②是否对应了独特的消费人群？消费群体的界定是否清晰？③产品与市场内其他竞争者的产品区别如何？特征与优势是否显著？④品牌档位在什么层次？高端档次还是普通档次？

从这三个部分来看，品牌识别使品牌有别于其他市场竞争者，既向消费者展示着自己的独特，更为员工带去了特殊的企业情感。它的打造直接影响着品牌的未来发展走势，必须具备一定的广度与深度。

为了帮助大家理解，我们以非常直观的品牌价值中的品牌标识为例来分析品牌标识设计的变化会如何影响消费者感知，进而影响品牌识别。

请大家思考一个问题，两个大致相似的品牌标识，一个是全球领先、众所周知的ICT（information and communication technology，信息和通信技术）基础设施和智能终端供应商华为，一个是国际上主要的石油及天然气生产商、燃料及液化石油气的销售商壳牌。两者都是扇形结构，区别主要在于一个有留白，而另一个没有。这分别带给大家什么样的感受？

以往学者研究品牌标识更多地关注有形元素，忽视了对缺失元素（如主动留白）的研究，王登辉等（2023）在《管理评论》发表的一项研究《主动留白：标识设计对消费者感知和态度的影响》就是着眼于留白，通过实验研究了品牌标识留白对于消费者感知和态度的影响。研究发现，品牌标识留白会让消费者感知到品牌更有活力，品牌标识不留白会让消费者感知到品牌更加稳定。

此外，更加有活力或者更加稳定的品牌感知进而会影响消费者的品牌态度，这一过程会受到品牌诉求的调节。举个例子，当品牌诉求为自由时，品牌标识留白存在所激发的品牌活力感知，将最大限度地影响消费者品牌态度，比如，对于华为这样一个创新性品牌，华为更希望消费者认为他是自由而有创造性的，所以，使用留白的品牌标识会增加品牌活力感知，正向影响品牌态度。而当品牌诉求为安全时，品牌标识不留白所激发的品牌稳定感知，将最大限度地影响消费者的品牌态度。比如，对于壳牌这样的能源型品牌，消费者认为它是安全、可靠的，所以，使用不留白的品牌标识会增加品牌稳定感知，正向影响品牌态度。

我们再为大家介绍一个比较有意思的研究，也与品牌标识相关。

再请大家看两个品牌标识（图1.1和图1.2），这是实验中的一个虚拟的耳机品牌。

大家有什么感受呢？以上实验图片来自Teng等（2021）在*Journal of Business Research*上的一项研究。研究表明，字母大小写会影响消费者的感知，作者为此做了三个实验来证实。研究结果表明，大写字母会让消费者觉得品牌更有竞争力，而小写字母则会让消费者觉得品牌更温暖（实验一）。而产生这种感觉的原因是，消费者会感知他们与品牌之间的心理距离的远或近（实验二）。

图 1.1

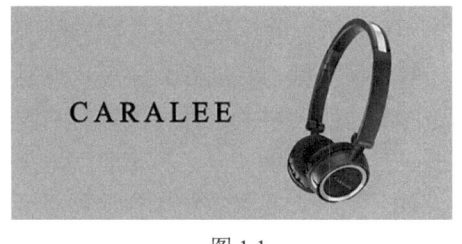

图 1.2

以上都非常好理解，接下来作者想引入一个概念：权力距离信念。权力距离信念经常在个人层面上被提及，反映人们对权力和财富不平等的容忍程度，权力距离信念高指人们对权力和财富不平等的容忍程度高，权力距离信念低指人们对权力和财富不平等的容忍程度低。在了解这个概念之后，就更容易理解该研究的第三个实验结论：对于高权力距离信念的消费者，大写品牌标识使他们通过对品牌能力的认知产生更积极的品牌态度。对于低权力距离信念的消费者来说，小写品牌标识可以使他们通过对品牌温暖的感知来获得更积极的品牌态度。

以上的两项研究从细微的角度展示了品牌标识设计变化带给消费者感知的变化，进而影响品牌价值的塑造，促进品牌识别的打造。对于品牌价值的其他方面，以及品牌愿景和品牌定位，还有很多内容留给大家去思考。

### 1.2.3 品牌内化的重要性

在开始阅读这一小节之前，我们想先问大家一个问题，当谈及品牌忠诚度时，我们最先想到的调查对象是谁？

相信大家心中有了自己的答案，而这就涉及我们接下来要谈论的话题：品牌内化——品牌建设"隐秘的角落"。

对于品牌的外部管理，或许我们并不陌生，因为它直接关系着消费者对品牌的印象。企业往往一心纠结于该设定怎样的战略来长期发展品牌，好让消费者发现和关注他们，并主动进入他们的品牌世界，然而，回想文章最开始的问题，我们意识到，员工对品牌的情感往往会被忽略。

随着时代的进步，人们渐渐明白，好的品牌建设应该是内外兼修的，重"外"轻"内"的思想已经落后于浪潮。品牌内化，是帮助引导员工理解品牌内涵，使员工主动参与品牌建设过程，并使员工与消费者的互动符合品牌所支持的经营理念及品牌战略方案。品牌内化使员工的行为认知从"个体"转变为"品牌"，着重强调品牌的内部管理设计。现实生活中，不论是线下消费场景，还是网购体验，凡是品牌"站立"的地方，就有员工的身影，员工就是品牌的"活广告"。只有让员工心系品牌，使其主动改变工作态度和行为并成为品牌的拥护者，才能留住更多的顾客。也就是说，如果连自我都无法感动，又如何感动他人呢？品牌内化无疑是企业家逃不开的话题。

重视品牌内化，是管理者具备战略眼光的表现，因为它能够最大限度地发挥品牌的内生张力，使企业上下在同一价值导向下协同发展。这种内生张力主要体现在以下几个方面。

（1）维持期望。品牌内化促使员工在共同价值观和目标感下工作，它让员工认可品牌行为，并主动在产品销售的过程中做出与品牌利益一致的行为。这有利于维持品牌对产品销售情况的期望，避免员工在不支持甚至敌视品牌的情况下做出对品牌不利的行为。

（2）发挥资源效用。品牌内化使员工对品牌产生归属感，员工会逐渐改变工作态度，调整工作行为，以帮助品牌更好地发展。这意味着，员工工作效率可能会提高，工作质量也会有所提升，这代表员工的产出提升了，品牌得到的支持也增加了。

（3）内外化互联。常言道，人的发展，当外化于行，内化于心。品牌也是同样的道理。员工深入理解并内化品牌文化，从而建立起对品牌的忠诚，在面向顾客提供服务时，他们外化展现出对品牌特有的行为模式，进而影响并塑造顾客对品牌的认知，这使品牌的内化与外化得以联通。这个独特的"桥梁"的存在让品牌内外化相辅相成，为品牌的内塑和外塑协同发展提供了可能性。

我们以酒店品牌为例，与大家分享一项研究。这篇研究是 Wang 等（2019）在 *Journal of Hospitality and Tourism Management* 上发表的，以 1997 年在台湾台中市开业的 T 酒店为例，T 酒店拥有员工 300 名，总资产 500 万美元。为了进行这项研究，T 酒店开启了一个内部品牌项目，方便研究人员在项目中收集信息进行分析。为了建立核心品牌价值，人力资源经理引入了内部品牌项目，鼓励员工践行酒店确定的对其品牌至关重要的核心价值观。T 酒店的核心品牌价值观是：①热情的团队合作；②超出顾客期望的服务；③产生难忘的经历；④体现专业精神；⑤提供独特的设施；⑥奋勇争先。该项目启动后，随后每两到三个月举办一次颁奖典礼，内部品牌推出仅一年后，台湾观光局正式评定 T 酒店为五星级酒店。

在这里我们为大家介绍一个概念：参与性行动研究。参与性行动研究依赖于一种双向关系，研究人员成为受试者社区的一部分，而受试者则为研究成果做出贡献。参与式行动研究中的研究人员视参与者为具备反思能力和主动性的重要合作伙伴。他们鼓励参与者全面融入研究流程，通过协作促进深入理解，并让参与者引领研究的整体方向。在此过程中，反思成为催生新见解的关键。参与性行动研究可以使用访谈、参与观察、边做边学、小组工作、制图、调查和讲故事等方法。

通过长达三年的参与性行动研究，研究团队讨论并提出了内部品牌建设框架的维度，且最终在六个维度上达成共识：①企业支持；②管理者的领导；③相互学习；④个人积极主动；⑤部门特点；⑥绩效评价。

Wang 等（2019）的这项研究告诉我们，一方面，高层管理者的支持对于启动和开展内部品牌项目是非常重要的，研究证明来自首席执行官和人力资源经理的支持为酒店内部品牌实践提供了基础。同时，管理层应考虑各部门的独特性，每个部门经理都有他们的领导力和凝聚力，而这些正是实施内部品牌管理的关键驱动力。良好的酒店内部品牌建设还可以带来很多好处，比如，高质量的跨部门合作、更高的员工保留率以及更好的整体工作绩效。

另一方面，这项研究还揭示了使用社会身份方法来实施内部品牌管理的路径。在此研究开展之前，普遍的观点是，员工对公司品牌的认同感主要植根于他们对品牌的个人感知、所掌握的品牌知识以及持有的品牌信念之中。此外，一个极具凝聚力且能充分展现品牌精髓的领导者，也被视为能够有效增强员工的品牌认知深度及心理契约的重要因素。这项研究在此基础上进一步确定，员工的内部品牌社会认同也可以通过部门经理的领导来增强。因此，总经理和人力资源经理是至关重要的，他们可以将品牌融入员工社会认同的有效实践中，而部门经理作为与员工关系最紧密的领导，他们应该将企业品牌价值观转化为自己的态度和沟通方式。公司和管理层应该努力培养积极主动的员工，因为这对品牌绩效是非常有利的。

### 1.2.4 产品质量与创新是品牌的生命

产品质量与创新，这一概念在字面上非常好理解，Vera（2015）对其这样解释道：产品质量和创新主要是指产品/服务的高质量、产品/服务的创新、价格与产品/服务上的物有所值和公司关于产品的强力保障。我们可以从以下几个层面对产品质量与创新进行剖析。①质量保证，即品牌对高质量产品的持续打造与维持。②优势定位。这里的优势包括：价格优势、功能优势、情感优势。进一步解析，即价格上品牌的产品或服务须具备高性价比，功能上品牌的产品与服务须具备高于竞争对手产品或服务的性能与效用，情感上品牌的产品或服务应能够触发消费者的情感共鸣，在消费者心中留下深刻的印象。③独特性聚焦。其包括两个方面：第一，产品或服务的体验感明显有别于竞争者；第二，产品或服务的应用方法明显有别于竞争者。

在品牌建设过程中，每个时期产品方案的侧重点都有所不同，会根据品牌发展的新生期、成长期、成熟期等在质量与创新两者中间有所偏移变动，但我们可以确定的是，产品质量永远是品牌打造的根基，而产品创新则为品牌打造注入了无限生机。原因在何处？让我们继续往下看。

我们先来看看"产品质量"。相信很多时候，在我们购买商品时，产品质量往往是我们的第一考虑要素。它是我们选择商品的基本条件，通过它，我们甚至可以看出品牌的经营态度与价值理念。可以说，消费者会根据产品质量衡量产品价值并建立初步的品牌认知，还会不自觉衡量品牌及其所属企业的可信程度。由此可见，好的产品质量有利于向消费者传递品牌价值取向，使消费者在建立品牌认知的基础上培养品牌信任和品牌忠诚，形成从"产品选择"到"品牌选择"的影响链条，从而促进企业的持续发展。由此我们发现，没有产品质量便没有品牌的生存与发展，产品质量是品牌生存和发展的基础。

然而，我们应该明白，企业正处于竞争激烈的社会环境，仅有质量便可一劳永逸吗？历史的经验告诉我们，产品生产必须要紧跟时代。我们要看到时代演化留下的印迹并有所行动，同时加以预测。新环境新时代，人们需要什么？人们的消费习惯是否改变？这时候，产品创新便显露其重要性。

产品创新是企业把握机遇，打破原有模式，创造新的商机的综合选择，具体而言包括了新产品创造、旧产品的功能更新和产品线的革新三种类型。产品创新并不是闭门造车，而是一个内部研发、外部吸收、内外兼合的工作模式，它需要企业对市场情况及其走势的精准洞察，考验着企业对消费者消费特征的把控与细分能力。在质量是基础的前提下，产品创新有利于品牌从既有思维模式中吐故纳新，开创机遇，为品牌建设倾注活力。

由此我们可以总结道：产品质量是品牌打造的起点，产品创新是打造品牌的关键。产品质量维系着品牌的信誉与口碑，持续影响着新顾客的吸引和老顾客的留存，而产品创新又在产品质量的基础上开创新的机遇，帮助企业紧跟时代脚步，不断迎合新的市场需求以自我更新。我们可以说，产品质量与创新共同形成了品牌的生命。

产品质量与创新对于品牌的重要程度是毋庸置疑的，我们更想带领大家思考，质量管理与创新之间的关系，这是更深层次的维度。

质量管理是一种整体管理理念，通过持续改进和组织变革促进组织的所有功能，质量管理实践是指以直接或间接提高质量绩效和竞争优势为目标的关键活动。

Saraph 等（1989）提供了探索质量管理实践测量的第一次尝试，提出并测试了质量管理的八个关键因素：管理领导的作用、质量部门的作用、培训、员工关系、质量数据和报告、供应商质量管理、产品/服务设计和过程管理。

创新则是指知识、思想、方法和技能的新应用，可以产生独特的能力并利用组织的竞争力。这一定义涵盖了管理创新和技术创新，反映了对创新的更广泛看法。

创新首先分为管理创新和技术创新。管理创新是指应用新的思想来改善组织结构和系统，以及与组织的社会结构有关的过程。相比之下，技术创新被定义为采用集成到产品或工艺中的新技术。管理创新采用自上而下的方法，即上层管理人员致力于相关活动，而技术创新采用自下而上的方法，即涉及较低级别的技术人员。

根据创新的程度，技术创新又分为渐进式创新和突破性创新；根据创新的主体，技术创新可以分为产品创新和工艺创新。其中，渐进式创新是指对现有技术在设计、功能、价格、数量和特征等方面的微小改变，以满足现有客户的需求，而突破式创新被定义为采用新技术来创造尚未被客户和市场认可的需求。增量创新侧重于提炼、拓宽、增强和利用当前的知识、技能和技术。渐进式创新带来的风险较低，但带来的收益较少；相比之下，突破性创新需要很大的不确定性和高水平的风险。

基于上述背景，Kim 等（2012）发表了一项研究，提出并论证了以下观点：管理层的领导与培训、员工关系、供应商质量管理、客户关系、产品或服务设计呈正相关；培训与高质量的数据和报告、员工关系呈正相关；员工关系与质量数据和报告、产品或服务设计、流程管理呈正相关；供应商质量管理与产品或服务设计紧密相关；客户关系与质量数据和报告积极相关；质量数据和报告又与供应商质量管理、产品和服务设计、过程管理呈正相关；产品或服务设计与过程管理呈正相关；流程管理与突破式产品创新、渐进式产品创新、突破式流程创新、渐进式流程创新、管理创新呈正相关。研究表明，质量管理实践与创新直接或间接相关，特别是，过程管理直接和所有类型的创新呈正相关，这对企业的管理有着重要的实践意义。

## 1.3 以市场为导向讲品牌战略

为更好地整合资源和提高竞争力，品牌战略可以从企业自身和市场两个角度分析制定。前文提到，企业可以通过文化及愿景建设、品牌识别打造、品牌内化和改进产品质量与创新来提高员工凝聚力与归属感,进一步提高企业内工作效率。这一节将从企业外因出发，探讨分析市场趋势、消费者行为和竞争格局等因素对品牌战略的影响，帮助读者更好地理解品牌战略对企业和品牌的作用与意义。

### 1.3.1 从顾客的角度看品牌

品牌的打造，就是企业精心雕刻一件艺术品的过程，企业家冥思苦想，希望解构品牌的秘密，多年来倾注无限心血，从理论到实践，再从落地到反馈，无数道工艺，有时候仅仅只是为了告诉消费者关于品牌的四件事情，即它是谁，它做什么，它做得怎么样，它有何不同。简单的四个问题，对于消费者的信息转述却并不容易。于是企业家着手进行消费者调查，想要知道在顾客心中，他们所塑造的品牌是什么样的，以谋求更好的品牌认知，也就是从顾客的角度看品牌。

中国有句老话：以人为镜，可以知得失。说的是将人比作一面镜子，可以知道自己行为的得失。企业也是如此，从顾客的视角看品牌，品牌的问题便更容易剖析。

那么，顾客怎么看待品牌呢？首先，我们要明白，在顾客心中品牌留下了什么信息。简单来谈，就是"它是谁"和"它做什么"的问题。"它是谁"指的是消费者的品牌意识，也就是消费者心目中的品牌特征及产品认知，例如，品牌的标识如何，在生产什么产品。"它做什么"指的是消费者的品牌联想，即任何与品牌相关的记忆，当消费者有许多关于品牌的产品体验或消费体验时，消费者的品牌联想就会有一定累积，并且他们与品牌的联系也会更强。根据上述两个问题，我们可以分析并判断什么样的产品和服务会在消费者心中留下痕迹和记忆。

其次，我们将进一步关注消费者对痕迹和记忆的加工情况。顾客形成品牌知识的同时，品牌评价随之产生。正如其名，品牌评价是顾客基于自身品牌认知和消费体验对品牌产生的整体评价，最常见的品牌评价测试是顾客满意度调查，相信大家都有所耳闻。品牌评价就是顾客对品牌各方面主观打分，有了分数，自然也会影响顾客对于品牌的行为选择。因此，了解顾客的品牌评价情况对企业是至关重要的。不过，品牌评价形成了便无法逆转吗？由于品牌评价是主观性结果，这个问题的答案和解决方案都是显而易见的，公关管理、营销手段等，都对品牌评价的改变起到显著的作用。

最后，在消费者心中"它有何不同"。想要消费者认识到品牌的与众不同，企业家通常从顾客与品牌的关系入手。就像交朋友一样，从接触相处，再到熟识亲密，企业家希望品牌与顾客也能够成为亲密无间的好友。判断顾客与品牌的关系程度，可以从以下两个方面出发。①品牌依恋。品牌依恋是顾客对品牌的忠诚程度，具体而言，在于顾客愿意了解品牌，乐于并自发为品牌付出或花费个人资源，甚至将自我融入内心的品牌形象架构中。这一方面重在关注顾客对品牌的情感投入。②品牌参与。它强调了顾客使用品牌的程度，具体的行为包括与他人谈论品牌、寻找品牌信息、促销和品牌事件等。这一方面重在关注顾客对品牌的行为投入。

综合来看，从顾客的角度看品牌，企业家或许会有全新的再认知，品牌的价值如何传递到顾客心中？顾客的品牌认知与企业有何不同？顾客又是如何产生归属感和品牌忠诚的？想要抓住顾客心智，换位思考是个巧妙的好方法。

我们每个人都是消费者、都是顾客，那么让我们一起从自身的角度出发，思考两个与品牌相关的有趣的研究吧。

沉浸感常常是品牌所追求的重要指标之一，因为沉浸程度往往被认为是品牌体验营销是否成功的关键指标，但是，大家可以问问自己，作为消费者，我们在参加品牌活动时的沉浸程度越高，品牌的推广效果就真的越好吗？

针对这个问题，滕乐法等（2020）做了一个研究。他们选择了酒店旅馆作为实验场景，因为对于酒店旅馆来说，体验是非常重要的。作者为消费者设计了一个由酒店发起的非常有趣的涂色活动，当然，在涂色册上会多次体现品牌信息。

在涂色结束后，测量消费者沉浸程度、活动享受、品牌识别、活动态度以及品牌态度等多项指标，让我们一起来猜测一下结果会是怎样。

研究发现：毋庸置疑的是品牌体验中消费者沉浸程度越高，活动享受程度越高，活动态度也越积极，从而消费者的品牌态度也更好。然而，消费者沉浸程度越高，品牌识别程度却会越低，进而对消费者的品牌态度有不利影响。这说明虽然品牌举办品牌活动会提升消费者对品牌的好感，但消费者的品牌活动体验对品牌的影响并不完全是正面的，很有可能消费者"过度"沉浸于品牌活动，反而削弱了其品牌识别和对品牌的印象。

接下来，作者又通过一个线上实验进一步探讨了不同思维模式的消费者品牌体验沉浸模型是否一致。最终研究结果发现，相对于抽象思维的消费者，具象思维消费者的活动享受程度受到消费者沉浸程度的影响更大。因此，在品牌体验中，消费者的沉浸模型在抽象思维和具象思维的消费者中是存在差异的，具象思维消费者更专注于活动过程。

现在，随着信息技术、虚拟现实技术的不断革新，体验营销会越来越多，且会使消费者感受到品牌活动的趣味性和多元性，让他们沉浸其中享受品牌体验，从而拉近品牌和消费者之间的距离。与此同时，这项研究提醒企业，在吸引消费者参与和享受品牌活动的同时，也要将品牌活动沉浸体验与品牌识别相结合。例如，将品牌的颜色、标识设计等元素融入消费者的互动体验中去，加深消费者对品牌的记忆，提升品牌识别，最终获得更好的品牌营销活动效果。

这项研究是不是非常有意思呢？我们再来看另一项研究，是 Zhu 等（2019）在 *Journal of Business Research* 上发表的一篇有关品牌代言人的研究。我们在日常生活中看到的品牌代言人，有的来自中国，有的来自西方，那不同类型的代言人会如何影响我们对于品牌的态度呢？

作者选择了中国明星和外国明星作为代言人，测量了不同品牌更加适配哪种明星代言人，得到的结论是中国代言人更好地展示了功能性品牌（如 Zara），而西方代言人更好地展示了象征性品牌（如 Gucci），究其原因在于中国代言人更多地吸引中国消费者的实际自我，而西方代言人对消费者的理想自我有更大的吸引力。

这里为大家介绍一下实际自我与理想自我。自我的概念被定义为一个人对自己与他人有关的想法和感受的总和，可以有两种形式："实际自我"和"理想自我"。实际自我描述了个人如何感知自己，即自己认为自己的样子；而理想自我概念解释了个人如何想感知自己，即自己预想自己完美的样子。

### 1.3.2 以竞争者为导向的战略

从顾客的角度看品牌，了解顾客对品牌的认知和偏好情况，是企业对顾客消费需求高度重视的表现。时刻为顾客挂心，制定策略时更多地围绕顾客，令顾客成为企业进行品牌活动的出发点和落脚点的企业常常以顾客为导向设计和落地品牌战略。但在竞争激烈的环境下，也有企业会采取以竞争者为导向的品牌战略，或者将顾客导向与竞争者导向结合，通过划分导向主次的方式结合摄入品牌战略。

以竞争者为导向的品牌战略，指的是企业专注于了解现有和潜在竞争者的短期优劣势、长期能力和未来规划，并据此制定行动策略，其优势在于可以及时洞察竞争者行为并对此做出积极响应，帮助企业预测竞争者动向以采取相对更加优质的策略，旨在实现企业跟踪追赶竞争者甚至领先竞争者的目的。然而，企业想要通过对立竞争者的策略方式直接占据市场获得领先优势并不是现实的，竞争者导向战略的实施需要企业品牌前期在顾客心中占据一定地位，把拥有部分可信赖的顾客心智资源作为基础，以帮助后期实现企业品牌差异化的深化。由此，在真实的商业世界中，企业采取以竞争者为导向的战略通常在顾客战略导向之后。

以竞争者为导向的品牌战略实际上是一种企业文化的体现，说明企业聚焦行业行情，有知己知彼的商业意识。不过在战略实施的过程中，也要注意规避过度竞争导向带来的弊端。首先，创新优势的缺失。品牌的重心，在于品牌价值和差异化。注重质量并与众不同，是绝大多数企业进行品牌打造的追求。然而过度关注竞争者，过分"看重"竞争对手的产品设置，就容易导致企业创新力不足，创新优势丧失，品牌打造趋于同质化，使"独特"的初心渐行渐远。故企业在紧密关注竞争者动态之时也别忘了自我审视和自我更新，保持初心才能行稳致远。其次，顾客需求意识的缺失。在竞争者导向作为企业的主要方向时，企业可能会过度关注竞争而忽视顾客所感所想。而战略是动态变化的，不同导向可划分主次辅助使用，帮助企业开阔视野，寻找机遇。企业需要根据现实情况，明确不同导向视角下战略绩效以优化决策，而不是仅仅从竞争者角度出发建立策略。最后，品牌个性的缺失。当下商业竞争是一场争夺顾客有限心智资源的战争，企业遵循竞争者导向应当立足品牌定位和品牌特征，切勿因过度的竞争者导向而失去品牌个性。

作为企业重要的刺激要素，传统以竞争者导向为方向的相关研究主要谈论竞争者导向对企业行动策略的影响。竞争者导向逐渐被引入品牌情境后，更多地被关注品牌的相关学者用以讨论其与以顾客为导向的品牌战略的关系。本节便以此为引，希望为读者展现多维度的品牌战略影响机制。

但是，在现实生活的营销案例中，有竞争者参与的情况会如何影响消费者感知呢？或者说，有没有一种可能，销售人员在销售中会主动提及竞争者呢？我们想通过这样一个研究，带领大家一起思考这个有趣的现象。

首先请大家想象一下，一名消费者想要在美术馆购买一幅无框画作，他找到喜欢的作品后，不确定这幅画是否物有所值，因此想再等等，看看能否找到更低的价格或其他卖家。如果你是美术馆的销售人员，此时你会怎么做呢？

为了完成这次交易，美术馆销售人员可能会采取一种营销策略：推荐其他商家。这当然是有条件的，销售人员可能会将消费者推荐给画框店铺，画框店铺会提供价格较低的画框，并且店铺和美术馆将精力放在不同的产品上（画作vs.画框）。

虽然推荐其他商家的想法可能看起来不合理，但当销售人员为画框之类的非焦点产品提供了便宜的购买策略时，这是否可以提高画作之类的焦点产品销售成功的概率？而且这究竟是为什么呢？

针对这一现象，Blanchard 等（2018）在 *Journal of Marketing* 上发表了一项研究，该研究进行了 4 项实验室实验和 1 项实地研究，实验室实验设置的情景包括在美术馆购买焦点产品画作，销售人员推荐非焦点产品画框的商家；在家居用品店购买焦点产品床垫，销售人员推荐非焦点产品床架的商家等。实地研究选取在万圣节期间，焦点产品被设置为万圣节期间必备的可爱的小彩绘南瓜，非焦点产品则是一套南瓜雕刻工具。

接下来作者以有趣的万圣节实地研究为例，展开了实验。作者在一家卖南瓜雕刻工具的杂货店前面的人行道上摆了一张桌子，放置了一张印有联合国儿童基金会"不给糖就捣蛋"标志的海报，在桌子上，作者放置了可爱的小彩绘南瓜、南瓜雕刻配件套件和一个标牌，标牌上写着"万圣节南瓜！万圣节南瓜！万圣节南瓜！"，建议捐款 10 美元。

当一位潜在参与者走近桌子时，研究助理起身解释道："我们正在为联合国儿童基金会的'不给糖就捣蛋'活动筹集资金，这个活动得到了南瓜农场的支持，农场主捐赠给我们一些南瓜。我们通过提供小彩绘南瓜的方式接受捐款，建议金额为 10 美元。如果您需要，我们还提供这些雕刻工具，额外收费 4 美元。"（对照组）

而在实验条件下，研究助理会告诉参与者："事实上，我刚刚看到这家杂货店有雕刻工具，售价 2 美元。"（推荐组）

这两种实验条件，每小时更换一次。

让我们一起来看看实验结果吧。参与者中，有 10 人捐赠 10 美元换取南瓜（6 人来自推荐组，4 人来自对照组），11 人捐赠但选择不拿产品作为交换（8 人来自推荐组，3 人来自对照组），2 人支付 4 美元换取雕刻品套件（每种情况 1 个）。推荐组的参与者比对照组的参与者捐赠的概率更大，推荐组有 71.43%的人选择捐赠 10 美元，对照组仅有 42.11%。对其他商家给出推荐的行为使收到捐款的概率增加了 69.64%，捐赠金额增加了 59.80%。最终，这项研究为联合国儿童基金会筹集了约 213 美元：来自推荐组的 136.08 美元和来自对照组的 76.95 美元。

作者最终得出了这样的结论，销售人员为非重点产品的商家提供推荐可以增加重点产品销售成功的可能性。这种效应是通过增加消费者对焦点产品的感知公平和降低感知超额支付风险来发挥作用的。但是如果重点产品和非重点产品是无关的，消费者难以相信销售人员所说的价格优惠是合理的，这个效益也就随之失效了。但是总的来说，研究表明在许多情况下，推荐与重点产品相关的非重点产品商家，是一种非常有用的销售策略。

### 1.3.3 职能间的协调

当下经济形式日新月异，市场变化速度迅猛，这为企业响应外界动态带来了巨大的挑战。为实现资源良好配置和预测突发事件，企业除了要高度关注顾客与竞争者的情况，还要重视内在部门之间的职能协调。企业部门职能协调是指企业各职能部门之间通过有效的沟通、协调和合作，实现企业整体运营目标的过程。它可以帮助企业有效实现顾客导向相关策略，通过更快的市场响应和客户满意度来创造更大的客户价值从而提高绩效，还可以捕捉企业内不同职能区域的互补能力，以此更好地理解客户和竞争对手。由此可见，企业职能协调是推进市场导向的关键插件，企业必须能够快速响应高水平职能协调的变化需求，以确保企业的所有部门能积极协调，支持企业的品牌战略。

对于企业部门职能间的协调，我们有一些小建议以供参考。①沟通机制的完善。毫不夸大地说，世间大多的不完美都是由沟通不良导致的，对于无时无刻不在运转的企业来说更是如此。企业部门之间职能明确，长期来看其工作难免变得"封闭"，这时候就要改善沟通机制，通过组织会议、团建等方式，保持成员分享工作成果、沟通交流难点的好习惯。②设立协调小组。对于提高信息传递质量，第三方是个好的介入工具。当部门职能协调出现摩擦，可以设立专门的协调部门负责优化信息共享和鼓励沟通等跨部门工作，如品牌战略委员会和跨部门品牌团队。其他人员可以在各部门中按比例抽取，保证协调部门的协同效果。③加强跨部门培训。部门职能的协调，建立在一个部门了解其他部门所拥有职能的基础上。唯有了解其他部门的工作内容和要求，部门之间才能更好地对接协调。从这一点上看，可以通过跨部门培训和定期的汇报实现部门信息共享。

企业职能协调不仅是普通的内部管理工作，更是关乎着企业是否能够协同部门资源以应对市场挑战及提升综合竞争力。好的职能协调意味着工作流程的合理高效和品牌战略实施的有效性，反映出企业整体运营情况。通过企业管理运营状况，企业成熟度和品牌潜能便得以窥见。

那具体来说，职能间协调是如何影响企业绩效的呢？谈到企业绩效的影响因素，我们大概率都会想到财务绩效、新产品开发、创新绩效等，或者是有关客户的相关指标，如客户忠诚度、客户满意度等，而职能间协调往往是被忽略掉的一个因素。但是，它恰恰是非常重要的因素。因为职能间协调是能够充分为市场导向赋能，并且是非常重要的整合内部资源以实现当前绩效目标的功能。

职能间协调是指企业各部门共同努力，将企业内部资源和知识整合到一个视图中，为客户创造优越的价值，当然，这不仅包括营销部门，还包括研发、生产等多个部门。企业各个部门之间的协同作用在开发客户、解决客户需求、维持竞争优势等方面发挥着关键作用。

在商业竞争环境加剧的今天，企业必须有快速且高水平地应对变化的能力，以确保企业内的所有部门都为着同一个目标共同努力。每个部门都被要求共享信息、联合工作，同时因为不同部门的互补能力，他们可以更好地理解客户，也可以更好地应对竞争对手，最终增强了以客户为导向的品牌战略，进而增强了以市场为导向的品牌战略。同时，职能间协调还可以加快市场响应、提高客户满意度，从而创造更大的客户价值，提高绩效。所以，研究推测，如果企业的职能间协调水平高的话，客户导向的品牌战略对客户相关绩效的正向影响会加大。

为了验证此推测，作者通过英国一家服务行业运营公司收集数据，调研了435名中级及以上的管理人员，他们所属的部门包括营销部、人力资源部、生产部、战略部等。邀请他们对客户导向、职能间协调、客户相关绩效做了量化评价。得出结论，客户导向品牌战略与客户相关绩效是呈显著正相关的，并且当企业职能间协调水平高的话，客户导向品牌战略对客户相关绩效的影响是更强的。也就是说，职能间协调是通过促进客户导向品牌战略的效果，进而促进市场导向品牌战略的效果。

### 1.3.4 如何进行利益相关者关系管理？

在上文中，我们谈到了顾客是如何看待品牌的，以及针对竞争者的战略设置，除了消费者与竞争对象，我们还能够想到什么与企业产生利益关系的对象呢？此时的你或许想到了企业员工、高管、股东，又或者是政府、市场监管者、企业供应商，诸如此类对象，前者与企业利益产生直接关系的对象，我们称之为企业内部利益相关者，后者（包括上文的顾客和竞争者）与企业利益产生间接关系，我们称之为企业外部利益相关者。进一步延伸，处理协调与外部利益相关者的关系，保持维护与外部利益相关者的互动合作，努力发展与外部利益相关者友好的亲密关系，以谋求长期利益目标实现的行为，就叫作企业外部利益相关者关系管理。这就是本节我们将要讨论的主题。

企业外部利益相关者关系管理的重要性，我们可以在对利益相关者主体的界定中得以窥见。利益相关者与企业产生联结，其参与到企业某个运作流程中时，不管是协助，又或是监督，在无形中都成为企业的"资源"，而进行利益相关者关系管理，就是管理"资源"的过程，管理好了"资源"，企业才能实现利益最大化，实现可持续发展。出于此原因，投资者经常根据企业与利益相关者之间关系的质量来评估企业的价值。

要了解如何进行外部利益相关者关系管理，我们要从外部利益者关系的评价指标入手。①关系意识。企业是否关注品牌问题？是否意识到要通过关系处理品牌形象？在此基础上是否能够及时应对品牌出现的问题？②倾听意识。企业是否会广泛倾听社会意见？是否会倾听不同利益者的声音以帮助品牌发展？③合作意识。企业是否努力与利益相关者达成友好的亲密关系？是否主动与利益相关者传递品牌价值观？是否常常与利益相关者合作共同解决品牌问题？④绩效。企业是否不断提升品牌在外部利益者心中的价值，以及利益相关者对品牌是否有着良好的评价？做好了评价指标，我们就可以一一入手制定策略了。与此同时，我们必须关注到，社会是动态前进的，每一种关系都会随着政治环境、经济环境、技术环境等的发展而不断演变。不同背景下，企业外部利益相关者的界定标准会顺时而变，企业外部利益相关者关系的管理也要伴随着形势的变化，从不同利益相关者对企业的重要性出发，要明确利益相关者对企业品牌发展的贡献程度和需要优先满足哪种利益相关者的利益诉求，并做好及时的调整。

在上述的讨论中，我们可以归纳总结，企业外部利益相关者关系管理，究其根本，在"合作"二字，不论是合作伙伴还是竞争对手，唯有竞合共赢，联合互补，企业才能不断完善自身。

我们以一份有关企业与政府的研究为例，带领大家一起看看企业与政府的关系对于企业绩效的影响。

这项研究是 Josephson 等（2019）在 *Journal of Marketing* 上发表的，研究在美国进行，我们都知道，战略性的客户管理对于创造竞争优势和产生卓越的企业绩效是至关重要的。有很多的研究聚焦于企业如何管理商业上的客户，但是对于美国企业来说，世界上最大、最独特的客户：美国政府却很少有研究提及。据统计，美国政府每年要花费近4万亿美元，购买价值超过5万亿美元的商品和服务。在美国，前1000强的企业，有60%都与政府有着商业合作。接下来的这项研究，是基于此背景提出并测试了一个概念框架，即企业应如何管理其与政府的关系以实现绩效的最大化。

首先，作者对从业专家进行了19次深度访谈，访谈是非结构化的，但是都包含这三个问题：①描述企业与政府开展的业务；②描述与政府的关系和普通商业关系有何不同；③描述企业在与政府开展的业务取得成功的原因。访谈的结果告诉我们，与企业间交易相比，企业与政府的交易存在着三大特点：采购使命，采购法规和监督，采购规模、范围和规划期限。具体而言，在成本方面，政府和企业的交易一定是要符合政府的要求的。从效益方面来看，政府采购活动的规模和范围也提供了规模经济并提高了运营效率。通过访谈，作者确定了企业和政府的交易与企业之间的交易的差异点所在，以及企业对政府客户的重视程度影响着企业自身的潜在机制。

其次，作者收集了1360家上市公司18年间与政府交易的二手数据，并实证检验了企业的政府客户对其价值和风险的影响。他们开发了一个企业对政府客户的重视程度影响企业绩效的模型。就企业价值而言，作者发现企业对政府客户的重视会产生积极的非线性效应，也就是说，企业与政府交易的膨胀成本超过了规模和效率收益，直到企业达到临界阈值，并且越重视政府客户的企业所经历的绩效波动越大，预计现金流越不稳定。

再次，作者根据两个关键的客户管理策略：广度和深度，阐明政府客户重视效应的边界条件。政府客户广度反映了企业政府客户组合的多样性和范围。我们发现政府客户广度有效抑制了企业对政府客户的重视所产生的积极的、非线性的影响。因为政府客户的范围增大，就会要求企业进行额外的特殊投资来管理不同的政府机构，而这些投资增加了企业的成本，也削弱了其绩效收益。然而，更大的广度也使得企业更不容易受到政府采购中发生的意外变化的影响，因为多元化的政府客户可以减轻企业对政府客户的重视所带来的风险。政府客户深度是指企业与政府客户之间的紧密度。它为企业提供了有关特定客户采购行为的深刻见解，这些深刻的见解和随之提高的效率可以保护企业免受政府活动中意外变化的影响，从而减少伴随企业对政府客户的重视而增加的特殊风险和系统性风险。广度和深度这两个关键的客户管理策略都可以为企业与政府交易合作提供参考。

最后，作者为管理者和政策制定者提供规范性指导。他们的研究结果证明了企业对政府重视度高的重要性。想要与政府合作的企业需要充分致力于交易，进而实现绩效收益。当企业与政府客户建立起深厚的而非交易性的关系，就可以最大限度地减少政府采购中意外变化的风险。同时，还应该寻求与一小部分政府客户集中建立更深厚的关系，以实现更大的价值，但这种方法也会增加他们绩效的波动性。

## 参 考 文 献

滕乐法, 吴媛媛, 李峰. 2020. 越沉浸越好吗?——品牌体验中消费者沉浸程度的双重影响研究. 管理世界, 36(6): 153-167, 251.

田志龙, 蒋倩. 2009. 中国500强企业的愿景: 内涵、有效性与影响因素. 管理世界, (7): 103-114, 187-188.

王登辉, 滕乐法, 张惠, 等. 2023. 主动留白: 标识设计对消费者感知和态度的影响. 管理评论, 35(4): 172-186.

Aaker D A. 2002. Building Strong Brands. New York: Simon and Schuster.

Aaker D A. 2009. Managing Brand Equity: Capitalizing on the Value of a Brand Name. New York: The Free Press.

Becker C. 2011. From brand vision to brand evaluation: the strategic process of growing and strengthening brands. Journal of Brand Management, 18: 367-369.

Blanchard S J, Hada M, Carlson K A. 2018. Specialist competitor referrals: how salespeople can use competitor referrals for nonfocal products to increase focal product sales. Journal of Marketing, 82(4): 127-145.

de Chernatony L. 2010. Creating Powerful Brands. 4th ed. London: Routledge.

Josephson B W, Lee J Y, Mariadoss B J, et al. 2019. Uncle Sam rising: performance implications of business-to-government relationships. Journal of Marketing, 83(1): 51-72.

Kapferer J N, Bastien V. 2012. The Luxury Strategy: Break the Rules of Marketing to Build Luxury Brands. 2nd ed. London: Kogan Page.

Keller K L. 2007. Strategic Brand Management: Building, Measuring, and Managing Brand Equity. Upper Saddle River: Pearson

Kim D Y, Kumar V, Kumar U. 2012. Relationship between quality management practices and innovation. Journal of Operations Management, 30(4): 295-315.

Mohiuddin Babu M. 2018. Impact of firm's customer orientation on performance: the moderating role of interfunctional coordination and employee commitment. Journal of Strategic Marketing, 26(8): 702-722.

Porter M E. 1976. Interbrand Choice, Strategy, and Bilateral Market Power. Cambridge: Harvard University Press.

Saraph J V, Benson P G, Schroeder R G. 1989. An instrument for measuring the critical factors of quality management. Decision Sciences, 20(4): 810-829.

Schroeder J, Borgerson J, Wu Z Y. 2015. A brand culture approach to Chinese cultural heritage brands. Journal of Brand Management, 22(3): 261-279.

Teng L F, Xie C X, Liu T J, et al. 2021. The effects of uppercase vs. lowercase letters on consumers' perceptions and brand attitudes. Journal of Business Research, 136: 164-175.

Vera J. 2015. Perceived brand quality as a way to superior customer perceived value crossing by moderating effects. Journal of Product & Brand Management, 24(2): 147-156.

Wang Y C, Yang J, Yang C E. 2019. Hotel internal branding: a participatory action study with a case hotel. Journal of Hospitality and Tourism Management, 40: 31-39.

Zhu X J, Teng L F, Foti L, et al. 2019. Using self-congruence theory to explain the interaction effects of brand type and celebrity type on consumer attitude formation. Journal of Business Research, 103: 301-309.

# 第 2 章　数字时代品牌资产管理

王江哲[①]

品牌资产（brand equity）被广泛视为企业的核心资产和市场竞争力的关键驱动力（Ishaq and di Maria，2020）。学术界和营销从业者对品牌资产的重要性达成了普遍的共识（Leone et al.，2006）。尽管学术界已对企业的品牌资产进行了深入研究并构建了众多分析模型（Baldauf et al.，2003；Bendixen et al.，2004；Datta et al.，2017；Ishaq and di Maria，2020），但关于品牌资产的研究仍然有待完善（Chatzipanagiotou et al.，2016）。

目前，关于品牌资产的定义和内涵存在多种视角。已有研究中尚未达成统一观点（Chatzipanagiotou et al.，2016；Christodoulides and de Chernatony，2010；Datta et al.，2017；Chi et al.，2009；Raggio and Leone，2007）。关于品牌资产定义的界定（de Oliveira et al.，2015）以及品牌资产的维度也没有达成共识（Veloutsou and Black，2020）。而且，大多数品牌资产模型缺乏严格的理论基础（Raggio and Leone，2007），并且未能提供更全面的基于消费者视角的品牌资产形成的过程机制（Chatzipanagiotou et al.，2016）。除学者之外，各咨询机构还报告了全球主要公司的不同品牌资产估值，但是不同机构之间也没有形成一套统一的指标体系来衡量品牌资产。

在此基础上，本章回顾了前人关于品牌资产的研究，并提出了自己的看法。首先，本章通过解决术语、组件和现有测量方法的问题，反映了关于品牌资产结构的各种观点，以确定整体品牌资产模型发展得最成熟的概念基础。此外，本章从整体的角度提出了一个整合基于消费者的品牌资产和基于企业或财务的品牌资产测量方法的品牌资产链。尽管 Keller（2003）已经提出了品牌价值链（brand equity chain，BEC），但品牌资产文献在理论基础、来源和措施方面仍然是碎片化的，没有定论（Chatzipanagiotou et al.，2016；Christodoulides and de Chernatony，2010）。因此，需要更多的理论研究和系统性的文献综述来提供一个更广泛的品牌资产理论体系，它包含不同学者对于品牌资产的观点。本章的主要目的是为未来的品牌资产研究提供方向，并鼓励学者对其进行更深层次的

---

[①] 王江哲，管理学博士，江南大学商学院讲师，毕业于上海交通大学市场营销系；
研究方向：创新战略、营销战略、品牌管理。

理论和实证研究。

## 2.1 品牌资产：理论、概念、测量方法

### 2.1.1 什么是品牌资产？

品牌对消费者决策的重大影响根源于它们强大的象征性价值以及在企业资产中占据的重要地位。这种影响力不仅体现在消费者日常生活中的深远影响，而且还贯穿于各类组织的运作之中。从最初的产品和服务领域，到如今迅速崛起的新型品牌实体，如平台品牌、智能品牌和创意品牌，品牌的形态不断地演变。近年来，随着品牌在复杂性、多功能性和意义丰富性方面的逐步增加，研究者和营销专家对品牌的兴趣越发浓厚（Oh et al.，2020）。

品牌资产的研究，旨在衡量品牌和非品牌商品之间的差异效应，成为品牌研究领域中最受关注的主题之一。研究品牌资产的初衷是估算品牌的财务价值，从而提高商业战略中的营销效率，进一步深入理解消费者行为。随着时间的推移，品牌资产的研究逐步从关注财务价值如收入和市场份额转变为深入挖掘消费者心智中的品牌价值（Feiz and Moradi，2020）。随着新技术的发展，品牌资产研究的视角更为广阔，不仅关注消费者，也关注技术对品牌建立和维护方式的根本改变。

互联网和数字技术的发展为营销人员提供了更深入了解消费者需求和创建新市场的机会。技术的进步和全球性的疫情挑战，如新冠疫情极大地改变了人类的行为模式和生活方式，使品牌和人们在生活各方面更加依赖技术。因此，现代品牌资产的研究必须考虑到这些变化，并探讨在当前技术趋势影响下，品牌资产作为市场营销核心主题之一的演变。在这个背景下，品牌资产不再仅仅是衡量财务价值的工具，它还涉及如何通过强化品牌差异化、提升品牌忠诚度，以及与消费者建立长期关系等方面，塑造强大的品牌形象（Rejeb et al.，2020）。因此，品牌资产在企业成功中扮演了关键角色，成为企业无法忽视的重要组成部分。随着技术的发展和社会的变化，品牌资产的理解和管理也必须不断进化，以适应新的市场环境和消费者需求。

尽管人们对品牌资产的重要性达成了共识，但关于它的定义、概念和度量仍然存在争论。自20世纪90年代初这个话题出现以来，已经有学者提出了几个品牌资产的定义（Aaker，1991；Ailawadi et al.，2003）。这些定义的共同点是，品牌名称提供了比非品牌产品更多的东西，品牌资产影响品牌的数量和市场份额以及其他量化结果。从广泛的意义上讲，品牌资产是品牌给公司产品带来的附加值（Yoo et al.，2000）。

虽然品牌资产一词的确切起源尚不清楚，但它可以追溯到20世纪80年代中

期。品牌资产一词，以及品牌价值和附加价值的概念，很多学者提出了自己的观点，可以通过多种角度来看待。

研究人员，如 Lassar 等（1995），Simon 和 Sullivan（1993），认为品牌资产是品牌所拥有的一切有形的和无形的有助于利润持续增长的资产。然而，如表 2.1 所示，学者对品牌资产有不同的看法，因此对定义没有完全一致的观点。

表 2.1　有关品牌资产的定义研究

| 品牌资产定义 | 研究 |
| --- | --- |
| 品牌资产是与品牌、品牌名称和标志相关的一组资产和负债，品牌资产可以增加也可以减少产品或服务为客户提供的价值 | Aaker（1991） |
| 品牌资产包括品牌实力和品牌价值。品牌实力是品牌的消费者、经销商和企业所有者之间的联系和行为，使品牌享有持续的竞争优势。品牌价值是管理层通过战术和战略行动并利用品牌力量以支持当前和未来利润以降低风险能力的净财务结果 | Srivastava 和 Shocker（1991） |
| 由于成功的项目和活动而积累在产品或服务上的可测量的交易的财务价值 | Smith（1991） |
| 通过消费者对特定品牌的联想和认知而与产品相关的价值 | Winters（1991） |
| 品牌产品相对于非品牌产品的增量现金流；存在于有形资产之外的附加价值；与没有品牌的情况相比，这个价值来自公司在市场上的地位 | Dimitriadis（1994） |
| 品牌赋予产品的感知有用性和吸引力水平 | Lassar 等（1995） |
| 客户对该品牌知识及品牌营销的差异化反应 | Keller（1998） |
| 品牌客户的一系列联想和行为，这使得该品牌能够获得比没有品牌名称时更高的销量或利润率 | Keller（2002） |

品牌资产作为一种独特的商业资源，既可以从财务的角度来理解，也可以从消费者的视角来探讨。从财务角度来看，品牌资产被认为是一项能够带来显著的财务成果的资产，这种价值在于品牌能够带来的额外现金流、提升的市场地位，以及相较于无品牌企业更优秀的财务表现。换言之，强劲的品牌不仅是商业身份的象征，还是财务增值的重要来源，通过高额的销售收入、更佳的利润率和明显的竞争优势为公司积累资本。另外，更注重消费者视角的定义聚焦于消费者对品牌的认知、情感联结、忠诚度以及评价。这些定义如 Lassar 等（1995）和 Keller（1998，2002）所提出的，不仅关注消费者对品牌的感知和行为反应，而且还尝试将这些消费者层面的元素与企业层面的表现，如销售额的增加、利润率的提升和市场竞争力的强化等，建立直接的联系。此外，在金融学、会计学和市场营销学的文献中，品牌资产的概念被多维度地探讨，每一种观点都为我们理解品牌资产提供了独特的视角。

深入研究市场营销领域的文献，我们发现，之前的研究如 Raggio 和 Leone（2007）对品牌资产进行了系统的分类和解析。这些文献基本上将品牌资产的理论分为两大主流观点：一是基于消费者的视角，强调消费者的感知、联想、情感以及忠诚度等非物质价值；另一种则是从企业或财务的角度出发，看重品牌为企业带来的直接经济利益。由此可见，基于消费者视角的品牌资产与基于企业视角的品牌资产虽然紧密相关，但却是两个区别明显的概念。在科学研究中，对术语的定期使用和一致性使用至关重要，这有助于确保研究的准确性和可靠性。因此，为了让读者更清楚地理解这两个不同的品牌资产概念，接下来的部分将会进一步深入探讨这两种视角的特点、区别及其对企业战略和市场营销实践的意义。我们将揭示，品牌资产不仅仅是企业财务报表上的一项数字，更是深深植根于消费者心智中的一种情感联结，这种联结能够驱动消费者的购买决策，培育品牌忠诚度，最终推动企业实现持续增长并赢得市场竞争优势。

### 2.1.2 基于消费者视角的品牌资产

品牌资产的研究可从两个核心视角展开：企业角度和消费者角度（图 2.1）。企业视角下的品牌资产强调品牌在财务上的价值，这一价值基于消费者对品牌名的感知和反应而生成（Christodoulides and de Chernatony, 2010）。从这一角度出发，研究主要关注营销活动如何影响股票的市场价值、品牌的收购价值及其他相关的财务成果。在消费者视角中，品牌资产关注点则转移到消费者对品牌的认知和情感反应上。Aaker（1991）和 Keller（2003）的研究为这一视角提供了基础框

| 使用最频繁的前因变量：感知质量，品牌忠诚度，品牌认知，品牌关联 | | |
|---|---|---|
| 其他前因变量：品牌感官体验\|广告支出，对广告的态度，（非）货币性促销（即价格折让）\|收入溢价\|整体满意度，品牌忠诚度\|品牌认知\|-/+在线用户评价\|原产国\|其企业回应在线顾客好评或者差评\|品牌联结，感知质量，品牌认知，品牌喜爱度，认知\|信任，认知同理心，顾客满意度，关系承诺，品牌忠诚度，认知\|知识，关联度，好评度，差异度\|品牌价值评估\|品牌，价格，交货时间，技术水平，开发周期\|企业社会责任\|满意度，价值，对变化的应对能力，喜爱度，信任，品牌资产的核心价值（声望，忠诚度，发展驱动力）\|企业形象\|代言人的可信度\|品牌联结：产品（功能和非功能属性）和组织的（企业社会责任和企业能力）\|品牌个性，促销力度\|已知的广告支出，价格策略，感知价值，品牌忠诚度，认知，品牌形象\|赞助\|消费者体验\|创新性的品牌体验\|在被并购之后，品牌形象的变化\|共同建立的服务补救\|怀旧的品牌定位\|个人参与，品牌感官体验\|品牌个性维度\|品牌的有形和无形属性 | Mo: 员工同理心；Me: 消费者情感承诺；Me: 感知质量，认知，关联\|Me: 品牌信任（品牌相关度，品牌意图）\|Me: 品牌独特性，品牌认知/关联\|Mo: 事先预期\|Mo: 企业社会责任感\|Me: 企业声望\|Mo: 代言人与品牌的一致性；Me: 自我-品牌联系\|Me: 结果偏好；Mo: 品牌资产\|Me: 情感联结，品牌本土形象，品牌真实性；Mo: 国家，品牌创新力\|Me: 品牌顾客参与度 | 结果变量：品牌资产\|品牌忠诚度\|品牌资产，市场结果\|价格\|品牌忠诚度，品牌购买意向\|品牌资产，医院形象\|客户生命周期价值\|经济行为\|每个功能的效用\|全球化的品牌资产\|顾客忠诚度（行为上的，态度上的）\|企业行为\|企业行为，顾客价值，购买欲望\|品牌资产，品牌满意度\|品牌资产（品牌关联）\|品牌形象，感知质量\|服务补救满意度，复购满意度\|对品牌资产要素的可感知贡献 ⎫<br>⎬ 公司视角下的品牌资产<br>⎭ |

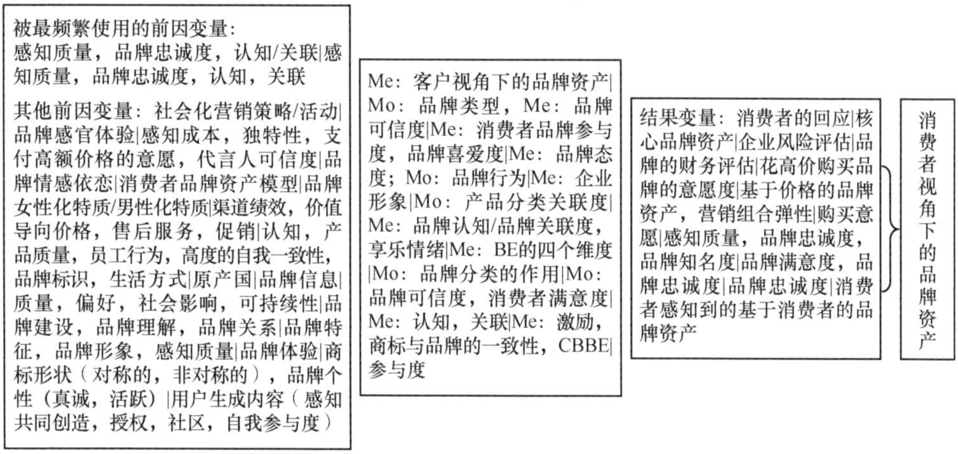

图 2.1 中的内容：

被最频繁使用的前因变量：
感知质量，品牌忠诚度，认知/关联|感知质量，品牌忠诚度，认知，关联

其他前因变量：社会化营销策略/活动|品牌感官体验|感知成本，独特性，支付高额价格的意愿，代言人可信度|品牌情感依恋|消费者品牌资产模型|品牌女性化特质/男性化特质|渠道绩效，价值导向价格，售后服务，促销|认知，产品质量，员工行为，高度的自我一致性，品牌标识，生活方式|原产国|品牌信息|质量，偏好，社会影响，可持续性|品牌建设，品牌理解，品牌关系|品牌特征，品牌形象，感知质量|商标形状（对称的，非对称的），品牌个性（真诚，活跃）|用户生成内容（感知共同创造，授权，社区，自我参与度）

Me：客户视角下的品牌资产|Mo：品牌类型，Me：品牌可信度|Me：消费者品牌参与度，品牌喜爱度|Me：品牌态度；Mo：品牌行为|Me：企业形象|Mo：产品分类相关度|Me：品牌认知/品牌关联度，享乐情绪|Me：BE的四个维度|Mo：品牌分类的作用|Me：品牌可信度，消费者满意度|Me：认知，关联|Me：激励，商标与品牌的一致性，CBBE参与度

结果变量：消费者的回应|核心品牌资产|企业风险评估|品牌的财务评估|花高价购买品牌的意愿|基于价格的品牌资产，营销组合弹性|购买意愿|感知质量，品牌忠诚度，品牌知名度|品牌满意度，品牌忠诚度|品牌忠诚度|消费者感知到的基于消费者的品牌资产

消费者视角下的品牌资产

图 2.1 品牌资产研究的前因和结果变量汇总
Mo：调节变量的缩写（moderator）；Me：中介变量的缩写（mediator）

架。Aaker 提出了一个包含品牌忠诚度、品牌意识、感知品质、品牌联想及其他相关品牌资产的五维模型，强调消费者视角下品牌资产的多维性。Keller 则进一步细化了这一观点，将品牌知识视为消费者基础下品牌资产的核心，其中包含品牌意识和品牌形象——品牌联想的类型、优势、强度及其独特性。这种方法体现了一种心理学角度，即品牌资产栖息于消费者心智之中的"消费者-品牌心理学"模型。

随着市场营销理念的演变，尤其是服务主导逻辑和以消费者为中心的营销方法的兴起，Rust 等（2015）提出了将客户权益视为价值权益、品牌资产和关系权益三者总和的观念。这里的价值权益基于产品的质量、价格和便利性等客观因素，而品牌资产则关注消费者对品牌所赋予的主观特质，如联想、情感和依恋等。关系权益则强调消费者与品牌长期维持关系的意愿。另一种流行观点由 Keller（2003）提出，他们将品牌资产分为三个层面：客户思维测量（包括品牌意识、联想、忠诚度和感知质量）、产品市场指标（如价格溢价、市场份额和收入）和金融市场指标（品牌作为一项金融资产的价值）。这一概念体系全面地涵盖了品牌资产在消费者心智、市场表现和财务价值三个维度上的表现，为品牌管理和营销决策提供了丰富的理论支持。从员工的视角出发，品牌资产体现在他们的行为一致性（体现品牌价值的行为）、品牌代言（如何传达品牌信息）以及对未来品牌忠诚的规划上（King et al.，2012）。这些元素共同构成了企业的无形资产，通过员工的态度和行为向公司注入价值。简而言之，员工不仅是企业运营的基础，也是品牌价值传递和增长的核心。他们的每一个行动和言语都能够影响品牌的形象和市场地位。

在营销领域，尽管存在多种观点和定义，Veloutsou 和 Black（2020）指出，从消费者的视角出发来评估品牌资产是最为普遍的方法。简单来说，消费者视角的品牌资产反映了顾客对品牌的吸引力或是对品牌的抗拒，它是消费者选择或避开特定品牌产品的关键因素。Keller 和 Lehmann（2006）强调，品牌资产的核心来自消费者的态度和行为。为了测量消费者视角的品牌资产，一些学者发展了两种主要方法：间接方法和直接方法（Christodoulides and de Chernatony，2010）。通过间接方法，研究者尝试识别和理解形成消费者视角品牌资产的不同来源（Christodoulides and de Chernatony，2010；Leone et al.，2006；Tong and Hawley，2009）。这种方法基于对消费者对某品牌持有的一系列记忆中的联想的评估（Keller，2003）。鉴于消费者视角的品牌资产是一个多方面的构念，运用间接方法通常涉及收集关于消费者对品牌的感知、情感、积极印象、认知、联想和忠诚度等心理维度的数据（Ailawadi et al.，2003）。间接测量的一个显著优点在于其能够综合评估多个构成品牌资产的要素，提供深入的诊断能力，以及帮助研究者和品牌经理预测品牌未来的发展潜力（Ailawadi et al.，2003）。

尽管间接方法为品牌资产的评估提供了丰富的心理和感知维度，但这种方法在实践中的应用却面临着一定的挑战。一方面，它的计算过程相对复杂，难以提供一个客观的标准来衡量品牌的绩效。另一方面，营销学界对于从消费者视角出发定义品牌资产的具体维度并没有形成统一的看法。Ishaq 和 di Maria（2020）通过在 ISI Web of Knowledge 和 Scopus 数据库上的文献搜索，揭示了存在 25 种不同的消费者视角品牌资产维度。我们通过系统性综述进一步发现了多达 62 个相关维度。这一发现指出，即便是采用间接方法的研究，对于应该考量的品牌资产维度也并未达成一致，有的研究可能只专注于单一的总体品牌资产，而有的研究则可能包含多达 15 个不同的维度。虽然学术界对品牌资产的多个维度尚无共识，但根据我们的研究，Aaker（1991）提出的品牌认知行为维度，并由 Yoo 等（2000）首次进行实证检验的模型，包括品牌忠诚、感知质量、品牌意识和品牌联想，是实证研究中应用最广泛的维度。在我们审视的 120 种方法中，有 74 项研究采用了间接方法来评估品牌资产，显示出间接方法在品牌资产评估中的主导地位。虽然间接方法在捕捉消费者对品牌的深层情感和认知态度方面具有独到的优势，但其应用的复杂性和对客观标准的缺乏，以及学术界对维度定义的分歧，都是该方法需要克服的挑战。未来的研究需要进一步探索和明确品牌资产评估的统一标准和方法，以便更准确、更系统地理解和衡量品牌的真实价值。这不仅需要学术界内部的深入探讨和一致性达成，也需要跨学科的合作，结合金融、心理学和营销等多个领域的知识，来全面捕捉品牌资产的本质和价值。

直接方法专注于评估消费者如何响应公司的营销策略，例如，他们对品牌的偏好和品牌所带来的具体利益。这种方法试图直接衡量消费者选择某一品牌的原因，从而揭示品牌对消费者的直接价值（Christodoulides and de Chernatony，2010）。

通过综合审查，我们发现了几种常见的直接测量消费者视角下的品牌资产的方法：品牌特定的效用，即消费者从特定品牌中获得的独特价值；品牌的无形价值，反映了品牌超出其物理属性所提供的额外利益；品牌的有形价值，指品牌通过其物质属性直接提供的利益；基于属性的品牌资产，涉及消费者对品牌的具体属性或特征的评价；不基于属性的品牌资产，则关注消费者对品牌的整体感知或情感连接。直接方法的核心在于深入了解消费者对品牌所持的直觉反应和评价，以及他们如何将这些感知转化为对品牌的实际选择。这种方法能够为营销人员提供关键的见解，帮助他们理解哪些营销活动最能影响消费者的品牌偏好，并最终促进销售。通过直接测量消费者对品牌的直接评价和偏好，营销人员可以更有效地定位他们的品牌信息，以满足消费者的期望和需求。此外，通过细分品牌资产的不同维度，直接方法还能帮助营销人员识别出品牌价值的关键驱动因素，无论是品牌的有形特性、独特的品牌属性，还是建立在品牌情感连接上的非物质价值。这种方法因其能够提供操作性强、针对性明确的营销策略建议而受到高度评价。

这些方法尽管能够帮助我们从市场营销的角度了解品牌的强度和影响力，却并不能直接将这些非财务指标转化为具体的财务价值。换句话说，虽然它们为品牌价值的非财务方面提供了重要的见解，但没有提供一种将这些消费者感知直接转化为货币价值的方法。因此，尽管间接方法和直接方法是评估品牌资产的关键步骤，但是它们需要与其他财务评估工具结合使用，才能为品牌的经济价值提供一个完整的视角。

### 2.1.3 基于公司视角的品牌资产

从公司视角看，品牌资产被视为企业财务和市场表现的关键驱动力。这种观点强调将品牌作为一种可量化的财务资产，侧重于估算品牌带给公司的货币价值（Sriram et al., 2007）。具体而言，这涉及通过预期的未来现金流、产品定价、收益、市场份额等财务或市场成果来评估品牌所带来的增值。品牌在这里不仅仅是一个标识，它更像一块可以买卖的土地或一台机器，具有其自身的价值。事实上，许多研究已将品牌定义为一种资产——不论是设置其售价，还是作为企业资产管理的一部分，或是作为公司资产负债表上的无形资产。

基于公司视角的品牌资产衡量可以使用两个主要方法：产品市场法和金融市场法。产品市场法认为品牌资产的建立和效果应该在品牌的市场表现中得到体现（Ailawadi et al., 2003）。这通常意味着利用市场数据来分析品牌对公司财务价值的贡献，如通过市场份额或利润等性能指标来进行评估。这种方法把品牌视为能够在市场上创造具体货币价值的资产，旨在通过实际的市场表现来衡量品牌的财务收益，例如，通过增加的现金流、价格溢价等来实现高水平的品牌股权。金融市场法则从金融角度出发，关注品牌在金融市场上的表现，如股票价格和其他相关金融指标。这种观点将品牌视为可交易的资产，类似于工厂和设备，重点是评估品牌对公司整体市值的贡献。这包括在并购过程中对品牌价值的评估，以及通过比较市场上类似品牌的交易价格来估算品牌的价值（Bahadir et al.，2008）。

衡量品牌资产，尤其是与非品牌或自有品牌产品相比时，常用的一个标准是观察品牌能为企业带来多少额外的现金流。这种方法，如 Ferjani 等（2009）的研究所示，着重于评估品牌与产品结合后产生的价值。同样，其他研究也通过比较品牌产品与非品牌或自有品牌产品之间的价格溢价、收入溢价或数量溢价等指标来衡量品牌资产的价值（Ailawadi et al.，2003；Huang and Sarigöllü，2012；Lehmann and Srinivasan，2014）。具体来说，Lehmann 和 Srinivasan（2014）以及 Zhao 等（2020）将品牌收入作为衡量品牌资产价值的一个重要指标。从公司财务市场价值的角度，Simon 和 Sullivan（1993）提出了一种估算方法，通过计算品牌作为公司无形资产在资产重置价值中所占的百分比来估算品牌资产。Mizik（2014）则通过分析品牌对股票异常收益的影响来衡量品牌的金融市场价值。在不同的研究方法中，Bahadir 等（2008）通过分析并购事件中的信息，来评估品牌资产作为被收购公司品牌组合的美元价值。

产品市场法和金融市场法是衡量企业品牌资产价值的主要方法，它们通过量化某一品牌的开发和使用效果，评估品牌所带来的增加值。这些方法的优势在于，它们可以提供品牌资产在市场和财务上的具体表现数据。然而，一个重要局限在于，这些评估方法往往只关注品牌资产的最终结果，而忽略了品牌资产产生的内在原因。这意味着，虽然它们能够量化品牌资产带来的直接利益，但难以提供对品牌价值来源的深入分析和诊断。因此，这些方法在揭示品牌资产背后的驱动因素和改善品牌战略方面的能力有限。

## 2.1.4 品牌资产的整体评估

基于消费者视角的品牌资产模型专注于品牌在消费者心目中的价值，不直接涉及品牌资产的货币评估。相对地，许多基于公司视角的品牌资产模型虽然提供了品牌的货币价值估计，但往往忽略了消费者对品牌的感知和评价（表2.2）。这种差异揭示了品牌资产测量领域的一大挑战：没有一个完美的模型能同时捕捉到消费者的看法和提供精确的货币估计（Ailawadi et al.，2003）。基于消费者视角和基于公司视角的品牌资产模型为品牌资产提供了不同但互补的估计途径，这两种视角都对管理品牌资产具有重要价值（Sriram et al.，2007）。虽然消费者视角和企业视角常常被独立对待，但它们共享一个核心观点：一个品牌的市场财务表现深受消费者对该品牌的认知、行为意图以及态度的影响。因此，一些研究者提出了一个综合模型，旨在融合消费者的品牌的感知与品牌的货币价值两种计算方式，以实现一个更全面的品牌资产评估（Cowan and Guzman，2020）。这样的综合方法试图填补现有研究中的空白，捕获消费者对品牌的感知，并同时提供品牌的货币估值。

表 2.2　品牌资产的整体评估相关研究

| 研究 | 基于消费者视角的品牌资产测量 | 基于公司视角的品牌资产测量 |
| --- | --- | --- |
| Burmann 等（2009） | 偏好导向的测量：品牌同情和品牌信任；利益导向的测量：品牌利益独特性、感知品牌质量和品牌利益清晰度；以知识为导向的措施：品牌知名度 | 财务品牌资产，潜在品牌资产 |
| Ferjani 等（2009） | 品牌的效用 | 增加盈利能力 |
| de Oliveira 等（2015） | 品牌意识、品牌忠诚、感知品牌质量、感知品牌价值、品牌个性、组织联想、惯性 | 根据市场上每个品牌的平均客户支出来估算每位客户的未来的现金流 |

尽管有学者在其提出的品牌价值链中尝试更好地表达基于消费者视角和基于公司视角的品牌资产之间的相互关系，但关于如何测量品牌资产的广泛研究显示出这一主题仍然存在较大争议。此外，开发基于公司视角的品牌资产模型的研究者，尤其是那些采用贴现现金流量法的，往往不会细化到单个客户层面的品牌货币价值。与此同时，那些侧重于基于消费者视角的品牌资产的研究通常无法提供一个总体的货币价值估计。这种情况强调了一个关键点：在品牌资产的测量和管理中，需要一个更加综合的视角，将消费者的感知和品牌的财务价值紧密结合起来。通过这样做，品牌管理者可以更全面地理解品牌资产的价值，从而制定更有效的品牌策略和提高品牌的整体价值。

在这一部分，我们提出了一个全面的品牌资产评估模型（BEC），它结合了消费者和企业两种不同的视角。我们通过十个命题来探索构建品牌资产的多维度过程。

命题 1：消费者过去的经历和企业的营销计划投资对于塑造品牌资产至关重要。个人对品牌的经历直接影响他们对品牌的感知和态度。当企业决定投资于营销计划来培养品牌，目的是吸引目前和潜在的客户时，就标志着品牌资产构建的开始。这种投资可能包括产品开发、品牌形象设计、广告宣传、促销活动、赞助事件、销售策略、公关活动等（Yoo et al.，2000）。这些活动的实施将深刻影响顾客对品牌的情感、认知和态度，从而构成品牌资产的核心。

命题 2：通过间接方法探索的消费者视角下的品牌资产来源，为直接方法下品牌资产的测量提供了理论基础。这意味着品牌资产的构建始于消费者对品牌的深层次认知和情感，包括他们对品牌的感知、联想、信任和忠诚度等（Ishaq and di Maria，2020；Christodoulides and de Chernatony，2010）。间接方法关注的是捕捉那些能够体现消费者内心世界的品牌资产维度，而直接方法则试图量化消费者对品牌的偏好和实际选择。

命题3：消费者对品牌的认知、情感和忠诚度不仅塑造了品牌的市场地位，还直接影响了企业的财务成绩和市场表现（Raggio and Leone，2007）。具体来说，品牌在消费者心中的形象和价值观念是企业增长和成功的关键驱动力。当消费者认为一个品牌值得信赖并与之产生情感连接时，他们的购买决策将更倾向于该品牌，从而促进企业销售额的增长，提升市场份额，最终增强公司的财务表现。此外，一个强大的品牌资产能够提高企业在金融市场中的表现，吸引更多投资者的注意，增加股票的价值。这一切都始于消费者对品牌的正面评价和忠诚度，这些因素共同作用，形成了企业竞争力的核心（Madden et al.，2006）。因此，深入理解并投资于构建基于消费者视角的品牌资产，对于企业来说是实现长期增长和成功的关键策略。

命题4：产品市场的表现是金融市场表现的基石。企业需要通过提升收益、盈利能力、市场份额和现金流等方面的表现，来增强其品牌的金融市场绩效。

命题5：消费者对品牌的价值感知，是基于消费者视角的品牌资产影响的直接体现。当消费者认为一个品牌有价值时，他们对该品牌的好感度和熟悉度会显著提高，这促进了信息的有效处理和解释，增强了品牌信任和消费者满意度。

命题6和命题7：消费者从品牌获得的价值不仅影响了他们自身的满意度和忠诚度，也为企业本身创造了价值。当消费者相信他们从品牌获得了价值时，他们更可能积极响应企业的营销策略，而这种积极反馈对企业而言是无价的，有助于企业在市场上建立竞争优势。

命题8：Raggio和Leone（2007）指出，企业视角的品牌资产不仅仅是消费者给予的；它还包括了如专利、商标、渠道关系和关键人才等要素，这些都是构成品牌价值的关键组成部分。更重要的是，这些品牌资产能够通过促进与资本市场的有利关系、获得政府的税收优惠，以及在销售渠道中获得更好的位置，为公司带来显著的财务价值。

命题9：消费者的品牌体验是不断变化的，随着与品牌的每次互动，这些体验可能会得到加强或削弱。这意味着，企业需要不断努力，通过正面的互动来提升消费者的品牌体验，确保品牌形象的持续正向发展。

命题10：一个价值高的公司更有可能投入资源于高效和有效的营销计划中，这些计划不仅提高了市场传播的接受度，还增强了广告和促销活动的影响力。通过巧妙地利用营销资源，企业可以进一步壮大其品牌资产，从而在市场中赢得更大的市场优势。

## 2.2 品牌资产的驱动因素和重大价值

在Yoo等（2000）开发的量表的基础上，通用替代量表（Pappu et al.，2005；

Tong and Hawley，2009）和特定情境的量表相继问世，以评估 B2B（business to business，企业对企业电子商务）（Bendixen et al.，2004）、品牌原产地、以员工为本的企业环境（King and Grace，2010）和酒店（Liu et al.，2017）等特定情境下的品牌资产。几位作者比较和验证了现存的量表（Çifci et al.，2016），并结合多个量表去衡量品牌资产。其中两篇论文甚至开发了通用模型。该通用模型认为对基于消费者的品牌资产的衡量是一个动态和连续的过程（Chatzipanagiotou et al.，2016）。Ailawadi 等（2003）建议将收入溢价作为可靠的品牌资产衡量指标。

### 2.2.1 公司品牌资产的驱动因素

品牌资产作为衡量品牌价值的一个关键指标，受到多方面因素的影响，包括但不限于品牌体验、顾客满意度和承诺、员工的同理心等。这些因素共同作用，塑造消费者对品牌的感知和忠诚度，从而提升品牌资产的价值。品牌体验是影响品牌资产的核心因素之一，它不仅包括顾客与品牌互动的直接体验，也涵盖了通过广告、口碑等间接方式获得的体验。顾客满意度和承诺反映了消费者对品牌的满足度和长期的忠诚意向，而员工的同理心则直接影响顾客服务的质量和顾客体验的深度。品牌形象和客户关系管理也是塑造品牌资产的重要因素（Kim et al.，2008）。品牌形象不仅包括消费者对品牌的直观印象，还涉及品牌所传递的价值观和品牌故事。客户关系管理则侧重于如何通过持续的互动，加深品牌与顾客之间的关系。面对产品伤害危机时企业的反应、企业形象（Heinberg et al.，2018）、品牌信任（Delgado-Ballester and Munuera-Alemán，2005）和品牌个性对品牌资产产生了深远的影响。这些因素共同决定了消费者是否继续信赖和支持品牌。品牌 logo（标识）与品牌个性之间的联系（Luffarelli et al.，2019）、企业社会责任、品牌原产地等元素同样对品牌资产的构建至关重要。它们不仅影响消费者的品牌认知，还影响消费者的购买决策。在 B2B 市场中，客户体验的重要性不亚于 B2C（business to consumer，企业对顾客电子商务）市场，而品牌属性不论是在有形产品还是无形服务中都起着决定性作用。此外，情感依恋（Dwivedi et al.，2019）、怀旧品牌定位（Heinberg et al.，2020）等情感因素以及用户生成内容（user generated content，UGC）（Christodoulides et al.，2012）等新兴媒介，也在现代营销中扮演着日益重要的角色。

综上所述，品牌资产的构建是一个复杂的过程，涉及多方面因素的相互作用。从顾客体验到员工行为，从企业社会责任到品牌原产地，每一个因素都对消费者的品牌感知产生影响。通过深入理解和有效管理这些因素，企业可以有效提升其品牌资产，从而在激烈的市场竞争中脱颖而出。

## 2.2.2 营销组合要素如何影响品牌资产

自 Yoo 等（2000）的开创性研究发表以来，营销界对于特定营销组合活动如何积极地影响品牌资产的兴趣显著增加。众多学者致力于探索广告、营销传播、赞助、社交媒体及其活动等营销策略对品牌资产的正面作用。例如，Buil 等（2013）深入分析了广告如何提升品牌的知名度和形象，而 Villarejo-Ramos 和 Sanchez-Franco（2005）则关注了营销传播如何加深消费者对品牌的认识和喜爱。同样，Cornwell 等（2001）研究了赞助活动对品牌忠诚度的提升作用，而 Godey 等（2016）指出社交媒体平台及其活动如何有效地增强品牌与消费者之间的互动和联系。此外，一些学者进一步将营销组合的积极影响与其他关键前置变量结合起来研究。Valette-Florence 等（2011）探讨了品牌个性如何与营销策略协同以塑造和增强品牌资产，而 Huang 和 Sarigöllü（2012）则研究了消费者体验如何与营销组合元素相结合，进而对品牌资产产生深远的正面影响。这些研究表明，营销组合的各个要素不是孤立工作的，而是通过与品牌个性、消费者体验等因素的相互作用，共同对品牌资产产生影响。这种综合的视角帮助营销专家更全面地理解如何通过各种营销策略来塑造、维护和提升品牌资产，从而实现品牌的长期增长和成功。

## 2.2.3 品牌资产如何影响公司绩效

品牌资产不仅是公司市场竞争力的关键源泉，也直接影响着公司的绩效和长期成功。研究显示，拥有强大品牌资产的公司能够显著提高客户的终身价值，降低企业风险（Rego et al.，2009），并在服务失误发生时，更有效地恢复顾客满意度（Hazée et al.，2017）。此外，良好的品牌资产能够增强在线消费者评价对销售的正面影响（Ho-Dac et al.，2013），提高股票价值（Madden et al.，2006），并直接促进公司绩效的提升（Baldauf et al.，2003）。品牌资产还深刻影响着消费者忠诚度、品牌忠诚度和购买意愿（Foroudi et al.，2018），这些都是公司获得竞争优势的关键因素。通过整合营销组合元素，品牌资产可以有效地提升市场绩效以及基于销售的品牌价值（Datta et al.，2017），从而实现公司业绩的持续增长。当品牌资产与企业社会责任（corporate social responsibility，CSR）结合时，对公司形象和绩效产生的积极影响更为显著。企业通过积极参与社会责任活动，不仅能够提升品牌形象和品牌资产价值，还能够增强消费者信任和忠诚度，从而在竞争激烈的市场中获得更好的绩效。总之，品牌资产对公司的各项绩效指标均有显著的正面影响，包括提高客户价值、增加销售收入、提升市场份额、提高股票市值以及改善公司的整体财务状况。因此，公司应当不断投资于品牌建设和维护，将其作为实现长期发展战略的核心部分。通过持续优化品牌战略和开展营销活动，公司能够有效提升品牌资产，从而驱动公司向着更高的业绩目标前进。

### 2.2.4 结论及战略指引

品牌资产作为衡量品牌价值的重要指标，对公司的市场竞争力和绩效产生了深远影响。研究表明，品牌资产的构建和维护涉及多方面因素的相互作用，包括品牌体验、顾客满意度、品牌形象、企业社会责任，以及营销组合的各个要素。品牌资产不仅增强了消费者的品牌认知和忠诚度，而且通过提升客户的终身价值、降低企业风险、提高股票价值等方式，直接影响公司的绩效。因此，理解品牌资产的构建机制和其对公司绩效的影响，对于制定有效的品牌管理和营销策略至关重要。

根据上述研究结论，管理者可以考虑从以下角度制定合理的品牌资产提升战略。①品牌体验优化：企业应通过提供一致且高质量的品牌体验，包括直接的产品和服务体验以及通过广告、社交媒体等渠道提供的间接体验，来塑造和维护强大的品牌资产。品牌体验的每个接触点都应被精心设计和管理，以确保它们共同传达出品牌的核心价值和承诺。②提升顾客满意度和忠诚度：企业应不断倾听顾客的反馈和需求，及时响应顾客的关切，并致力于解决顾客在使用产品或服务过程中遇到的问题。通过提高顾客满意度，可以增强顾客的忠诚度，进一步提升品牌资产的价值。③强化企业社会责任：企业应积极参与社会责任活动，通过实际行动展示品牌的社会价值和责任感。这不仅能够提升品牌形象，增加消费者的信任和支持，还能在长期发展中提升品牌资产。④利用营销组合提升品牌资产：企业应有效运用广告、营销传播、赞助和社交媒体等营销策略，以增强品牌认知度和形象。通过与消费者进行持续的互动和沟通，可以增加消费者对品牌的认识和喜爱，从而提升品牌资产价值。⑤持续监测和评估：企业应建立一套系统的品牌资产评估机制，定期监测品牌资产的变化，并分析其对公司绩效的影响。这有助于企业及时调整品牌策略，确保品牌资产的持续增长。通过实施这些管理实践建议，企业可以有效地构建和维护强大的品牌资产，进而在竞争激烈的市场中获得持续的成功和增长。品牌资产不仅是企业的无形资产，更是推动企业长期发展的关键力量。

## 2.3 科技对品牌资产影响的新兴话题

随着技术的快速发展，特别是物联网（internet of things，IOT）、人工智能（artificial intelligence，AI）、增强现实（augmented reality，AR）和虚拟现实（virtual reality，VR）的进步，我们见证了品牌与消费者互动方式的根本变革。这些先进的技术融入在线平台，不仅改变了消费者如何与品牌、产品和服务建立联系，而且也重新定义了消费者的购买体验和品牌的市场策略（Oh et al.，2020）。在这个数字化时代，互联网的全球普及和动态特性成为品牌需要面对的一大挑战（Veloutsou and Guzman，2017）。新冠疫情加速了这一进程，当面对面的消费者互动成为奢望时，各行各业的品牌被迫采纳新的数字技术，以实现与消费者更加开放的互动（Kim et al.，2021）。当下，企业有能力实时收集和分析客户数据、提供个性化服务、深化客户洞察并加强与消费者的关系，这一能力前所未有（Rust et al.，2015）。

Oh 等（2020）的研究提出了未来品牌研究需要关注的三个领域：技术进步对品牌的影响、品牌研究超越传统的产品和公司范围、大数据如何改变品牌策略。考虑到社交媒体使用的普及、人工智能在营销中的应用持续增长（Puntoni et al.，2020），对于品牌资产在不断变化的环境下如何发挥作用的研究变得至关重要。

人工智能作为一种游戏规则的改变者，赋予了品牌利用新算法做出更明智的决策、提供高质量服务以及更有效地与目标客户沟通的能力。随着技术进步，品牌和消费者之间的互动方式不断演变，这不仅为品牌提供了新的机遇，也提出了新的挑战。品牌必须适应这种快速变化的环境，采用新的技术和策略来维持和增强其品牌资产。未来，随着技术的进一步发展和应用，品牌与消费者的互动将更加个性化、互动性更强，品牌资产管理将成为企业战略中更加重要的一环。

### 2.3.1 产品与服务创新

随着技术的快速进步，尤其在信息和通信技术领域，服务型经济变得更加重要。服务创新，定义为带来价值并被广泛采纳的新流程或产品，成为企业在激烈的市场竞争中成功的关键。公司通过创新和先进技术的应用，如跟踪客户购买历史和识别消费模式，来满足客户需求。客户识别方法，如区分新老客户并根据消费者行为调整定价策略，对于保持竞争力至关重要。研究表明，具有较高品牌资产的品牌，即品牌力量更强的品牌，不仅更有可能成功创新，而且对创新投资的动力也更强。当创新失败时，品牌资产得分较高的品牌所受的影响也相对较小（Liao and Cheng，2013）。

酒店行业自 2019 年新冠疫情以来经历了根本性变化，这些变化对客户体验产生了深远影响。非接触式服务，如语音控制、动作感应、移动控制、机器人服务等，成为新常态（Hao and Chon，2021）。这种转变不仅改变了服务提供方式，也为客户体验设定了新的标准。Hao 和 Chon（2021）的研究指出，客户体验和满意度是构建客户资产和品牌信任的基石。旅游应用的特点,如其感知的有用性和用户界面的吸引力,直接提高了客户参与度,进而增强了品牌资产。

然而,衡量旅游目的地的品牌有效性面临着挑战,因为不同类型的游客对品牌有不同的期望。对于目的地品牌的成功管理,品牌资产、客户满意度和文化差异成为决定性因素。社交媒体上的参与度、态度和信任与酒店品牌忠诚度之间存在关联,特别是在相同的社交媒体参与水平下,年龄较大的客户往往显示出更高的品牌意识和忠诚度(Han et al., 2021)。对豪华酒店行业的研究显示,先进技术直接影响酒店的感知质量和形象,这两个因素是品牌资产的组成部分。

博物馆和画廊等文化景点也在努力利用混合现实和增强现实等新技术来吸引新游客,并提升客户体验(Rahaman et al., 2019)。Bae 等(2020)的研究强调,在文化场所中整合新技术时,应特别注意提高互动性和生动性,这将直接影响客户的满意度和忠诚度,从而增强品牌资产。随着酒店行业越来越注重体验,以及新技术在改善客户体验方面的持续融入,对以下方向进行深入研究变得尤为重要。

研究方向 1:基于人类与基于技术的接触点数量的客户体验总体满意度的比较。

科技型企业中,移动增值服务的个性化、可识别性和感知享受的服务属性对品牌资产要素(品牌忠诚、感知质量、品牌意识和品牌联想)有显著的正向影响。智能手机是当今工作、通信和购物中最强大的工具之一,而用户在选择智能手机品牌时,不仅考虑有用性和与生活方式的兼容性,还要估计品牌资产(尤其是在成本效益方面)和社会影响力(Hsu and Lin, 2015)。智能手机用户的再购买意愿在很大程度上取决于品牌体验、品牌资产和客户满意度(Hussain and Ahmed, 2020)。影响信息和通信技术服务提供商品牌资产和忠诚度的重要因素是服务领导和定制-个性化控制。随着人们对创新技术解决方案的需求不断增长,科技型企业背景下的品牌资产问题值得进一步研究,因此提出了第二个研究方向。

研究方向 2:在技术型公司中,什么样的组织文化既能促进技术创新,又能促进消费者关注,以维持长期的客户关系和品牌资产?

十多年前,移动银行被公认为银行服务业中最突出的领域之一。为了吸引和维持客户群,移动银行必须创造独特的互动体验,为银行提供与客户在更深层次上接触的机会(Jamshidi et al., 2018)。作者对手机银行应用程序的用户进行了调查,发现流畅的用户体验对品牌信任和品牌资产有显著影响。在银行业中,社交媒体和品牌个性的形成对品牌忠诚度在责任和活跃度方面产生了积极影响(Garanti and Kissi, 2019)。考虑到银行业的性质和客户对安全的担忧,下一个研究方向便出现了。

研究方向 3:应该对不同年龄组的移动银行应用程序使用的感知风险(如数

据隐私、账户安全）和感知有用性之间的权衡进行研究。

例如，零售和电子商务。零售商和市场越来越多地尝试通过电子商务平台接触消费者（Parker and Kuo，2021）。零售业经历了由新的数字渠道（如社交媒体和移动应用程序）引起的重大变革，这些渠道改变了消费者的购物行为和零售商业模式。考虑到实质性的技术变革、消费者行为的转变和竞争的加剧，通过多渠道提供产品已成为不可或缺的一部分。因此，品牌有必要将客户体验纳入其战略，以建立强大的在线品牌。

在新冠疫情之后，大多数品牌已经将他们的商店转移到了网上，并投入了更多的资金用于增强电子平台的功能。Parker 和 Kuo（2021）对属于 Y 一代的女性样本进行了研究，试图揭示电子商务平台在时尚方面的重要性。研究结果显示，电子商务平台主要被视为一种实用主义工具，通过电子商务平台购物并不是享乐主义的体验，并且人们在很大程度上不愿意在线上购买昂贵的商品。

Pena-Garcia 等（2018）进行了一项关于西班牙和哥伦比亚在线购物者的跨文化研究，以揭示忠诚度形成的前因性。研究发现，随着在线购物者经验的增加，他们对在线购物体验中的享乐元素的要求也相应提高。在竞争激烈的零售环境中，商店权益成为一个强烈的差异化点（Gil-Saura et al.，2016）。技术创新和商店形象对商店品牌资产的影响被认为是最为显著的（Fuentes-Blasco et al.，2017）。

食品行业从实体店向线上店的过渡一直相对滞后于其他产品类别（Badenhop and Frasquet，2021）。然而，数据显示，新冠疫情引发的社交距离措施加速了这一领域消费者行为的变化。普华永道发布的《2020 年全球消费者洞察调研》显示，随着新冠疫情的暴发，全球 69%的消费者选择在线购买食品杂货，而疫情前的平均水平仅为 9%。这一趋势引发了学者对学术研究的浓厚兴趣，以更详细地研究零售商品牌资产的多个维度，包括零售商意识、零售商协会、感知零售商质量、零售商忠诚度和零售商声誉。

Badenhop 和 Frasquet（2021）在德国进行的研究表明，多渠道超市中定义零售商品牌资产的关键属性包括零售商意识、零售商协会、感知零售商质量、零售商忠诚度以及感知有用性。

研究方向 4：明确区分影响网络零售形成的因素，与零售实体店的品牌资产进行比较。

AR 在数字营销中的关键趋势之一是采用 AR 技术，这是一种沉浸式技术，通过实时交互性将虚拟元素融合到物理环境中（Javornik，2016）。对于品牌而言，AR 通过创造新的接触点和提供个性化体验的机会，为客户体验和客户旅程做出了积极的贡献（Javornik et al.，2021）。AR 等服务创新通过提高客户参与度为客户提供额外的价值，从而影响客户权益，包括价值、关系和品牌资产（Kim et al.，2021）。

尽管使用 AR 技术可以为营销人员带来许多好处，但考虑到大多数 AR 应用程序提供的是短期娱乐，这项技术可能存在陷阱。由此引发以下研究方向。

研究方向 5：为了保持目标用户的长期兴趣，AR 应用开发的最佳内容策略是什么？

### 2.3.2　整合营销传播

整合营销传播（integrated marketing communication，IMC）已成为一个以技术驱动和以客户为中心的策略，致力于通过不同营销工具和渠道的协调一致来建设强大的品牌资产。为确保营销传播能积极优化品牌资产，关键在于跨不同渠道的整合和长期的一致性维护。在酒店行业，研究揭示了社交网络与 IMC 之间的正相关性，以及品牌资产与 IMC 之间的正向关系，同时指出整合营销对于品牌资产的各个维度，如品牌形象、感知质量和品牌忠诚度，均有显著的正面效果。此外，沟通一致性被认为是影响消费者品牌认知的关键因素。

社交媒体营销的关键要素，包括网站的清晰性、安全性、在线互动性及与其他网站的合作，对于酒店品牌的信任和忠诚度有显著的积极影响。公司网站作为展示企业身份的平台，对于品牌信任和购买意愿的形成，起着决定性作用（Chang et al.，2019）。对于以员工为基础的品牌资产前因的研究发现，IMC 有助于实现雇主价值主张，进而创造以员工为基础的品牌资产（Deepa and Baral，2021）。

随着社交媒体的普及，消费者的生活方式和沟通方式发生了变化，为企业与目标受众建立连接和交流提供了新的机会。这种变化不仅影响了消费者与品牌的互动方式，也使得通过社交媒体收集的数据成为企业获取洞察的重要资源。据 Statista 数据库估计，2020 年全球有近一半人口（约 36 亿人）使用社交媒体，预计到 2025 年将增至 44.1 亿人。Núñez-Gómez 等（2020）的研究发现，儿童在社交媒体上的互动对品牌偏好和忠诚度有积极影响。技术的进步同样改变了媒体信息系统及其消费、分发和货币化的方式。整体而言，消费者在社交媒体上的参与对品牌资产的形成有显著的积极影响。Wagner Mainardes 和 Vieira Cardoso（2019）指出，研究社交媒体的使用与实体店购物行为之间的联系是必要的。研究显示，社交媒体的使用和企业及用户生成的内容增强了消费者对实体店的信任。

社交媒体相关内容包括消费者创建的用户生成内容和企业通过官方品牌社交媒体渠道创建的内容。还有学者的研究关注用户生成的内容如何影响品牌形象和销售（Kuksov et al.，2013）。未来的研究应将用户生成内容与企业生成内容结合起来，全面理解社交媒体权益及其对品牌资产的整体影响。不同世代的消费者对社交媒体的利用方式存在差异，因此探究不同世代消费者利用社交媒体对品牌资产构建的影响，是未来研究的重要方向。由此，产生了下一个研究方向。

研究方向 6：跨代差异（如 X 世代、Y 世代、Z 世代和 α 世代）在促进用户生成内容和塑造社交媒体平台偏好的因素上的差异。

奢侈品牌与社交媒体之间的关系已成为市场营销领域的热门话题。近年来，奢侈品市场快速增长，部分得益于其在数字营销领域的创新应用（Conti，2018），这些品牌正处于独特的市场地位，它们不仅因高质量和高价格的产品而闻名，而且还代表了一种高级的象征性和享受性价值，强调传统和独特性。考虑到奢侈品牌与普通品牌相比具有的特殊性，它们在策略上需采取独特的方法以建立强大的品牌资产，并保持与消费者的紧密联系（Godey et al.，2016）。

据贝恩公司（D'Arpizio et al.，2019）预测，到 2025 年，数字化购买将占奢侈品市场总价值的四分之一。AR 等技术为奢侈品牌提供了新的策略工具，支持其独特性和属性的展示，并通过增强的品牌体验和客户旅程间接促进品牌资产的建设（Javornik et al.，2021）。奢侈品牌的品牌体验策略被证明在保持客户忠诚度和吸引新客户方面具有至关重要的作用（Dion and Borraz，2017）。在研究消费者与社交媒体上的奢侈品牌互动机时，Bazi 等（2020）识别出了包括感知内容相关性、品牌与客户之间的关系、享乐主义、美学、社会心理动机、品牌资产和技术因素在内的六大动机。此外，Creevey 等（2021）在对社交媒体使用和奢侈品牌相关文献的综述中指出了五个未来研究的有益方向：奢侈品牌战略与服务、用户生成内容、年轻消费者、奢侈品的"特定时刻"和品牌故事叙述。随着年轻消费者越来越多地受到网红的影响，以下研究可能对奢侈品牌在社交媒体上的策略尤为重要。

研究方向 7：衡量个人品牌资产，以及基于个人品牌资产使用网红如何影响他们在奢侈品牌中所代表的整体品牌资产。

线上品牌社区对于塑造客户忠诚度和品牌形象起着至关重要的作用。在如今的数字化时代，消费者越来越喜欢加入那些能提供强烈归属感和爱好者社区的品牌（Rust et al.，2015）。这些社区不仅帮助消费者与品牌建立更深层次的联系，还促进了志同道合者之间的互动，共同塑造了品牌的社会身份（Capece and Campisi，2013）。随着社交媒体的广泛使用，品牌围绕其形成的群体逐渐发展成为共享同一品牌信念和价值的紧密社区。这些线上品牌社区基于对品牌的共同热爱和理解而形成，特点包括强烈的集体意识、共享的仪式和传统，以及对社区整体的道德责任感（Muniz and O'Guinn，2001）。Wirtz 等（2013）研究了在线品牌社区行为的不同方面，如品牌定位、互联网使用习惯、资金和管理，这些都是营销人员特别关注的领域，因为这些虚拟社区提供了宝贵的消费者信息来源和信任基础。

在奢侈品时尚行业的在线品牌社区研究中，Brogi 等（2013）发现社区参与度、内容创造和对品牌质量的感知等动态因素对品牌资产有着积极影响。这强调了在线品牌社区在塑造奢侈品市场品牌资产中的关键作用。随着社区成员数量的增加，这些社区已成为加强消费者与品牌关系的重要平台。社区中的社会资本，包括共同的语言、愿景、社会信任和互惠互利，都是构建强大品牌网络的关键，能够增加品牌忠诚度和品牌资产（Meek et al.，2019）。在线品牌社区的成员不仅代表了那些与品牌有着更强烈认同感和参与度的消费者，而且他们的忠诚度更高，不仅仅是被动接收信息的角色，还成为品牌信息的共同创作者（Mahrous and Abdelmaaboud，2017）。这种参与度为品牌创造了更大的价值。

然而，品牌资产的评估通常是在产品上市后进行的，这可能会错过纠正营销活动可能产生的负面效果的机会。Divakaran（2018）通过社区品牌资产的概念来弥补这一缺陷，他们的研究表明，基于社区的品牌资产在预测新产品成功、提高客户满意度，以及帮助公司更好地预测新产品发布过程中可能出现的问题方面起到了关键作用。尽管社区品牌资产在这些领域的作用得到了认证，但对其形成原因的研究仍有待深入。这表明理解社区品牌资产形成过程中的细节是未来研究的重要方向，有助于进一步揭示如何有效地利用在线品牌社区来增强品牌价值和客户忠诚度。

研究方向 8：哪些因素对形成强大的在线品牌社区至关重要？它们减轻品牌错误（促进品牌宽恕）的能力是什么？

### 2.3.3 人工智能

营销领域的从业者和研究人员越来越关注人工智能的广泛应用，这是因为几乎没有哪个行业能够完全避开人工智能的影响。从自动驾驶汽车、人工智能辅助的销售代表到陪伴机器人、提供情感支持的人工智能以及能够预测消费者购买行为的算法，这些都是人工智能带来的革命性变化的实例。伴随着人工智能的崛起以及新技术的采用，像亚马逊、Netflix 和 eBay 这样的电商巨头成功地通过提供基于价值的服务来增强其品牌资产。而谷歌、Spotify 和 Under Armour 等世界知名企业也采用了人工智能解决方案，如微软的认知服务、亚马逊 Lex 或 IBM 的沃森，以提升他们的业务表现。

人工智能的核心技术包括机器学习、深度学习、自然语言处理、神经网络、基于规则的专家系统以及机器人技术。这些技术使得人工智能具有前所未有的能力，可以在不同的设备和数据集之间提供高度个性化且准确的信息（Bock et al.，2020）。营销人工智能是指开发能够根据对消费者、竞争者和关注的公司的信息进行分析，并据此提出或采取营销行动以达到最佳营销效果的人工代理

（Overgoor et al., 2019）。营销人工智能紧密关联于微观和宏观环境分析、市场细分、目标设定、定位、战略规划、新产品开发、定价策略、分销渠道管理以及 IMC 等核心营销活动。

随着技术的发展，营销人工智能的应用正在改变营销策略的形式和效果，为企业提供了前所未有的竞争优势。通过深入挖掘和分析大量数据，人工智能能够帮助营销人员更准确地理解消费者行为，预测市场趋势，优化营销活动，从而提高营销效率和效果。因此，对于希望在数字时代保持竞争力的企业来说，理解和应用营销人工智能变得至关重要。

机器人、聊天机器人和交互式代理正在成为当代智能技术领域中备受瞩目的焦点。随着自然语言处理技术的飞速进步，这些智能工具能够以前所未有的方式与消费者互动，帮助他们做出购买决定、获取产品信息，以及促进与公司之间的沟通。这些技术的发展不仅在革新消费者的购物体验，也在重新塑造人们对品牌的偏好和期望。

交互式代理通过算法来理解用户的需求，预测可能的问题解答，并促进用户之间以及用户与应用程序之间的交流。在人工智能领域的最新进展驱动下，使用机器人提供客户服务正变得越来越流行。然而，尽管存在巨大的潜力，许多企业仍在探索如何有效地将这些技术整合到他们的客户服务策略中，这一过程充满挑战。

研究机器人、聊天机器人和交互式代理在企业中的应用主要关注于公司的视角，激发了对未来研究方向的深入思考。随着技术的不断进步和消费者需求的变化，企业需要找到新的方式来有效利用这些智能工具，以提升客户体验、提高客户满意度和忠诚度。未来的研究可以探索如何通过人工智能技术创造更个性化、互动性更强的消费者体验，以及这些技术如何帮助企业更好地理解和满足消费者的需求。此外，研究还可以着眼于如何解决集成这些技术所面临的挑战，包括确保人工智能代理的沟通质量、保护用户隐私以及建立消费者对人工智能服务的信任。随着人工智能技术的不断成熟和消费者接受度的提高，机器人、聊天机器人和交互式代理有望在塑造未来的品牌与客户关系方面发挥更加重要的作用。

研究方向 9：当机器人和交互代理在购买过程中扮演顾客或中介的角色时，基于消费者视角下衡量其品牌资产的合适方法是什么？

在服务行业中，客户体验已成为区分品牌的核心力量，它深刻影响着顾客的满意度、忠诚度，乃至品牌的整体价值。顾客通过积极的品牌体验来塑造自己的社会认同、价值观和独特性，使品牌成为其生活的一部分（Feiz and Moradi, 2020）。顾客体验的范围广泛，它包括消费者在与品牌互动的过程中的感受，这种互动涉及情感、思维、行为反应、感官体验和社交互动等多个层面（Lemon and Verhoef, 2016）。在这个背景下，Puntoni 等（2020）提出了一个涵盖数据捕获、分析、授权和社交交互的框架，用以阐述消费者与人工智能之间的复杂互动。这里面的关键认识是，人工智能技术的客观性和精确性能够强化顾客的信任感，因为它们不会因疲劳或其他人为因素而出错。然而，即便是能快速提供解决方案的聊天机器人和交互助理也往往缺乏必要的人际交往温度，从而限制了它们在建立深层次关系上的能力。为了弥补这一不足，一些开发者着手构建能够提供情感支持、拥有社交特质的辅助机器人，期望通过这些"社交"机器人建立更深层次的顾客信任和连接（Bock et al., 2020）。

这种对人工智能与客户体验之间联系的探索揭示了一个重要视角：技术不仅仅是实现高效服务的工具，更是深化顾客关系和构建品牌价值的桥梁。这要求我们在设计和应用人工智能时，不仅关注其功能性和效率，还需要考虑它们是否能满足人类对情感联结和社交互动的基本需求。随着技术的不断进步，我们有理由相信，这些智能工具将会更加精准地理解和响应人类的情感，从而在增强客户体验的同时，进一步提升品牌的价值。鉴于信任对品牌资产形成的重要性，引发了以下研究方向。

研究方向10：在整合人工智能代理的客户体验中，谁是信任的主要来源？

区块链技术最初为加密货币而设计，旨在通过去除交易中的第三方来增加安全性和透明度。它是一个数字化、去中心化、分布式的账本系统，能够以时间顺序记录交易，并确保这些记录是永久性且不可篡改的。这种技术的定义本身就暗示了其在提高数据透明度和安全性方面的潜力。在营销领域，区块链技术正开拓新的可能性，特别是在建立消费者信任和个人数据保护方面。它支持以消费者为中心的模式，促进了非中介化的交易环境，增强了隐私保护和安全性，同时为忠诚度计划提供了一个更为透明和可靠的平台。

这意味着，通过区块链，品牌能够更好地理解其目标受众和消费者，同时确保消费者的个人数据在其控制之下，不受未经授权访问的风险。这种增强的数据控制和安全性不仅能够提升消费者对品牌的信任，也为品牌提供了机会，以更负责任和透明的方式与其受众互动，从而建立更深厚的客户关系。此外，区块链技术在忠诚度计划中的应用能够激励消费者保持与品牌的长期互动，通过提供更为个性化和价值驱动的奖励来增加顾客忠诚度。未来的区块链研究应从社会角度出发，并关注以下研究方向。

研究方向11：研究区块链技术对环境的影响以及区块链公司的绿色品牌资产。

### 2.3.4 绿色品牌资产

随着社会对环境保护的意识增强，绿色品牌资产成为营销研究的热点。绿色品牌资产涉及品牌在绿色承诺和环境责任方面的价值和信誉，这不仅包括品牌名称和标志,还涵盖了品牌对环境问题的态度和行为(Chen,2010)。这种资产由三大要素构成:绿色品牌名称,即品牌在环保方面的标识;绿色满意度,指消费者对品牌环保行为的满意程度;绿色信任,即消费者对品牌履行环保承诺的信任度。

绿色品牌资产的重要性在于其能够增强公众的环保意识,并为企业塑造独特的竞争优势。通过实施和传播环保策略,企业不仅能够吸引那些优先考虑可持续性的消费者,还能在市场中建立起正面的环保形象。此外,绿色品牌资产对社会整体也具有积极影响,它鼓励企业和消费者采取更加负责任的行为,共同努力减少环境污染,促进可持续发展(Delafrooz and Goli, 2015)。因此,随着环境问题的日益严峻,企业通过培育和维护绿色品牌资产,不仅能够提升自身的品牌价值,还能够为保护地球环境做出贡献,实现企业社会责任的目标。这要求企业不仅在产品和服务的生产过程中采取环保措施,还需要在品牌传播和营销策略中积极体现其对环境保护的承诺,从而赢得消费者的信任和支持。

## 2.3.5 结论及未来研究方向

在当今这个快速演变的世界里,品牌对消费者的购买决策过程起到了至关重要的作用。品牌不仅为企业带来了可观的财务价值,而且通过在消费者心中树立独特的形象,促进了消费者的选择,建立了消费者的忠诚度,并培养了与消费者之间的长期关系。从20世纪90年代对品牌资产的研究开始,研究重点主要放在品牌对收入或市场份额等容易衡量的结果上。随着市场对产品的差异化和明确性要求日益增长,企业开始更加深入地认识到品牌的真正价值在于消费者的认知。基于消费者视角的品牌资产成为品牌研究中最为广泛的研究领域之一,并且随着时间的推进,被几乎所有的行业所采纳,成为衡量品牌与非品牌产品之间差异的标准。

然而,在过去十年中,技术革命极大地改变了消费者的行为和企业的战略。本章的主旨在于探究在这一快速变化的背景下,技术的最新进展及新冠疫情所引发的技术变革如何影响品牌资产这一衡量品牌价值的重要指标。为了达到这一目的,我们综述了 Web of Science 数据库中的文章,并识别了以下研究方向:产品与服务创新、整合营销传播、人工智能、绿色品牌资产。在每个研究领域,我们都专注于寻找能够为现有研究提供新视角的研究方向,无论这些新视角是来自消费者、企业还是社会。通过这样的方式,我们旨在补充和丰富对品牌资产影响的理解,并提供在这个不断变化的时代中品牌如何维持和增长其价值的洞见。所有的研究方向如表 2.3 所示。

表 2.3 未来研究方向

| | 研究课题 | 未来研究方向 |
|---|---|---|
| 产品与服务创新 | 酒店行业 | 基于人类与非接触式、基于技术的接触点数量的客户体验总体满意度的比较 |
| | 科技型企业 | 在以技术为基础的公司中，什么样的组织文化既能促进技术创新，又能以消费者为中心，以维持长期的客户关系和品牌资产 |
| | 银行业 | 应该对移动银行应用程序使用的感知风险（例如，数据隐私、账户安全）与不同年龄组感知有用性之间的权衡进行研究 |
| | 零售和电子商务 | 明确区分影响网络零售形成的因素，品牌资产比较实体店的零售权益 |
| | 增强现实 | 为了保持目标受众的长期兴趣，AR 应用开发的最佳内容策略是什么 |
| 整合营销传播 | 社交媒体 | 跨代差异（例如，X 世代、Y 世代、Z 世代和 α 世代）在促进用户生成内容和塑造社交媒体平台偏好的因素上的差异 |
| | 奢侈品牌与社交媒体 | 个人品牌资产，以及基于个人品牌资产的网红如何影响他们在奢侈品牌中所代表的整体品牌资产 |
| | 线上品牌社区 | 哪些因素对形成强大的在线品牌社区至关重要？ |
| 人工智能 | 机器人、聊天机器人和交互式代理 | 当机器人和交互代理在购买过程中具有客户或中介的角色时，衡量其 CBBE 的合适方法是什么 |
| | 客户体验与人工智能 | 在包含人工智能代理的客户体验中，谁是信任的主要来源 |
| | 区块链技术 | 区块链技术对环境的影响和区块链公司的绿色品牌资产 |

注：CBBE 全称 customer-based brand equity，基于顾客的品牌资产

# 参 考 文 献

Aaker D A.1991. Managing Brand Equity Capitalizing on the Value of Brand Name. New York: The Free Press.

Ailawadi K L, Lehmann D R, Neslin S A. 2003. Revenue premium as an outcome measure of brand equity. Journal of Marketing, 67(4): 1-17.

Badenhop C, Frasquet M.2021. Online grocery shopping at multichannel supermarkets: the impact of retailer brand equity. Journal of Food Products Marketing, 27: 89-104.

Bae S, Jung T, Moorhouse N, et al . 2020. The influence of mixed reality on satisfaction and brand loyalty in cultural heritage attractions: a brand equity perspective. Sustainability, 12(7), 2956.

Bahadir S C, Bharadwaj S G, Srivastava R K. 2008. Financial value of brands in mergers and acquisitions: is value in the eye of the beholder?. Journal of Marketing, 72(6): 49-64.

Baldauf A, Cravens K S, Binder G. 2003. Performance consequences of brand equity management: evidence from organizations in the value chain. Journal of Product & Brand Management, 12(4): 220-236.

Bazi S, Filieri R, Gorton M.2020. Customers' motivation to engage with luxury brands on social media. Journal of Business Research, 112: 223-235.

Bendixen M, Bukasa K A, Abratt R. 2004. Brand equity in the business-to-business market. Industrial Marketing Management, 33(5): 371-380.

Berry L L. 2000. Cultivating service brand equity. Journal of the Academy of Marketing Science,

28(1): 128-137.

Bock D E, Wolter J S,Ferrell O C.2020. Artificial intelligence: disrupting what we know about services. Journal of Services Marketing, 34: 317-334.

Brodie R J, Glynn M S, Little V. 2006. The service brand and the service-dominant logic: missing fundamental premise or the need for stronger theory?. Marketing Theory, 6(3): 363-379.

Brogi S,Calabrese A, Campisi D, et al. 2013. The effects of online brand communities on brand equity in the luxury fashion industry. International Journal of Engineering Business Management. https://doi.org/10.5772/56854[2022-04-25].

Buil I, de Chernatony L, Martínez E. 2013. Examining the role of advertising and sales promotions in brand equity creation. Journal of Business Research, 66(1): 115-122.

Burmann C,Jost-Benz M, Riley N.2009. Towards an identity-based brand equity model. Journal of Business Research, 62: 390-397.

Capece G, Campisi D.2013.User satisfaction affecting the acceptance of an e-learning platform as a mean for the development of the human capital. Behaviour & Information Technology, 32: 335-343.

Chang K C, Hsu C L, Chen M C, et al.2019. How a branded website creates customer purchase intentions. Total Quality Management & Business Excellence, 30(3/4): 422-446.

Chatzipanagiotou K, Veloutsou C, Christodoulides G. 2016. Decoding the complexity of the consumer-based brand equity process. Journal of Business Research, 69(11): 5479-5486.

Chen Y S.2010. The drivers of green brand equity: green brand image, green satisfaction, and green trust. Journal of Business Ethics, 93: 307-319.

Chi H K, Yeh H R, Yang Y T. 2009. The impact of brand awareness on consumer purchase intention: the mediating effect of perceived quality and brand loyalty. The Journal of International Management Studies, 4(1): 135-144.

Christodoulides G, de Chernatony L. 2010. Consumer-based brand equity conceptualisation and measurement: a literature review. International Journal of Market Research, 52(1): 43-66.

Christodoulides G, Jevons C, Bonhomme J.2012. Memo to marketers: quantitative evidence for change: how user-generated content really affects brands. Journal of Advertising Research, 52(1): 53-64.

Çifci S, Ekinci Y, Whyatt G, et al. 2016. A cross validation of consumer-based brand equity models: driving customer equity in retail brands. Journal of Business Research, 69(9): 3740-3747.

Conti S. 2018. Digital giants dominate Interbrand's 2018 ranking, luxury leads growth. https://wwd.com/business-news/business-features/digital-giants-interbrands-2018-ranking-luxury-growth-1202867368/[2022-06-21].

Cornwell T B, Roy D P, Steinard II E A.2001. Exploring managers' perceptions of the impact of sponsorship on brand equity. Journal of Advertising, 30(2): 41-51.

Cowan K, Guzman F. 2020. How CSR reputation, sustainability signals, and country-of-origin sustainability reputation contribute to corporate brand performance: an exploratory study. Journal of Business Research, 117: 683-693.

Creevey D, Coughlan J, O'Connor C.2021. Social media and luxury: a systematic literature review.

International Journal of Management Reviews, 26: 1-31.

D'Arpizio C, Levato F, Prete F, et al. 2019. Luxury goods worldwide market study, fall-winter 2018.https://www.bain.com/contentassets/8df501b9f8d6442eba00040246c6b4f9/bain_digest__luxury_goods_worldwide_market_study_fall_winter_2018.pdf[2022-03-21].

Datta H, Ailawadi K L, van Heerde H J. 2017. How well does consumer-based brand equity align with sales-based brand equity and marketing-mix response?. Journal of Marketing, 81(3): 1-20.

de Oliveira M O R, Silveira C S, Luce F B. 2015. Brand equity estimation model. Journal of Business Research, 68(12): 2560-2568.

Deepa R, Baral R. 2021. Relationship between integrated communication effectiveness and employee-based brand equity - mediating role of psychological contract fulfillment. Journal of Product & Brand Management, 30(6): 883-897.

Delafrooz N, Goli A.2015. The factors affecting the green brand equity of electronic products: green marketing. Cogent Business & Management, 2: 1-12.

Delgado-Ballester E, Munuera-Alemán J L.2005. Does brand trust matter to brand equity?. Journal of Product & Brand Management, 14(3): 187-196.

Dimitriadis S. 1994. Le Management De La Marque. Paris: Les Editions d'Organization .

Dion D, Borraz S.2017. Managing status: how luxury brands shape class subjectivities in the service encounter. Journal of Marketing, 81: 67-85.

Divakaran P K P.2018. Technology-enabled community data for gaining pre-release brand insights. Technological Forecasting and Social Change, 127: 217-226.

Dwivedi A, Johnson L W, Wilkie D C, et al.2019. Consumer emotional brand attachment with social media brands and social media brand equity. European Journal of Marketing, 53(6): 1176-1204.

Feiz D, Moradi H. 2020. Creating consumer-based brand equity for customers by brand experience - evidence from Iran banking industry. Journal of Islamic Marketing, 11: 1443-1464.

Ferjani M, Jedidi K, Jagpal S. 2009. A conjoint approach for consumer-and firm-level brand valuation. Journal of Marketing Research, 46(6): 846-862.

Foroudi P, Jin Z Q, Gupta S, et al. 2018. Perceptional components of brand equity: configuring the symmetrical and asymmetrical paths to brand loyalty and brand purchase intention. Journal of Business Research, 89: 462-474.

Fuentes-Blasco M, Moliner-Velázquez B, Servera-Francés D, et al. 2017. Role of marketing and technological innovation on store equity, satisfaction and word-of-mouth in retailing. Journal of Product and Brand Management, 26(6): 650-666.

Garanti Z, Kissi P S. 2019. The effects of social media brand personality on brand loyalty in the Latvian banking industry. International Journal of Bank Marketing, 37: 1480-1503.

Gil-Saura I, Ruiz Molina M E, Berenguer-Contri G. 2016. Store equity and behavioral intentions: the moderating role of the retailer's technology. Journal of Product & Brand Management, 25(7): 642-650.

Godey B, Manthiou A, Pederzoli D, et al. 2016. Social media marketing efforts of luxury brands: influence on brand equity and consumer behavior. Journal of Business Research, 69(12): 5833-5841.

Grassl W. 2000. Strategic brand management: building, measuring, and managing brand equity. Journal of Consumer Marketing, 17(3): 263-272.

Han H, Lho L H, Jung H, et al. 2021. Social networking service as a marketing technology tool and sustainable business in the lodging industry: investigating the difference across older and younger age groups among tourists. Sustainability, 13(10): 5673.

Han K, Mittal V, Zhang Y. 2017. Relative strategic emphasis and firm-idiosyncratic risk: the moderating role of relative performance and demand instability. Journal of Marketing, 81(4): 25-44.

Hao F, Chon K. 2021. Are you ready for a contactless future? A multi-group analysis of experience, delight, customer equity, and trust based on the Technology Readiness Index 2.0. Journal of Travel & Tourism Marketing, 38(9): 900-916.

Hazée S, Van Vaerenbergh Y, Armirotto V. 2017. Co-creating service recovery after service failure: the role of brand equity. Journal of Business Research, 74: 101-109.

Heinberg M, Hübner G, Wieseke J. 2020. Leveraging brand equity for effective visual product design. Journal of Marketing Research, 57(2): 257-277.

Heinberg M, Ozkaya H E, Taube M. 2018. Do corporate image and reputation drive brand equity in India and China? - Similarities and differences. Journal of Business Research, 86: 259-268.

Heitmann M, Landwehr J R, Schreiner T F, et al. 2020. Leveraging brand equity for effective visual product design. Journal of Marketing Research, 57(2): 257-277.

Ho-Dac N N, Carson S J, Moore W L. 2013. The effects of positive and negative online customer reviews: do brand strength and category maturity matter? Journal of Marketing, 77(6): 37-53.

Hsieh M H. 2002. Identifying brand image dimensionality and measuring the degree of brand globalization: a cross-national study. Journal of International Marketing, 10(2): 46-67.

Hsu C L, Lin J C C. 2015. An empirical study of smartphone user behavior. International Journal of Mobile Human Computer Interaction, 7(1): 1-24.

Huang R, Sarigöllü E. 2012. How brand awareness relates to market outcome, brand equity, and the marketing mix. Journal of Business Research, 65(1): 92-99.

Hussain S, Ahmed R R. 2020. Smartphone buying behaviours in a framework of brand experience and brand equity. Transformations in Business & Economics, 19: 220-242.

Iglesias O, Markovic S, Rialp J. 2019. How does sensory brand experience influence brand equity? Considering the roles of customer satisfaction, customer affective commitment, and employee empathy. Journal of Business Research, 96: 343-354.

Ishaq M I, di Maria E. 2020. Sustainability countenance in brand equity: a critical review and future research directions. Journal of Brand Management, 27(1): 15-34.

Javornik A. 2016. Augmented reality: research agenda for studying the impact of its media characteristics on consumer behaviour. Journal of Retailing and Consumer Services, 30: 252-261.

Jamshidi D, Keshavarz Y, Kazemi F, et al. 2018. Mobile banking behavior and flow experience: an integration of utilitarian features, hedonic features and trust. International Journal of Social Economics, 45: 57-81.

Javornik A, Duffy K, Rokka J, et al. 2021. Strategic approaches to augmented reality deployment by luxury brands. Journal of Business Research, 136: 284-292.

Kamakura W A, Russell G J. 1993. Measuring brand value with scanner data. International Journal of Research in Marketing, 10(1): 9-22.

Keller K L. 1993. Conceptualizing, measuring, and managing customer-based brand equity. Journal of Marketing, 57(1): 1-22.

Keller K L. 1998. Strategic Brand Management: Building, Measuring, and Managing Brand Equity. Upper Saddle River: Prentice Hall.

Keller K L. 2002. Branding And Brand Equity. Commonwealth of Massachusetts: Cambridge.

Keller K L. 2003. Strategic Brand Management: building, Measuring, and Managing Brand Equity. New Jersey: Prentice Hall.

Keller K L, Lehmann D R. 2006. Brands and branding: research findings and future priorities. Marketing Science, 25(6): 740-759.

Kim A J, Ko E. 2012. Do social media marketing activities enhance customer equity?. An empirical study of luxury fashion brand. Journal of Business Research, 65(10): 1480-1486.

Kim K H, Kim K S, Kim D Y, et al. 2008. Brand equity in hospital marketing. Journal of Business Research, 61(1): 75-82.

Kim K H, Ko E, Kim S J, et al. 2021. Digital service innovation, customer engagement, and customer equity in AR marketing. Journal of Global Scholars of Marketing Science, 31(3): 453-466.

King C, Grace D. 2010. Building and measuring employee-based brand equity. European Journal of Marketing, 44(7/8): 938-971.

King C, Grace D, Funk D C. 2012. Employee brand equity: scale development and validation. Journal of Brand Management, 19(4): 268-288.

Kuksov D, Shachar R, Wang K K. 2013. Advertising and consumers' communications. Marketing Science, 32(2): 294-309.

Kumar A, Bezawada R, Rishika R, et al. 2016. From social to sale: the effects of firm-generated content in social media on customer behavior. Journal of Marketing, 80(1): 7-25.

Lassar W, Mittal B, Sharma A. 1995. Measuring customer-based brand equity. Journal of Consumer Marketing, 12(4): 11-19.

Lehmann D R, Srinivasan S. 2014. Assessing brand equity through add-on sales. Customer Needs and Solutions, 1(1): 68-76.

Lemon K N, Verhoef P C. 2016. Understanding customer experience throughout the customer journey. Journal of Marketing, 80(6): 69-96.

Leone R P, Rao V R, Keller K L, et al. 2006. Linking brand equity to customer equity. Journal of Service Research, 9(2): 125-138.

Liao S L, Cheng C C. 2013. Consumer evaluation of self-service innovation failure: the effect of brand equity and attribution. The Service Industries Journal, 33(5): 467-485.

Liu M T, Wong I A, Tseng T H, et al. 2017. Applying consumer-based brand equity in luxury hotel branding. Journal of Business Research, 81: 192-202.

Luffarelli J, Stamatogiannakis A, Yang H Y. 2019. The visual asymmetry effect: an interplay of logo design and brand personality on brand equity. Journal of Marketing Research, 56(1): 89-103.

Madden T J, Fehle F, Fournier S. 2006. Brands matter: an empirical demonstration of the creation of shareholder value through branding. Journal of the Academy of Marketing Science, 34(2): 224-235.

Mahrous A A, Abdelmaaboud A K. 2017. Antecedents of participation in online brand communities and their purchasing behavior consequences. Service Business, 11(2): 229-251.

Meek S, Ogilvie M, Lambert C, et al. 2019. Contextualising social capital in online brand communities. Journal of Brand Management, 26(4): 426-444.

Mizik N. 2014. Assessing the total financial performance impact of brand equity with limited time-series data. Journal of Marketing Research, 51(6): 691-706.

Muniz A M Jr, O'Guinn T C. 2001. Brand community. Journal of Consumer Research, 27(4): 412-432.

Núñez-Gómez P, Sánchez-Herrera J, Pintado-Blanco T. 2020. Children's engagement with brands: from social media consumption to brand preference and loyalty. Sustainability, 12(22): 9337.

Oh T T, Keller K L, Neslin S A, et al. 2020. The past, present, and future of brand research. Marketing Letters, 31(2): 151-162.

Overgoor G, Chica M, Rand W, et al. 2019. Letting the computers take over: using AI to solve marketing problems. California Management Review, 61(4): 156-185.

Pappu R, Quester P G, Cooksey R W. 2005. Consumer-based brand equity: improving the measurement-empirical evidence. Journal of Product & Brand Management, 14(3): 143-154.

Park C W, MacInnis D J, Priester J, et al. 2010. Brand attachment and brand attitude strength: conceptual and empirical differentiation of two critical brand equity drivers. Journal of Marketing, 74(6): 1-17.

Parker C J, Kuo H. 2021. What drives generation-y women to buy fashion items online?. Journal of Marketing Theory and Practice, 3: 1-16.

Pena-Garcia N, Gil-Saura I, Rodriguez-Orejuela A. 2018. E-loyalty formation: a cross cultural comparison of Spain and Colombia. Journal of Electronic Commerce Research, 19: 336-356.

Puntoni S, Reczek R, Giesler M, et al. 2020. Consumers and artificial intelligence: an experiential perspective. Journal of Marketing, 85: 131-151.

Raggio R D, Leone R P. 2007. The theoretical separation of brand equity and brand value: managerial implications for strategic planning. Journal of Brand Management, 14(5): 380-395.

Rahaman H, Champion E, Bekele M. 2019. From photo to 3D to mixed reality: a complete workflow for cultural heritage visualization and experience. https://doi.org/10.1016/j.daach.2019.e00102 [2022-05-18].

Rego L L, Billett M T, Morgan N A. 2009. Consumer-based brand equity and firm risk. Journal of Marketing, 73(6): 47-60.

Rejeb A, Keogh J G, Treiblmaier H. 2020. How blockchain technology can benefit marketing: six pending research areas. Frontiers in Blockchain, 3: 3.

Rust R T, Kim J, Dong Y, et al. 2015. Drivers of customer equity//Kumar V, Denish Shah. Handbook of Research on Customer Equity in Marketing. Cheltenham: Edward Elgar Publishing :17-34.

Simon C J, Sullivan M W.1993.The measurement and determinants of brand equity: a financial approach. Marketing Science,12(1):28-52.

Smith A D. 1991. National Identity. London: Penguin.

Sriram S, Balachander S, Kalwani M U. 2007. Monitoring the dynamics of brand equity using store-level data. Journal of Marketing, 71(2): 61-78.

Tong X, Hawley J M. 2009. Measuring customer-based brand equity: empirical evidence from the sportswear market in China. Journal of Product & Brand Management, 18(4): 262-271.

Valette-Florence P, Guizani H, Merunka D. 2011. The impact of brand personality and sales promotions on brand equity. Journal of Business Research, 64(1): 24-28.

Veloutsou C, Black I. 2020. Creating and managing participative brand communities: the roles members perform. Journal of Business Research, (117): 873-885.

Veloutsou C, Guzman F. 2017. The evolution of brand management thinking over the last 25 years as recorded in the Journal of Product and Brand Management. Journal of Product & Brand Management, 26(1): 2-12.

Villarejo-Ramos A F, Sánchez-Franco M J.2005. The impact of marketing communication and price promotion on brand equity. Journal of Brand Management ,12: 431-444.

Wirtz J, den Ambtman A, Bloemer J, et al. 2013. Managing brands and customer engagement in online brand communities. Journal of Service Management, 24(3): 223-224.

Yoo B, Donthu N, Lee S. 2000. An examination of selected marketing mix elements and brand equity. Journal of the Academy of Marketing Science, 28(2): 195-211.

Zhao Y H, Zhang Y F, Wang J, et al. 2020. Brand relevance and the effects of product proliferation across product categories. Journal of the Academy of Marketing Science, 48(6): 1192-1210.

# 第 3 章 品牌地位：提升之道与战略管理

宫秀双[①]

## 3.1 品牌地位：理论、概念、测量方法

### 3.1.1 什么是品牌地位

品牌地位（也称为"品牌声望"）指的是与品牌相关的社会地位水平（Steenkamp et al., 2003；Truong et al., 2010）。

Ries 和 Trout（1981）在 *Positioning：The Battle for Your Mind* 中将品牌地位定义为消费者心目中对于某个品牌的独特位置或印象，该独特性可以在与其他品牌的比较中得到突出。此外，在 Aaker（1995）在 *Building Strong Brands* 中提到："品牌地位是品牌在消费者心目中所占有的独特和卓越位置，是品牌在市场上相对竞争对手的优势和不可替代性。"从二者的观点来看，品牌地位是消费者对某品牌相对于其他竞争对手所产生的知觉和评价，以及对其在市场中所占位置的认知。

在另一角度，Eastma 等（1999）曾指出品牌地位（brand status）是指人们赋予一个品牌的位置、等级或其社会声望水平，它直接影响了品牌的价值，也影响了消费者的态度及购买行为。在其他的服务行业文献中我们也了解到，品牌地位，通常被称为"品牌声望"，已经在服装、教育、餐馆和食品服务和航空公司等不同背景下进行了研究。而对于品牌来说，品牌地位是通过客户关注品牌的社会示范价值而不是功利价值的程度来表示的。

综上所述，我们可以把品牌地位定义为品牌在目标市场中所占有的特定位置和差异化，包括品牌的认知、偏好、认同和忠诚度。品牌地位是消费者对品牌的看法和意见，反映了其对品牌质量、形象、信任度和关联性的感知。

根据 Keller 等（2009，2012）撰写的文献与书籍，我们总结出品牌地位的具体内容可以分成 8 个维度。①品牌认知（brand awareness）：指消费者对品牌的认识和了解程度，包括品牌知名度、品牌形象、品牌声誉等；②品牌关联性（brand association）：指品牌与消费者心目中的某些特征、价值观或标识的关联程度，如

---

[①] 宫秀双，管理学博士，重庆大学副教授，硕士生导师；
研究方向：消费者行为、社会影响、感官营销等。

品牌与创新、可靠性、社会责任等的关联性；③品牌差异化（brand differentiation）：指品牌与竞争对手在特定特征、优势或功能方面的差异程度；④品牌信任（brand trust）：指消费者对品牌的可靠性、诚信性和可信度的信任程度；⑤品牌情感（brand emotion）：指消费者对品牌的情感联结程度，包括喜好程度、情感联结和情感上的满意度；⑥品牌忠诚度（brand loyalty）：指消费者对品牌的忠诚程度和重复购买意愿，包括品牌推荐和口碑传播的意愿；⑦品牌扩展能力（brand extension capability）：指品牌对于跨越产品类别或进入新领域的能力和潜力；⑧品牌一致性（brand consistency）：指各种渠道和接触点上品牌传达的一致性程度，包括广告、宣传、包装、服务等。

此外，我们也在相关的文献中了解到，当消费者对品牌地位缺乏了解时，往往会根据其他营销线索来推断其品牌地位，如产品品质、价格、独家分销渠道和零售商声誉等。过往研究表明，产品设计正在越来越多地成为一种品牌推断线索，它既能影响消费者对产品的态度，也会对品牌形象产生影响。一方面，消费者可以通过观察产品的表层线索，如包装形状、尺寸、材质等推断产品的品牌地位；另一方面，产品的某些深层线索也能影响消费者对产品品牌地位的评价。Solja等（2018）证实，在产品的包装上印一则简短的品牌故事就能提高消费者对产品的评价，并加深消费者对品牌的情感联结。

因此，当提到品牌地位时，我们也可以将产品设计这一维度考虑在内。

### 3.1.2 品牌地位感知的测量

在查询资料时，我们了解到品牌地位感知的测量可以分为多种，其中于文环等（2023）提到下面（图3.1）这种金字塔式的测量方法，通过询问消费者"您认为这个品牌属于下图中哪种层次的品牌？其中 1=顶尖奢侈品牌，7=低价大众品牌"并由得分总结出消费者对某品牌地位的感知。

图3.1 品牌地位感知测量方法

资料来源：于文环等（2023）

在以往研究中，我们又发现一些可量化的测量量表。

Brand asset valuator（BAV）是一种品牌评估方法，由美国品牌咨询公司Young

& Rubicam 开发。BAV 方法采用了四个核心维度[相关性（relevance）、尊重度（esteem）、知名度（knowledge）、差异化（differentiation）]，如表 3.1 所示。

表 3.1　BAV 测量量表

| 维度 | 含义 | 具体测量项 | 评分（1~10） |
|---|---|---|---|
| 相关性 | 该维度评估品牌在消费者心智中的相关性和吸引力，以及品牌与消费者需求和价值观的契合程度 | 目标受众（target audience） | |
| | | 价值观契合度（value alignment） | |
| | | 消费者需求满足度（consumer needs fulfillment） | |
| 尊重度 | 该维度评估品牌在消费者心智中的认可度和好感度，包括品牌的声誉、信誉和消费者对品牌的尊重程度 | 声誉（reputation） | |
| | | 品质知觉（perceived quality） | |
| | | 喜好度（preference） | |
| 知名度 | 该维度评估品牌在市场上的知名度和辨识度，包括品牌名称、标志、广告活动等方面 | 品牌知晓度（brand awareness） | |
| | | 标志辨识度（logo recognition） | |
| | | 广告记忆度（advertising recall） | |
| 差异化 | 该维度评估品牌在市场上的独特性和与竞争对手的差异，以及品牌在消费者心智中的独特形象和特点 | 独特性（uniqueness） | |
| | | 创新性（innovation） | |
| | | 个性（personality） | |

BrandZ 品牌价值量表是由市场研究公司 Kantar Millward Brown 于 2006 年开发的一种量表，通过评估品牌在市场中的认知度、偏好度、关联性和忠诚度来测量品牌地位，如表 3.2 所示。

表 3.2　BrandZ 测量量表

| 维度 | 量表指标 | 量化评分 | 解释 |
|---|---|---|---|
| 品牌认知度 | 品牌知名度 | 1~10 | 对该品牌的知名程度进行评估，1 表示不知名，10 表示非常知名 |
| 品牌偏好度 | 品牌好感度 | 1~10 | 调查消费者对该品牌的喜好程度，1 表示不喜欢，10 表示非常喜欢 |
| | 购买意愿 | 1~5 | 评估消费者购买该品牌产品或使用该品牌服务的意愿，1 表示非常不愿意购买，5 表示非常愿意购买 |
| 品牌关联性 | 品牌关联属性 | 1~10 | 评估消费者将该品牌与特定属性或形象联系在一起的程度，1 表示无关联，10 表示关联非常紧密 |
| 品牌忠诚度 | 重复购买率 | 百分比 | 统计消费者对该品牌进行重复购买的比例或频率，以百分比表示 |
| | 品牌推荐意愿 | 1~10 | 评估消费者是否愿意向他人推荐该品牌，1 表示完全不愿意推荐，10 表示非常愿意推荐 |

NPS（net promoter score，净推荐值）的概念最早由 Reichheld（2003）提出，是一种常用的品牌地位评估方法，通过调查消费者是否愿意向他人推荐某品牌来衡量品牌在市场中的地位，如表 3.3 所示。

表 3.3　NPS 测量量表

| 维度 | 定义 | 量表问题或指标 |
|---|---|---|
| 推荐意愿（recommendation） | 受访者愿意推荐该品牌给他人的程度 | 在一个 0～10 分的量表上，请您给出您对于推荐该品牌给他人的意愿评分 |
| 推荐者（promoters） | 推荐分数为 9 或 10 | 您给该品牌的评分是 9 或 10 吗 |
| 中立者（passives） | 推荐分数为 7 或 8 | 您给该品牌的评分是 7 或 8 吗 |
| 反对者（detractors） | 推荐分数为 0 到 6 | 您给该品牌的评分是 0 到 6 吗 |
| NPS | 通过计算推荐者百分比减去反对者百分比得出，范围从 −100 到 +100 | 根据您的评分，计算出该品牌的 NPS，即推荐者百分比减去反对者百分比 |

Smith（2020）提出了感知品牌地位指数（perceived brand equity index）的测量方法，这是一种基于多个维度进行评估的品牌地位量表，包括感知品牌意识、感知品牌形象、感知品牌联想等，如表 3.4 所示。

表 3.4　感知品牌地位指数测量量表

| 维度 | 定义 | 量表问题或指标 |
|---|---|---|
| 感知品牌意识（perceived brand awareness） | 客户对品牌的认知程度和熟悉程度 | 您经常注意到该品牌吗？（1 表示从未听说过，7 表示总是注意到）<br>您对该品牌的熟悉程度如何？（1 表示完全不熟悉，7 表示非常熟悉） |
| 感知品牌形象（perceived brand image） | 客户对品牌的整体印象和态度 | 请形容您对该品牌的整体印象和感觉<br>请在以下特质上从 1 到 7 来评价该品牌的形象：品质、创新、可靠性等 |
| 感知品牌联想（perceived brand association） | 客户将品牌与特定特征、价值观或个人意义联系在一起的程度 | 您认为与该品牌相关联的特征或价值观有哪些<br>您对以下陈述的认同程度：该品牌与我的个人价值观相契合（1 表示完全不认同，7 表示非常认同） |
| 感知品牌忠诚（perceived brand loyalty） | 客户对品牌的忠诚度和愿意持续选择该品牌的意愿 | 您是否会选择继续购买该品牌的产品或服务（是/否）<br>您对该品牌的忠诚程度如何（1 表示完全不忠诚，7 表示非常忠诚） |
| 感知品牌质量（perceived brand quality） | 客户对品牌产品或服务质量的认知 | 请评价该品牌产品或服务的质量如何（1 表示非常差，7 表示非常好） |

以上列举的量表可以更加量化地测量品牌地位感知，并且可以更好地进行测量。

## 3.2　品牌地位的塑造

### 3.2.1　品牌定位与品牌地位的关系

品牌地位被视为品牌定位的基本维度（Park et al.，1991），可能是大量文献证明消费者更喜欢高地位或具有高声望的品牌（Baek et al.，2010；Vigneron and Johnson，1999）。

Keller（2001）提出：品牌定位的成功将直接影响到品牌地位的建立和塑造，

当品牌定位得当并能够满足消费者的需求和期望时，消费者对该品牌的认知和评价将更为积极，从而提升品牌地位。那么反过来，品牌地位也会影响品牌定位的调整和优化，通过了解和分析消费者对品牌的看法和反馈，企业可以根据市场需求和消费者心理调整品牌的定位策略，以更好地适应市场和增强品牌地位。

在此基础上，Kapferer（2012）提出，品牌定位和品牌地位之间存在相互影响的关系。通过有效的品牌定位策略，企业能够在消费者心目中塑造出独特的品牌形象和定位，影响消费者的认知和观念，从而最终形成积极的品牌地位。品牌地位的反馈和认可也会影响企业对品牌定位的调整和优化，以更好地满足消费者的需求和期望，进一步巩固品牌地位。

综上所述，品牌定位和品牌地位是相互关联且相互影响的概念。品牌定位为品牌地位的塑造提供了战略方向和目标，而品牌地位则是品牌定位策略的最终反映和结果。

### 3.2.2　品牌地位的形成机理

早在 1995 年，Aaker 发现：品牌认知与形象塑造即消费者对品牌的认知和形象是品牌地位形成的重要机理之一。通过有效的品牌传播和市场营销活动，企业可以塑造出与其产品或服务相关的特定形象和关联，从而在消费者心中建立特定的品牌认知和地位。

到了 2009 年，Keller 发表的研究显示，品牌地位的形成还与产品或服务的质量和用户体验密切相关。消费者对品牌的地位评价受到产品或服务的质量、可靠性、性能和用户体验等因素的影响。积极的用户体验和优质的产品质量可以帮助企业建立良好的品牌地位。2013 年他又发现品牌地位的形成还受到品牌声誉和口碑的影响。消费者对品牌的看法往往受到品牌声誉、信誉和口碑的影响，包括其他消费者的反馈、评价和建议。正面的口碑可以提升品牌地位，而负面的口碑则可能对品牌地位造成负面影响。三年后，他又发现品牌地位的形成还与品牌赋能和关联效应有关。品牌赋能是指消费者对品牌所赋予的精神内涵和情感价值。当消费者将品牌与个人或社会价值相关联时，会对品牌地位产生积极的影响。此外，消费者对品牌的关联程度（如品牌认同感或品牌忠诚度）也是品牌地位形成的重要因素之一。

Lee（2021）提出，品牌可以通过使用语言和视觉标记低情感的社交媒体内容来影响品牌地位的感知。具体而言，由于高地位群体与低情感之间的关联，他提出相对较低的品牌情感可以增加消费者对品牌与高地位沟通规范的一致性的感知。鉴于与高地位规范的一致性的感知，较低的品牌情感可以唤起高地位参考群体，最终塑造品牌地位的感知。

### 3.2.3 品牌地位感知的研究成果及发展趋势

**1. 研究成果**

Keller（1993）提出了品牌知觉质量、品牌联想和品牌认知结构等的研究，以帮助解释品牌地位感知的形成和影响。其中品牌知觉质量（brand perceived quality）：指消费者对于品牌的整体质量和价值感知。它涉及了产品或服务的实际表现、功能特点、外观等因素。品牌知觉质量对品牌地位感知的形成起着重要的作用，因为消费者往往将高品质的品牌与卓越的地位感知联系在一起。品牌联想（brand associations）：指与品牌相关联的概念、观念和形象。品牌联想可以来自消费者的个人经验、广告宣传、产品属性等方面。它们对消费者的品牌地位感知产生影响，因为积极、独特和有意义的品牌联想可以增强品牌在消费者心中的地位感。品牌认知结构（brand knowledge structure）：指消费者对品牌的认知和了解程度。这包括对品牌的特点、形象、品牌故事等的认知。品牌认知结构可以帮助消费者形成对品牌地位的感知，因为它们构成了消费者对品牌的整体理解和认知框架。

这些概念和框架为了解品牌地位感知的形成和影响提供了重要的视角和方法。从此以后，基于Keller（1993）的研究，品牌地位感知的研究得到了广泛的延伸和发展，并与其他相关理论相互结合，以了解和解释消费者对品牌的认知、态度和行为。

之后，Aaker（1995）探讨了不同品牌元素对品牌地位感知的影响，包括品牌意象、品牌人格和品牌故事等。品牌意象（brand imagery）：指消费者对品牌的形象、风格和感觉的感知。品牌意象可以通过品牌标志、产品设计、广告等方式建立和传达。它对消费者的品牌地位感知产生重要影响，因为品牌意象可以帮助消费者形成对品牌的整体印象和认知。品牌人格（brand personality）：指将品牌视为拥有个性和人格特征的实体。品牌人格可以通过品牌的声音、形象、语调和品牌与消费者之间的互动来塑造。品牌人格对品牌地位感知的形成起着重要的作用，因为消费者可以将品牌的人格特征与品牌地位联系起来。品牌故事（brand storytelling）：指通过故事来传达品牌的核心价值观、品牌历史和品牌使命等。品牌故事可以激发消费者对品牌的情感共鸣和认同感，对品牌地位感知产生影响。

Aaker（1995）的研究强调了品牌元素对于品牌地位感知的重要性。通过塑造品牌意象、品牌人格和品牌故事等元素，品牌可以在消费者心中树立独特的地位，并与消费者的个体需求和价值观相契合。这些研究为品牌管理和品牌营销提供了实践指导和理论支持。

随着时间推移，2004年Kapferer提出了"品牌拟人化"的概念，通过将品牌与个人特征相关联来影响品牌地位感知。品牌拟人化是指将品牌视为拥有人类个人特征和行为的实体，以影响消费者对品牌地位的感知和态度。根据Kapferer的研究，品牌拟人化可以通过以下方式影响品牌地位感知。

品牌人格化（brand personification）：将品牌赋予人类个体的特征和人格特点。这些特征可以是品牌的性格、价值观、态度和行为等。品牌人格化使消费者能够将品牌与有形的人类特征相关联，从而增强其对品牌地位的感知和情感联结。

品牌角色（brand role）：将品牌定位为在消费者生活中具有特定角色或身份，并与消费者的个人、社交和文化需求相契合。品牌角色塑造使消费者将品牌视为支持和满足其个人形象和需求的重要角色，从而增强品牌地位感知。

品牌故事：通过品牌故事来传递品牌的人性化特征和情感共鸣。品牌故事可以是关于品牌起源、品牌使命或品牌与消费者之间的有趣互动等。通过品牌故事，品牌能够建立与消费者之间的情感联系，影响其对品牌地位的感知和态度。

通过品牌拟人化，品牌能够在消费者心中树立独特的地位感，并与消费者的个体性和情感需求产生共鸣。这一概念为品牌管理和品牌营销提供了一种创新的方式，以增强品牌与消费者之间的情感联系和忠诚度

在目前关于品牌地位的研究中，韩雪珂等（2019）发现品牌地位会影响营销语言对消费者的劝服效果。此前，营销语言领域的研究更多关注词、句、段落等语言学属性的影响效应，也有研究关注发言人或代言人的特质对消费者语言加工的影响。他们发现尽管品牌不是语言表达的实质主体，但消费者在阅读广告语时可能会把品牌作为"说话者"，因此，品牌的某些重要特质也具有与说话者的特质同样的影响效应，如品牌的市场地位。

品牌可以通过在向消费者传递的信息中展示高地位的品牌大使和名人（Kapferer and Valette-Florence，2016）或高地位的生活方式（Huang et al.，2018）来与这些群体建立关联。同样，品牌可以让人想起一个具有高地位的典型消费者，从而暗示品牌是"普通人的非凡消费"（Morhart et al.，2020）。在传播中使用高地位参考群体符号可以增加品牌地位的感知，甚至成为作为社会身份信号的地位象征而被购买（Holt，1998）。此外，品牌可以依赖沟通规范来管理品牌地位的感知。例如，在对豪华酒店的研究中，Sherman（2007）描述了管理层鼓励服务员使用培养的词汇（例如，"晚上好"和"我的荣幸"而不是"嗨"和"好的"）。

Lee（2021）的研究中表明，情感较低的沟通方式会影响品牌的感知地位，品牌可能能够与高地位沟通规范和参考群体关联相一致，最终提高品牌地位的认知。这篇文章主要发现了品牌情感性与品牌地位之间的负相关关系。此外，通过在社交媒体中减少情感性，品牌可以通过与高地位沟通规范和高地位参考群体的关联来提高其感知地位。这项工作突出了在在线内容中管理和降低品牌情感性的独特优势，并为情感性在社交媒体中的重要性的研究增添了更多内容。鉴于社交媒体内容的快速更新和日益丰富的特点，我们相信进一步分析文本、图像和视频沟通可以揭示更多关于社交媒体内容如何最终塑造地位认知和其他关键品牌结果的见解。

**2. 未来发展趋势**

随着人们不断地研究,未来关于品牌地位感知的研究可能会更加偏向以下内容。

数字化转型将重塑品牌地位感知:随着数字技术的迅猛发展,品牌地位感知正经历一场数字化转型。消费者通过互联网、社交媒体和在线评价等数字渠道获取品牌信息,并基于这些信息构建对品牌地位的感知。因此,品牌定位和传播策略应强化数字化导向,积极融入互联网社区,并利用数据分析和人工智能等工具来了解消费者需求和态度,以提高品牌地位感知的准确性和影响力。

强调品牌参与度的重要性:在未来,品牌参与度将成为一个关键因素,决定品牌地位的感知。消费者与品牌之间的互动和参与将更加被重视,品牌应积极采取创新的营销手段,鼓励消费者参与品牌活动、创造内容和分享体验。通过建立积极的品牌社群、举办线上线下互动活动和推动用户生成内容,品牌可以增强消费者对品牌地位的认知和忠诚度。

可持续发展对品牌地位感知的影响:消费者对品牌的可持续发展性和社会责任感的关注日益增加,这将对品牌地位感知产生重要影响。未来,品牌应积极倡导可持续发展的理念,并采取可持续的经营策略和环保行动。通过减少资源浪费、推广循环经济、支持公益事业和环保倡议等,品牌可以获得消费者的认可和尊重,提高品牌地位感知。

综上所述,未来的品牌地位感知将更加强调数字化转型、品牌参与度和可持续发展。随着技术的发展和消费者意识的提升,品牌需要灵活应对,并及时调整自身策略,以保持竞争力和地位感知的领先地位。

## 3.3 品牌地位管理的战略指引

### 3.3.1 从品牌地位感知到品牌资产

通过梳理文献发现,学者对品牌资产的测量研究大部分建立在 Aaker(1991)和 Keller(1993)提出的品牌资产模型上。Aaker 于 1991 年提出的品牌资产五维度模型如图 3.2 所示,认为品牌资产由品牌认知、品牌联想、感知质量、品牌忠诚度以及其他专属品牌资产构成;Keller 于 1993 年提出了基于顾客的品牌资产(CBBE)模型,认为品牌资产是消费者在品牌知识引导下对品牌营销产生的差异化反应,品牌知识则由品牌认知和品牌形象构成。经过归纳,品牌资产的构成是一个多方面的综合体,学者使用的品牌资产测量维度归纳起来主要分为五个方面,其中包括品牌知名度、品牌形象、品牌联想、品牌忠诚度和品牌价值要素。这些要素相互关联,共同构建了品牌的价值和竞争力。

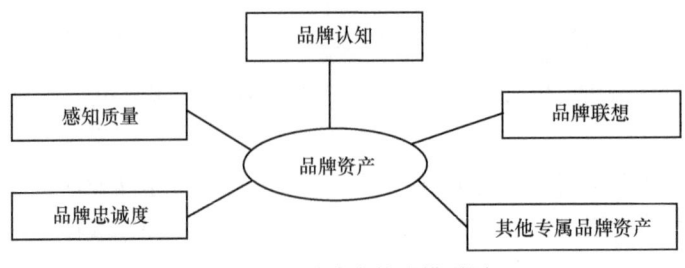

图 3.2 品牌资产构成模型图

除此之外，我们还了解到 WBL、BrandZ、Interbrand、Brand Finance 有各自的计算品牌资产和价值的模型。

其中，WBL（World Brand Lab，世界品牌实验室）模型是一种跨学科的定量模型，通过输入权益值、市场价值、速度并结合一些其他关键时间点的指标来计算品牌价值。在 WBL 模型中，品牌价值计算公式为 $BV=E×BI×S$。WBL 的官网明确指出 E 为调整后的年业务收益额，是通过对当年在内的公司前三年的营业收益、未来五年营业收益的预测做出合理化分析，得出的持续经营年业务收益；BI 为品牌附加值指数，运用"品牌附加值工具箱"（BVA Tools）[①]计算出品牌对目前收入的贡献程度，表现为品牌附加值占业务收益的比例，其中包含了对品牌附加值在经济附加值中的比例的计算；S 为品牌强度系数，其中还特别强调品牌作为一种无形资产，其价值在很大程度上可以从销售业绩中反映出来。在评估品牌价值时，财务表现是很重要的一项指标。

关于 WBL 中品牌收益的计算有以下两点。

（1）以财务数据为基础，销售业绩剔除了各项成本和非品牌因素带来的利润，得出品牌自身带来的收益。

（2）营业利润减去资本报酬以及税收等非品牌因素带来的利润。

而 WBL 中品牌收益最终通过对包括当年在内的前三年的营业收益及未来两年营业收益的预测做出合理化分析，得出的持续经营年业务收益。

BrandZ 模型是由英国调研公司 Kantar Millward Brown 开发的，并通过调查消费者的意见和态度评估品牌价值。BrandZ 模型根据消费者对品牌的偏好、忠诚度、信任度等方面进行评估，通过计算其金融价值，再计算其贡献，进而计算品牌价值，如图 3.3 所示。BrandZ 评估能够剔除品牌价值中所有的财务因素和其他成分，直击品牌价值的核心——品牌本身究竟为企业价值做出了多少贡献——"品牌贡献"。

其中，品牌的金融价值＝归属于特定品牌的公司利润×品牌乘数（品牌乘数参考了股票市场的市盈率倍数）；品牌贡献度（brand contribution），按百分比评估品

---

[①] BVA Tools 基于"品牌附加值"（brand value added）的理念，旨在通过科学的评估方法，全面、系统、客观、公正地衡量品牌的价值。

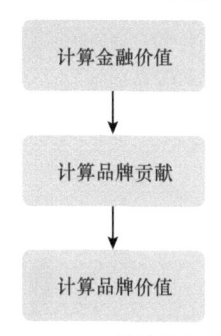

```
计算金融价值
    ↓
计算品牌贡献
    ↓
计算品牌价值
```

图 3.3　BrandZ 品牌估值流程图

牌的金融价值在多大程度上归功于品牌自身的力量,这是一个定量和定性研究的结果;品牌价值= 品牌的金融价值×品牌贡献度。

Interbrand 是一家全球知名的品牌咨询公司,通过使用一种名为"Interbrand Methodology"的模型来计算品牌资产的价值。该模型考虑了品牌影响力、品牌价值、品牌收益等因素。在 Interbrand 模型中,品牌价值被定义为使用品牌所带来的经济效益,品牌价值与品牌的贡献度以及其在特定市场上的领导地位有关。其计算公式是:品牌资产价值=预期收益×品牌乘数(品牌乘数=1/折现率)。在此模型中,品牌资产价值的计算也有着明确的步骤:①通过分析历史财务数据,选取合适的方法,对企业未来收益做出科学、合理的预测,再将未来收益选取相应的折现率进行折现;②通过对企业财务状况、市场状况的分析,剥离所有收益中不属于品牌所带来的收益;③计算企业的品牌强度指标,此指标关系到企业未来的发展状况,一般由表 3.5 中 7 个因子构成。

表 3.5　Interbrand 乘数因子评分

| 组成部分 | 最高分值 |
| --- | --- |
| 市场性质 | 10 |
| 稳定性 | 15 |
| 领导能力 | 25 |
| 品牌趋势 | 10 |
| 品牌支持 | 10 |
| 行销范围 | 25 |
| 品牌保护 | 5 |
| 总计 | 100 |

Brand Finance 是一家专注于品牌评估和咨询的公司,通过使用一种名为"Royalty Relief Method"的模型来计算品牌资产的价值。该模型基于品牌的未来现金流量和品牌的相对市场地位进行评估。并且,主要从经济和财务角度对品牌价值进行评估,通常采用公司净资产或未来现金流量的折现值法。除衡量品牌对

公司的贡献度外，Brand Finance 模型还考虑了整体市场趋势和企业财务状况等因素。另外，在其官网上明确指出品牌价值的计算公式，如图 3.4 所示。

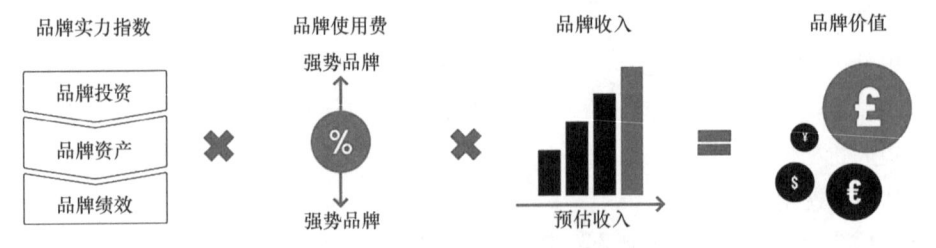

品牌实力指数　　品牌使用费　　品牌收入　　品牌价值

用BSI得分表示品牌实力（满分100分）　　将BSI得分应用于适当的行业知识产权使用费率范围。　　使用知识产权使用费率将预测收入应用于推导品牌价值。　　将税后品牌收入贴现到净现值，即品牌价值!

图 3.4　Brand Finance 模型计算公式图
BSI 英文全称为 brand strength index，即品牌强度指数

当谈论品牌资产的测量方法时，重置成本法是一个常用的方法。这种方法是由品牌管理领域的知名学者和顾问 Aaker（1991）提出的，其公式是"品牌资产=品牌所在行业新品牌的平均开发费用×品牌成本因子（品牌在市场上成功的概率）"。根据重置成本法，品牌资产可以通过计算品牌所在行业新品牌的平均开发费用乘以品牌成本因子（品牌在市场上成功的概率）来进行估算。平均开发费用代表在特定行业中创建一个新品牌所需的平均成本，而品牌成本因子则反映了品牌实现商业成功的潜力。通过使用重置成本法，企业可以更好地衡量和管理品牌投资的回报和财务效益，从而做出更明智的品牌开发、市场定位和品牌管理决策。这种方法为企业提供了一种量化的工具，帮助他们评估和了解品牌的价值和潜力。

为了更好地了解品牌资产与品牌地位之间的关系，我们又查找了相关的研究。Lassar 等（1995）提出了一个包含感知质量、品牌关联和品牌忠诚度的测量模型，并通过实证研究验证了这个模型的有效性。他们认为，这些品牌资产对于提高品牌地位和增强品牌资产至关重要。

品牌资产所含因素的衡量方式以 Aaker（1995）所提出的品牌资产十项指标为基础并结合产品、市场等方面因素及国内实际情况进行适当修改，选定了 20 个变量以刻画品牌资产的构成因素，其中就包含品牌地位。此外，卫海英和王贵明（2003a，2003b）在研究中也得出类似的结论，研究结论表明，在品牌资产构成中最大的因素是品牌的市场地位，比重值占 25%。并且，品牌地位、市场占有率、品牌知名度、行业地位、领导品质和相对价格水平等是决定品牌资产的关键因素。研究揭示出市场占有率、知名度、品牌地位同等重要或者说品牌在市场中的实际地位与品牌在消费者心目中的地位同等重要。

我们在整理时又找到了 Yoo 等（2000）的研究，这些研究都关注品牌地位与品牌资产之间的关系，探讨了品牌地位在建立品牌资产方面的重要作用。

其中，Yoo 和 Donthu（2001）的研究旨在发展一个多维消费者基础品牌资产量

表，并验证了该量表的有效性。他们的结构模型包括感知品质、品牌联想、品牌知觉和品牌忠诚度等因素。Keller（2001）的研究提出了一个针对创建强势品牌的蓝图，强调了品牌地位在品牌资产建立过程中的关键作用。他提出了品牌定位、品牌传播、品牌忠诚度和品牌关联等管理策略。Ailawadi 等（2003）的研究探索了品牌地位对品牌资产的经济影响。他们发现，品牌地位的提升与品牌价值增长以及消费者愿意支付更高价格的愿望之间存在正相关关系，并使用收入溢价来衡量品牌资产。

从研究视角上看，这些文献都强调了品牌地位在建立品牌资产方面的重要性，并提供了相应的量表、蓝图或管理策略来指导实践。它们的研究方法都是通过实证研究来验证相关理论或模型的有效性，并从经济角度探讨了品牌地位对品牌资产的影响。

### 3.3.2 对品牌地位感知的管理

品牌地位感知管理是企业提升品牌价值和竞争力的重要手段。为了实现有效的品牌地位感知管理，企业可以考虑以下几点。

首先，建立明确的品牌定位，确定品牌的特点和价值主张，以确立品牌在受众心目中的地位感知。此外，强化品牌形象一致性，确保在不同渠道上呈现出一致的品牌形象。

其次，进行有针对性的品牌传播，通过广告、营销和媒体等渠道，传达品牌的价值和形象，以形成持久的品牌地位感知。同时，注重创新和提高服务体验质量，不断研发新产品、提供优质服务，提升消费者对品牌地位感知的认知和满意度。

再次，企业还应注重品牌信任度和消费者体验，通过优化公司治理、提高质量控制标准和建立健全的客户服务体系，增强品牌的信任度和口碑，从而提高品牌地位感知的信誉和忠诚度。

最后，企业应不断创新品牌管理策略，根据市场信号和消费者反馈调整策略，以适应不断变化的市场环境。这样可以增强品牌地位感知的适应能力，提高品牌的竞争力和长期稳定性。

综上所述，企业在品牌地位感知管理方面，应建立明确的品牌定位，强化品牌形象一致性，进行有针对性的品牌传播，提高服务体验质量，注重品牌信任度和消费者体验，以及持续创新品牌管理策略。这些措施将有助于提升品牌的地位感知，增强品牌的价值和市场竞争力。

### 3.3.3 结论及战略指引

根据以上内容，我们容易得出以下结论。

首先，品牌地位是构建品牌资产的重要因素之一，对于品牌资产的形成和增长起着关键作用。品牌资产的构成包括品牌知名度、品牌形象、品牌联想、品牌忠诚度和品牌价值等要素。这些要素相互关联，共同构建了品牌的价值和竞争力。

其次，品牌地位具有多个关键因素，包括市场占有率、品牌知名度、行业地位、领导品质和相对价格水平等。品牌地位不仅影响着消费者对品牌的认知和态度，也与品牌在市场中的实际地位紧密相关，两者相互影响。

最后，品牌地位的提升与品牌资产的增长和消费者对品牌的愿意支付更高价格之间存在着正相关关系。提升品牌地位可以增加品牌的价值，吸引消费者愿意为品牌支付更高的价格，从而促进品牌资产的增长和市场竞争力的提升。

为了塑造和提升品牌地位，企业可以采取多种管理策略。一是明确的品牌定位。企业需要确定品牌的特点和价值主张，以确立品牌在受众心目中的地位感知。二是强化品牌形象一致性，确保在不同渠道上呈现出一致的品牌形象，以强化消费者对品牌地位的认知和记忆。

三是有针对性的品牌传播。通过广告、营销和媒体等渠道传达品牌的价值和形象，可以提高消费者对品牌地位的认知和感知。四是不断创新产品和提供优质服务，提升消费者对品牌地位的认知和满意度，这也是提升品牌地位的重要手段。

在品牌地位管理方面的研究中，我们可以得出一些关键的策略指引，以帮助企业有效地管理品牌地位感知，并提升品牌的价值和市场竞争力。

第一，确立独特且具有吸引力的品牌定位是关键。品牌定位应与目标消费者的需求和价值观紧密契合，同时在竞争市场中树立独特性。成功的品牌定位可以帮助企业在激烈的竞争环境中脱颖而出，吸引消费者并建立品牌忠诚度。

第二，采用有创意和有影响力的广告策略是提升品牌地位感知的重要途径。通过精心设计的广告活动，企业可以有效地传递品牌的核心信息，树立积极的品牌形象，并在消费者心中留下深刻的印象。在制定广告策略时，需关注目标受众的喜好和行为特征，以确保广告的有效传播。

品牌体验在塑造品牌地位感知方面起着关键作用。研究表明，消费者对品牌的体验对于他们对品牌地位的感知至关重要。因此，企业应关注和提升消费者的品牌体验。通过个性化定制和创新的服务，企业可以为消费者带来独特、积极和与众不同的体验。良好的品牌体验不仅能够增强消费者对品牌的地位感知，还能帮助企业建立良好的口碑和忠诚度。

第三，充分利用社交媒体平台是扩大品牌影响力和提高品牌地位感知的重要策略。社交媒体的普及使得企业与消费者进行直接互动变得更加便捷。企业可以通过发布有价值的内容、积极回应用户反馈、参与话题讨论等方式，增加品牌在社交媒体上的可见性和用户参与度。此外，企业还可以通过监测社交媒体中的品牌声誉，及时回应用户的负面评论，建立积极的品牌形象。

总之，以上策略指引强调了品牌定位、广告策略、品牌体验和社交媒体的重要性。通过遵循这些指引，企业可以有效地管理品牌地位感知，提升品牌的价值和市场竞争力。品牌管理者可以结合实际情况，灵活应用这些策略指引，以实现品牌地位的持续增长和商业成功。

## 参 考 文 献

韩雪珂, 钟科, 李新宇. 2019. "遣词造句"如何影响消费者行为?——营销沟通中的语言心理效应研究综述. 外国经济与管理, 41(9): 91-108.

李丹妮. 2021. 企业家个人品牌资产构成维度和量表开发. 山东社会科学, (8): 149-154.

桑潇, 刘兵. 2020. 消费者感知的中超联赛部分赞助企业品牌资产构成维度与整体品牌资产相关性的实证研究. 首都体育学院学报, 32(2): 100-107.

施万君, 刘东锋. 2022. 基于球迷视角的中国职业足球俱乐部品牌资产构成、测量及驱动关系. 上海体育学院学报, 46(6): 82-93.

卫海英, 王贵明. 2003a. 品牌资产构成的关键因素及其类型探讨. 预测, (3): 39-42, 30.

卫海英, 王贵明. 2003b. 品牌资产与经营策略因子关系的回归分析：对105家大中型企业的问卷调查. 学术研究, (7): 63-65.

于文环, 何琳, 傅钰, 等. 2023. 产品传统文化载荷对品牌地位的影响：来自青年消费群体的证据. 心理学报, 55(9): 1542-1561.

Aaker D A. 1991. Managing Brand Equity: Capitalizing on the Value of a Brand Name. New York: The Free Press.

Aaker D A. 1995. Building Strong Brands. New York: The Free Press.

Ailawadi K L, Lehmann D R, Neslin S A. 2003. Revenue premium as an outcome measure of brand equity. Journal of Marketing, 67(4): 1-17.

American Psychological Association. 2019. Publication Manual of The American Psychological Association. 7th ed. Washington: American Psychological Association.

Aston S, Peng M. 2017. Managing brand perception in the digital age: exploring the role of social media in brand positioning. Journal of Consumer Marketing, 34(4): 339-355.

Baek T H, Kim J, Yu J H. 2010. The differential roles of brand credibility and brand prestige in consumer brand choice. Psychology & Marketing, 27(7): 662-678.

Chen H, Pang J, Koo M, et al. 2020. Shape matters: package shape informs brand status categorization and brand choice. Journal of Retailing, 96(2): 266-281.

Czellar S, Wilcox K, Morhart F. 2020. Research Handbook on Luxury Branding. Cheltenham: Edward Elgar Publishing.

Dawar N, Parker P. 1994. Marketing universals: consumers' use of brand name, price, physical appearance, and retailer reputation as signals of product quality. Journal of Marketing, 58(2): 81.

Dubois D, Rucker D D, Galinsky A D. 2012. Super size me: product size as a signal of status. Journal of Consumer Research, 38(6): 1047-1062.

Eastman J K, Goldsmith R E, Flynn L R. 1999. Status consumption in consumer behavior: scale development and validation. Journal of Marketing Theory and Practice, 7(3): 41-52.

Erdem T, Swait J. 2004. Brand credibility, brand consideration, and choice. Journal of Consumer Research, 31(1): 191-198.

Farquhar P H. 1989. Managing brand equity. Marketing Research, 1: 24-33.

Fombrun C, Shanley M. 1990. What's in a Name? Reputation building and corporate strategy. Academy of Management Journal, 33(2): 233-258.

Fournier S. 1998. Consumers and their brands: developing relationship theory in consumer research. Journal of Consumer Research, 24(4): 343-373.

Holt D B. 1998. Does cultural capital structure American consumption?. Journal of Consumer Research, 25(1): 1-25.

Huang R, Hsieh Y. 2018. The relationship between brand communication and perceived brand image. Journal of Brand Management, 25(1): 1-17.

Kabadayı E T, Alan A K. 2019. Factors influencing brand positioning and customers' perception of brand position: a study on apparel retailers. International Journal of Retail & Distribution Management, 47(7): 805-822.

Kapferer J N, Valette-Florence P. 2016. Beyond rarity: the paths of luxury desire. How luxury brands grow yet remain desirable. Journal of Product & Brand Management, 25(2): 120-133.

Kapferer J N. 1997. Strategic Brand Management: Creating and Sustaining Brand Equity Long Term. London: Kogan Page.

Kapferer J N. 2004. The New Strategic Brand Management: Creating and Sustaining Brand Equity Long Term. 3rd ed. London: Kogan Page.

Kapferer J N. 2012. The New Strategic Brand Management: Advanced Insights and Strategic Thinking. 5th ed. London: Kogan Page.

Keller K L. 1993. Conceptualizing, measuring, and managing customer-based brand equity. Journal of Marketing, 57(1): 1-22.

Keller K L. 2001. Building customer-based brand equity: a blueprint for creating strong brands. Cambridge: Marketing Science Institute.

Keller K L. 2009. Building strong brands in a modern marketing communications environment. Journal of Marketing Communications, 15(2/3): 139-155.

Keller K L. 2012. Strategic Brand Management: Building, Measuring, and Managing Brand Equity. 4th ed. Upper Saddle River: Pearson.

Keller K L. 2016. Managerial cognition and the influence of brand equity. Journal of Marketing Management, 32(9/10): 936-959.

Keller K L. 2017. Managing the growth tradeoff: challenges and opportunities in luxury branding//Kapferer J N, Kernstock J, Brexendorf T, et al. Advances in Luxury Brand Management. Cham: Palgrave Macmillan: 179-198.

Kim W G, Kim D J. 2017. The impact of brand communication on brand equity dimensions and brand loyalty. Journal of Hospitality & Tourism Research, 41(3): 322-356.

Kim Y K, So K K F. 2018. The influence of self-congruity, brand experience, and satisfaction on brand loyalty: Evidence from hotel brands in South Korea. Journal of Travel & Tourism

Marketing, 35(6): 730-742.

Lassar W, Mittal B, Sharma A. 1995. Measuring customer-based brand equity. Journal of Consumer Marketing, 12(4): 11-19.

Lee J K. 2021. Emotional expressions and brand status. Journal of Marketing Research, 58(6): 1178-1196.

Meert K, Pandelaere M, Patrick V M. 2014. Taking a shine to it: how the preference for glossy stems from an innate need for water. Journal of Consumer Psychology, 24(2): 195-206.

Morhart F, Wilcox K, Czellar S. 2020. Research handbook on luxury branding. London: Edward Elgar Publishing.

Park C W, Milberg S, Lawson R. 1991. Evaluation of brand extensions: the role of product feature similarity and brand concept consistency. Journal of Consumer Research, 18(2): 185-193.

Park J, Hadi R. 2020. Shivering for status: when cold temperatures increase product evaluation. Journal of Consumer Psychology, 30(2): 314-328.

Reichheld F F. 2003. The one number you need to grow. Harvard Business Review, 81(12): 46-54, 124.

Ries A, Trout J. 1981. Positioning: The Battle for Your Mind. New York: McGraw-Hill.

Santos J. 2018. Enhancing brand perception through experiential marketing: the role of sensory experiences. Journal of Brand Management, 25(2): 158-172.

Schivinski B, Dabrowski D. 2013. The impact of brand communication on brand equity dimensions and brand purchase intention through facebook.

Sherman R. 2007. Class Acts: Service and Inequality in Luxury Hotels. Berkeley: University of California Press.

Smith J. 2020. Measuring perceived brand positioning: a 1 to 7 scale. Journal of Marketing Research, 25(3): 100-120.

Solja E, Liljander V, Söderlund M. 2018. Short brand stories on packaging: an examination of consumer responses. Psychology & Marketing, 35(4): 294-306.

Steenkamp J B E M, Batra R, Alden D L. 2003. How perceived brand globalness creates brand value. Journal of International Business Studies, 34(1): 53-65.

Truong Y, McColl R, Kitchen P J. 2010. Uncovering the relationships between aspirations and luxury brand preference. Journal of Product & Brand Management, 19(5): 346-355.

Vigneron F, Johnson L W. 1999. A review and a conceptual framework of prestige-seeking consumer behavior. Academy of Marketing Science Review, 2(1): 1-15.

Vigneron F, Johnson L W. 2004. Measuring perceptions of brand luxury. Journal of Brand Management, 11(6): 484-506.

Wang D, Zhu H. 2018. Customer engagement behaviors in brand communities: Exploring the mediating roles of brand love and brand satisfaction. Journal of Consumer Behaviour, 17(1): 16-27.

Yoo B, Donthu N, Lee S. 2000. An examination of selected marketing mix elements and brand equity. Journal of the Academy of Marketing Science, 28(2): 195-211.

Yoo B, Donthu N. 2001. Developing and validating a multidimensional consumer-based brand equity scale. Journal of Business Research, 52(1): 1-14.

# 第 4 章　品牌提质升级的基础：质量管理

李　峰[①]

## 4.1　质量与品牌概述

2023 年，苹果公司发布了最新一代的 iPhone15，再次掀起了全球消费者的购买热潮。人们不仅在社交媒体上热烈讨论这款手机，还纷纷涌向苹果店铺，排队等待购买。这种现象再次凸显了消费者对苹果产品高感知质量的信仰。但是，是什么因素推动着人们在手机市场如此竞争激烈的情况下，仍然热衷于购买苹果的产品？本节将深入研究这个问题，并探讨感知质量在现代品牌成功中的关键作用。

### 4.1.1　质量

"质量"是一个多义词，通常可分为四个主要类别，每个类别都涵盖了不同的概念。首先，从物体的特性角度来看，质量通常用来描述物体所包含的物质的数量。在物理学中，质量通常以千克（kilogram）为单位来衡量，它是物体的惯性和受到的重力作用力的度量。其次，从品质或特性的角度来看，"质量"可以用来描述产品、服务、工作或事物的品质、特性或属性。举例来说，高质量的产品通常表现出耐用性、卓越的性能或出色的特性。再次，从价值或重要性的角度来看，"质量"可以表示某物的价值、重要性或重要性水平。例如，一个决策的质量反映了它是否明智和明确。最后，从态度或精神状态的角度来看，在心理或情感上，"质量"可以表示一个人的态度、精神状态或情感状态。例如，高质量的工作生活通常表现为员工的满意度和积极性高。

在商业领域中，质量的概念通常属于第二类，即描述产品、服务、工作或事物的品质、特性或属性。这一类别可以进一步细分为三个不同的角度来深入研究和理解。

首先，从制造商的角度看，质量涉及产品能够有效履行其设计用途的程度。这包括产品的可靠性、性能、耐久性以及是否符合标准和规范。

其次，从客户的角度看，质量关系到产品或服务的各种特性，这些特性直接

---

[①] 李峰：江南大学副教授，硕士生导师；江南大学质量品牌研究院副院长；

研究方向：战略管理、品牌管理、公司金融。

影响客户的满意度和体验。质量的评估通过比较客户期望和组织在提供服务时的实际表现之间的差异来完成。这反映了产品或服务在多大程度上满足了客户的需求和期望。如果客户的期望超出了他们感知到的产品或服务的质量水平，那么他们可能会感到不满，并有可能选择其他竞争对手的产品或服务。但如果客户感知到的产品或服务质量超出了他们的预期，那么他们将会感到高度满意，这有助于提高客户的满意度和忠诚度。

最后，从市场营销管理的角度来看，质量是指满足客户需求的所有特征。这意味着产品或服务必须不仅符合客户的期望，还要超越这些期望，以提供出色的价值和体验。因此，任何能够提供客户所需特性的产品都可以被认为是高质量的产品。

综上所述，质量是一个多维度的概念，它在不同层面和角度都有着重要的含义。客户的满意度和忠诚度通常与产品或服务的质量密切相关，因此，理解和满足客户需求是提高产品或服务质量的关键因素之一。这需要不断地努力和改进，以确保产品或服务能够在市场中保持高质量的地位。

### 4.1.2 感知质量

**1. 感知质量的定义**

感知质量的概念最早由 Olson 和 Jacoby（1972）提出，其被定义为："对产品质量的'评价判断'"。据 Zeithaml（1988）的观点，消费者评价产品时，是基于价格、质量和价值等感知进行的主观评价，而不是根据产品的客观属性（如耐用性等）来评估的。他总结了感知质量的一些特点：①感知质量是一种主观评价，与客观质量不同；②感知质量代表了对产品更高级别的抽象概念，而非某个具体属性；③感知质量类似于消费者的态度；④通常感知质量反映了消费者在多项选择中做出的主观判断。

许多学者先后将感知质量作为消费者评价自有品牌产品的重要标准进行研究。在品牌和产品研究领域，我们首先需要区分质量感知与客观质量。质量感知是消费者主观观点和情感反应的产物，而客观质量则可以通过客观标准和测量方法进行客观评估。客观质量通常关联到产品或服务的实际特性、技术规格和性能。质量感知往往受客观质量的影响。消费者通常会根据产品或服务的客观特性来塑造他们的质量感知。举例来说，如果产品在客观标准下拥有高性能和质量，那么消费者更有可能将其视为高质量感知的产品。

然而，客观质量并不总能决定质量感知。质量感知除受到客观质量的影响外，还受消费者的期望、需求、前期经验和文化因素的影响。有时，即使产品在客观质量方面表现出色，如果它不符合消费者的期望，其质量感知也可能较低。客观质量与质量感知之间也可能存在差距。这意味着产品的客观质量与其质量感知之间可能出现不一致。产品可能在客观质量上表现出色，但由于不良的市场声誉或服务问题，消费者的质量感知可能较低。反之亦然，产品可能在客观质量方面较差，但由于卓越的市场声誉，消费者的质量感知可能较高。

### 2. 质量对品牌的重要意义

产品感知质量正向并直接影响消费者品牌形象感知。无论从整体上还是从各个维度上，产品感知质量对品牌形象都具有积极的影响。感知质量是品牌的生命，是品牌的灵魂。以下是本书总结的质量对品牌的几点意义。

（1）提升品牌声誉：高质量的产品或服务有助于建立品牌的良好声誉，提高消费者的信任度。根据 Nielsen（尼尔森）的一项研究调查发现，高质量产品和品牌声誉是消费者购买决策中的主要因素之一，如苹果公司以其高质量的产品而闻名，这直接有助于提升苹果的品牌声誉。

（2）提高品牌忠诚度：消费者对质量和品牌的感知确实与购买意图和忠诚度有显著的关联。更高的质量感知会促使消费者选择某个特定品牌而非竞争对手的品牌，进而增强消费者对该品牌的忠诚度。一家公司的营销活动可以通过与消费者建立连接、进行有效沟通和社区建设来培养品牌忠诚度。对于想要在社交媒体上进行推广活动的企业来说，他们应该了解到他们为客户提供的优势、价值观和好处。这些额外的好处和优势将有助于提高消费者对该品牌的忠诚度。消费者可以通过社交媒体平台获取品牌信息，这有助于提升品牌知名度。一旦消费者认知到一个特定品牌，他们会对其质量感知产生积极影响。当人们对品牌的质量感知较高时，他们更倾向于购买该品牌的产品并保持忠诚。

（3）增加顾客满意度：高质量产品或服务可以提升消费者的满意度和忠诚度，降低切换品牌的倾向。Levy 和 Weitz（2008）通过对顾客满意度的研究发现，顾客的购买行为以及对产品的满意度受到产品感知质量的显著影响。具体到中国的特定情境，石青辉和张贵华（2007）以白酒行业为例进行了相关研究，结果显示，产品感知质量的提升与促进消费者购买之间存在正向关联。

（4）塑造品牌印象：根据 Keller（2013）的品牌知觉模型，品牌印象中质量认知的影响因素在消费者中占据重要地位，超过了价格和其他因素。Park 和 Srinivasan（1994）通过对品牌形象相关理论的研究，认为消费者对品牌形象感知越好，消费者对产品的购买可能性越高。备受消费者喜爱的奢侈品牌路易威登（Louis Vuitton）通过高品质和精工制作的产品塑造了豪华和品质卓越的品牌印象。

（5）降低风险和成本：根据 ASQ（American Society of Quality，美国质量协会）的研究，质量问题和售后服务成本在制造业和服务业中占据重要地位，高质量产品可以降低这些成本。广为人知的飞机制造商波音（Boeing）就是通过高质量控制降低了飞行安全风险和售后维护成本。

## 4.2 质量对品牌的影响

在 4.1 节中提到质量对品牌有许多重要意义，如质量能够提高品牌知名度，提高品牌忠诚度，塑造品牌印象等。归根结底，质量的提升是增强品牌影响力的关键所在。它深化了消费者对品牌的依赖感，进而有力地推动了品牌的持续成长与发展。

质量对品牌还有其他影响，以上述三个影响为例并结合以往研究分析质量如何提高消费者信任从而促进品牌发展。首先，优质的产品或服务能够提高品牌的知名度。如果消费者购买了一个质量出色的产品，他们会更愿意与他人分享他们的积极体验，推荐这个品牌给他们的亲朋好友，从而扩大品牌的影响力和知名度。品牌形象是消费者在心中形成的对品牌的各种联想的集合，这些联想是与品牌相关的记忆和感知，消费者对品牌的记忆和感知会相互连接，形成品牌形象的直观印象。广告常常以牺牲消费者为代价来追求品牌的成功，而口碑传播则将消费者视为品牌成功的一部分。如今，媒体的可信度逐渐下降，但消费者也变得越来越聪明，不会直接相信在社交媒体上看到的广告，而是倾向购买朋友购买过的同一产品。如果顾客满意，他们肯定会推动口碑传播。考虑到人类喜欢与他人互动和分享，包括购买偏好在内，口碑传播的力量也随之增强。如果参与口碑传播的个体具有广泛的社交网络，口碑传播的速度就会显著加快。企业可以通过促进口碑传播来提高品牌知名度。首要之务是确保产品/服务或品牌具有独特性和创新性，从而创造积极的口碑传播，最终转化为实际的销售机遇。研究表明，优质的服务质量是提高口碑传播和提升品牌知名度最重要的因素之一。

其次，质量也能提高品牌的忠诚度。当消费者购买了一次满意的产品后，他们往往会对这个品牌产生信任，并倾向于再次购买同一品牌的产品。这种忠诚度可以建立长期稳定的客户关系，并为品牌带来持续的销售和收益。例如，全球品牌相对于普通品牌而言，消费者会重复购买全球品牌的概率会更大一些，全球品牌通常与更高的质量和声誉相关联，消费者普遍认为全球品牌在全球范围内都被认可并且被接受。全球品牌的可信度使得消费者将更高的质量与这些品牌联系在一起。感知品牌质量是消费者对品牌是否满足其期望的整体感觉，这取决于公司（或品牌）目前的公众形象或消费者对该公司其他产品的体验。一项关于全球品牌偏好的研究发现，无论是在发达国家还是在发展中国家，消费者都更喜欢全球品牌，因为这些品牌被认为具有更高的质量和较低的风险，因此全球品牌象征着更高的质量，消费者普遍认为全球品牌在全球范围内都会受到认可。这种全球形象强化了品牌的感知质量，而感知质量是驱动购买意愿的关键因素之一，基于此，消费者更可能重复购买全球品牌，进而提高品牌忠诚度。

最后，高品质还能够塑造品牌的形象。消费者对产品的质量有着敏锐的观察力，他们会根据产品的质量来评判品牌的价值和信誉。如果品牌不断提供高质量的产品，消费者会认为这个品牌是可信赖的，并对此形成积极的品牌印象，进而增强品牌的竞争力。以航空公司为例，航空公司通过改善飞机设施和航空服务等来增加消费者信任。航空公司服务质量的高低常受到服务环境、人员素质及其他可见服务元素的影响。航空公司服务质量属性可分为飞机设施、人员专业能力及客户服务。飞机设施包括座椅舒适度、飞行安全性及座椅间距等有形资产，而座椅舒适度、安全性、响应性及人员礼貌等为基本的航空服务属性。多项研究表明，服务质量与客户满意度及正面评价之间呈正相关，并且，服务质量对顾客满意度有影响，并由关注服务质量水平的顾客所调节。除此之外，服务质量不仅直接影响印尼航空公司乘客的客户忠诚度及满意度，还会间接影响顾客对品牌形象的忠诚度，而客户参与度在其中扮演着重要的中介角色。综上所述，服务质量的提高有助于提升顾客对公司品牌的喜爱度。

## 4.3 品牌对质量的影响

当你走进一家咖啡店，你是否会注意到咖啡豆的产地、烘焙程度，或者是咖啡机的型号？还是你更容易被那个熟悉的星巴克标志所吸引，期待着一杯美味的拿铁咖啡？品牌的力量就在于它能够激发我们的情感，影响我们的选择，甚至改变我们对产品或服务的认知。

品牌不仅仅是一个商标或标志，它还是一种无形的资产，一种情感的投射，一种象征。它可以使消费者对产品或服务产生积极的认知，也可以塑造他们的购买决策。在本小节，我们将通过文献研究法，深入探讨品牌对产品质量认知的影响。我们将剖析品牌的各个要素以及品牌体验如何提升消费者对产品质量的认知。通过这个研究，我们将揭示品牌对质量的影响的奥秘，以帮助企业更好地理解如何利用品牌建设来提升消费者对产品或服务的质量认知，从而在市场竞争中脱颖而出。

### 4.3.1 品牌的要素对质量的影响

**1. 品牌声誉**

品牌声誉是消费者对品牌的信任和认可的体现，它对产品质量认知会产生重大影响。品牌声誉与产品质量之间密切相关,品牌的良好声誉及其可信度在极大程度上影响着消费者的购买决策。品牌声誉可以降低消费者的风险感知,增加消费者的信任和忠诚度(Erdem and Swait,2004)。消费者在购买产品时,往往会受到品牌声誉的影响,因为其可以作为产品质量的信号,提供给消费者有用的信息。此外,品牌声誉不仅可以影响消费者的第一次购买,还可以影响消费者的重复购买和推荐行为。因此,品牌管理需要着重维护和提升品牌声誉,以加强消费者对产品质量的信任和期望。

**2. 品牌价值观**

品牌的核心价值观和承诺对产品质量认知产生深远影响。品牌价值观与产品的实际性能和可靠性密切相关,进一步塑造了消费者对产品质量的看法。品牌的核心价值观反映了品牌的使命、目标和信仰,这些元素直接与产品质量相关,传达了品牌对高质量产品的承诺。此外,品牌的价值观还在产品的设计和制造中发挥关键作用,并且可以作为指导原则确保产品达到品牌价值观所代表的高质量标准。因此,品牌管理需要保持品牌价值观与产品质量的一致性,以满足消费者的期望,巩固企业的品牌形象。

**3. 品牌历史**

品牌历史是品牌的珍贵资产,它反映了品牌在过去的成就和承诺。品牌历史可以提高消费者对产品质量的感知和购买意愿,尤其是当消费者对品牌信任度较高时(Johnson and Davis,2021)。此外,品牌历史对产品质量感知和购买意愿的影响会受到消费者对品牌信任的调节作用,即当消费者对品牌信任度较高时,品牌历史对产品质量感知和购买意愿的正向影响会更强,而当消费者对品牌信任度较低时,品牌历史对产品质量感知和购买意愿的正向影响会减弱。因此,品牌管理需要善用品牌历史,以巩固企业的品牌形象,提高产品的吸引力和竞争力。

**4. 品牌定位**

品牌定位是品牌在市场中的位置和角色,对产品质量的认知产生深远影响。品牌定位可以通过不同维度来划分消费者心目中的品牌位置,从而影响消费者对产品质量的感知和评价。不同的市场定位策略将直接影响产品的价格和质量,高端市场品牌可能更注重产品的高质量和卓越性能,而大众市场品牌可能更注重价格竞争力,产品质量相对较低。此外,品牌的市场定位还在消费者心目中形塑了品牌形象,不同的定位决策导致消费者对产品质量的期望也有所不同。因此,品牌管理需要谨慎选择适合品牌和市场的定位策略,以确保产品质量与市场定位一致,同时满足消费者需求。品牌的市场定位对于产品质量和市场竞争地位都有着深刻的影响，因此在品牌管理的决策中至关重要。

### 4.3.2　品牌体验强化质量认知

**1. 消费者情感联结**

消费者情感联结，即消费者与品牌或产品之间的情感联系，在构建品牌声誉和产品质量认知方面，消费者对品牌的情感联结也起着重要作用（Pappu et al.，2005）。情感联结不仅仅表现为消费者的品牌忠诚度，它还反映了消费者对品牌和产品的情感投入。这种情感联结可以建立在品牌的价值观、使命、品牌故事、用户体验和社交互动等多个方面。当消费者与品牌建立积极的情感联结时，他们更倾向于购买该品牌的产品，并对产品质量产生更积极的认知。因此，品牌管理需要注重情感联结的建立和维护，以促进消费者对品牌和产品质量的积极情感联结。这对于品牌的长期成功和持续发展至关重要。

**2. 服务质量**

服务质量是品牌提供给消费者的服务体验的特性和程度，对品牌和产品的认知产生深远的影响。服务质量的相关研究表明，服务的质量对消费者的满意度和品牌声誉产生直接影响。消费者对品牌的积极服务体验通常将其与高质量的产品联系在一起，而服务质量的高水平建立了消费者对品牌的信任和满意度，进一步提高了消费者对产品质量的认知。服务质量是品牌管理中不可或缺的因素，它在产品质量认知、忠诚度和品牌声誉维护中发挥了至关重要的作用。因此，品牌管理需要致力于提高和维护服务质量，以满足消费者对品质的期望，巩固品牌的竞争地位和市场地位。

**3. 产品性能和可靠性**

产品性能和可靠性是消费者评价产品质量的两个重要维度，它们可以通过消费者对产品功能、耐用性、安全性等方面的感知来测量。产品性能包括产品的功能、性能水平和卓越特征，而可靠性关注产品在使用中的稳定性和一致性。产品在性能和可靠性方面的不断提高，通过技术创新、研发投入和质量控制来实现，可以满足消费者对高质量产品的期望，提高他们的满意度和信任度。产品性能和可靠性还直接影响消费者的购买决策，有助于提高品牌的市场份额和推广口碑。因此，品牌管理需要重视并不断改进产品性能和可靠性，以提高产品的市场竞争力，维护品牌的声誉和市场地位。

**4. 品牌沟通**

品牌沟通是品牌管理的关键组成部分,对消费者对品牌和产品的认知和看法产生深远影响。有效的品牌沟通可以通过消费者对品牌沟通的质量、频率和一致性等方面的感知来反映。品牌沟通通过品牌标志、广告、宣传、社交媒体、品牌故事等多种形式传达品牌的核心信息,提高消费者对品牌的忠诚度。因此,品牌管理需要注重有效的品牌沟通策略,以建立消费者对品牌的信任,提高品牌声誉和市场地位,以及影响消费者对产品质量的认知。

# 参 考 文 献

李惠瑶, 罗海成, 姚唐. 2012. 企业形象对顾客态度忠诚与行为忠诚的影响模型:来自零售银行业的证据. 管理评论, 24(6): 88-97.

石青辉, 张贵华. 2007. 白酒消费行为的价值体现及营销启示. 消费经济, (3): 20-22.

Aaker D A. 1991. Managing Brand Equity: Capitalizing on the Value of a Brand Name. New York: The Free Press.

Aggarwal P K. 2004. The effects of brand relationship norms on consumer attitudes and behavior. Journal of Consumer Research, 31: 87-101.

An A, Rdi S, An J, et al. 2020. The effect of service quality, brand image and word of mouth communication towards the continuing study interest. Webology, 17(2): 73-87.

Cavaliere A, de Marchi E, Banterle A. 2021. Enhancing consumers' pro-environmental purchase intentions: the role of sustainable policies of retailers and agri-food producers. International Journal of Retail & Distribution Management, 49(1): 2-22.

Doganaksoy N, Meeker W Q, Hahn G J. 2023. Product reliability: how statistics fits in. Significance, 20(2): 28-32.

Erdem T, Swait J. 2004. Brand credibility, brand consideration, and choice. Journal of Consumer Research, 31(1): 191-198.

Hollebeek L D, Sprott D E, Andreassen T W, et al. 2019. Customer engagement in evolving technological environments: synopsis and guiding propositions. European Journal of Marketing, 53(9): 2018-2023.

Hussein R, Hassan S. 2018. Antecedents of global brand purchase likelihood: exploring the mediating effect of quality, prestige and familiarity. Journal of International Consumer Marketing, 30(5): 288-303.

Johnson D, Davis S. 2021. The value of brand heritage: the impact of brand heritage on perceived product quality. Journal of Brand Management, 28(2): 171-184.

Jones J, Smith K. 2021. The impact of product performance and reliability on brand loyalty and competitiveness: a multilevel modeling analysis. Journal of Marketing, 85(3): 45-60.

Keller K L. 2013. Strategic Brand Management: Building Measuring, and Managing Brand Equity. 4th ed. London: Pearson Education.

Kim S, Hwang J. 2023. Airline CSR and quality attributes as driving forces of passengers' brand love: comparing full-service carriers with low-cost carriers. Sustainability, 15(9): 7293.

Levy M, Weitz B. 2008. Retailing Management. New York: Me Graw Hill.

Olson J C, Jacoby. 1972. Research of perceiving quality. Emerging Concepts in Marketing, 9: 220-226.

Pappu R, Quester P G, Cooksey R W. 2005. Consumer-based brand equity: improving the measurement-empirical evidence. Journal of Product & Brand Management, 14(3): 143-154.

Park C S, Srinivasan V. 1994. A survey-based method for measuring and understanding brand equity and its extendibility. Journal of Marketing Research, 31(2): 271-288.

Tunahan C, Kutlu M B. 2022. Experienced product quality and brand loyalty: mediating role of customer satisfaction. Ege Akademik Bakis (Ege Academic Review): 23(2): 185-202.

Zeithaml V A. 1988. Consumer perceptions of price, quality, and value: a means-end model and synthesis of evidence. Journal of Marketing, 52(3): 2-22.

# 第5章　品牌创新之光：创新性感知与品牌管理

马振峰[①]

作为企业在发展过程中保持和提高市场竞争力的关键因素，创新是国内外学术研究和管理实践的重要课题。管理学界对创新的研究大致从两个方面入手。一方面是从供给侧即企业的角度研究产品创新、技术创新、模式创新的过程及策略；另一方面是从需求侧即市场角度入手，研究消费者或者用户对创新的感知、接受和采用行为。在感知创新领域，从被感知的对象角度而言，现有文献在产品感知创新、企业感知创新、品牌感知创新三个层次进行了研究（陈姝等，2015；Garcia and Calantone，2002）。Garcia 和 Calantone（2002）认为，"创新性"衡量创新的"新颖"程度，并且产品按照创新性可以分为高度创新产品和低度创新产品。然而，现存文献中对于产品创新性的感知视角与感知对象等方面存在较大差异。

大多数现有研究从供给方，即公司的角度看待创新性，也有些研究则从其他角度看待感知创新性，例如，对世界为新、对采纳机构为新、对行业为新、对市场为新，以及对消费者为新，等等（陈姝等，2015；Garcia and Calantone，2002）。随着对创新性认识的不断加深，越来越多的学者以消费者为视角研究创新性，例如，研究消费者感知产品创新性、感知服务创新性、感知企业创新性和感知品牌创新性，这些研究统称为消费者感知创新性研究。消费者感知创新性研究具有重要意义，因为企业供给方针对创新所做的投入最终要通过终端用户的主观感知获得成效（Rogers，2003）。更好地了解消费者创新感知有助于解释和预测消费者对新产品和品牌的反应，包括正面的和负面的反应，从而帮助企业制定更有效的创新策略。本章从消费者和用户感知的角度分析和总结感知创新及其对消费者的影响。

另外，关于创新的现有文献大多聚焦产品和技术的感知创新，而对品牌感知创新性的研究较少（Garcia and Calantone，2002）。近来的文献（陈姝等，2015）表明，虽然感知产品创新性和感知品牌创新性是相互关联的，但它们代表了不同的创新维度和创新层次。感知产品创新性关注消费者对特定产品的突破性和新颖性的评估，反映了消费者对产品创新功能和特性的看法；而感知品牌创新则侧重

---

[①] 马振峰，博士（2008年，麦基尔大学），教授，江南大学商学院市场营销系主任，博士生导师；研究方向：消费行为学、品牌管理，消费者创新采纳、社交媒体与数字营销。

消费者对品牌整体创新程度的评价。与感知产品创新性相比，感知品牌创新性在感知创新的前置影响因素（如创新声誉、创新领导力、品牌个性）和受影响的变量（如品牌忠诚度、品牌资产）等方面都存在较大的差异。因此，本章的另外一个目的是厘清产品感知创新性和品牌感知创新性的区别并探讨品牌感知创新性对营销管理的意义。

## 5.1 创新性感知：理论、概念、测量方法

### 5.1.1 什么是创新性感知？

目前学术界对于感知创新性还没有统一的定义。Rogers（2003）从消费者认知的角度定义了感知创新性，认为感知创新性是消费者把某一产品与同类产品在特定方面进行对比后，判断该产品与同类产品差异的程度。Zolfagharian 和 Paswan（2009）提出了感知服务创新性的概念，即消费者对被提供的服务与同类服务相比较而得出的创新程度的评价。Hoeffler（2003）认为感知创新性是指消费者对于产品或服务的新颖性、独特性或创新性的认知。Goode 等（2013）则认为创新性是消费者依据既有知识储备或者通过与同类产品进行对比感受到的产品的新颖程度。Danneels 和 Kleinschmidt（2001）认为消费者感知产品创新性是消费者对产品的创新价值、使用风险，以及需要消费者改变现有行为模式的认知。前述文献对感知创新性的定义涉及消费者对产品或服务特点的感知和理解，并与已有的产品或服务进行比较。

Garcia 和 Calantone（2002）认为产品的创新性可以理解为营销或技术流程中产生的不连续的程度。从宏观角度来看，创新性是一项新的发明在科学技术和市场结构方面造成范式转变的能力。从微观角度来看，"创新性"反映了一项新的发明影响企业现有的营销资源、技术资源、技能、知识或策略的能力。Garcia 和 Calantone（2002）强调了产品创新性和企业创新性的区别。产品的创新性不等于企业的创新性。企业的创新性既可以指企业进行创新或开发新产品的倾向性，也可以指企业采纳新技术和新发明的倾向。无论哪种情况，企业所采用的产品本身的创新性并不代表企业本身所具有的创新性。许多企业采取模仿和改进现有产品的策略，这类企业被称为"分析家"类型的企业。这类企业在改进现有产品方面通常非常成功，如微软就是这种企业的典型例子。因此，拥有高度创新的产品并不意味着高度创新的公司。

Hoeffler（2003）按照感知产品创新性将产品分为两大类，即增量新产品（incrementally new products）和真正新产品（really new products）。这种对感知产品创新性的分类主要是从产品技术层面进行的，并在以下几个方面讨论了增

量产品和真正新新产品的区别。①新颖程度：顾名思义，真正新产品代表了与市场上现有产品显著不同的创新。它们引入了消费者以前从未遇到过的突破性技术、功能或特性。相比之下，增量新产品本质上更具进化性，对现有产品进行边际改进或微小调整。②消费者学习曲线：由于不熟悉，消费者对于真正的新产品通常面临更陡峭的学习曲线。此类创新要求用户适应与产品交互的新方式。越来越多的新产品利用消费者对现有设计的熟悉度，使消费者更容易接纳并融入他们的日常生活。③市场采用和竞争：真正的新产品往往面临更高的市场进入壁垒，因为它们需要大量的研发投资。此类产品导入阶段技术壁垒较高，从而使创新者能够建立强势地位。相比之下，增量新产品面临较低的进入壁垒，并且会迅速吸引竞争，因为它们建立在现有知识和基础设施之上。④消费者偏好：Hoeffler（2003）的研究表明，消费者对真正的新产品的偏好可能与对增量新产品的偏好不同。对真正新产品的采用是由此类产品的新颖性和突破性创新带来的产品利益所驱动的。另外，增量新产品会迎合那些重视熟悉度和增量利益的消费者。消费者的偏好对于每个类别的新产品的成功都发挥着关键作用。⑤市场风险：推出真正的新产品涉及更高的风险，因为无法保证消费者会接受这些激进的创新。增量新产品虽然仍面临市场风险，但受益于对类似产品的现有需求，此类产品不确定性比真正新产品要低。总之，Hoeffler（2003）的研究表明，真正的新产品和增量新产品之间的区别不仅取决于它们的创新程度，还取决于消费者偏好、市场动态和相关风险。

综上所述，学者从不同观察者的角度（市场、企业、消费者等）以及不同的层次（产品、品牌、企业）出发对感知创新性进行了定义和研究。创新性可以理解为一种不连续性，即相对于现有产品的功能、技术，或者引发的消费行为等方面而展现出的不连续性。首先，有的学者将感知创新性理解为一个连续变量，而有的学者将其理解为离散的、非连续的变量。其次，以往的研究主要侧重于产品和技术的创新性，而对品牌的感知创新性研究相对不足，这凸显了对品牌创新性的研究的重要性，因为品牌的创新形象在商业成功中扮演关键角色。最后，初步的理论探索表明，产品创新性和品牌创新性存在重要区别。产品创新性侧重于单一产品或服务的创新特性，而品牌创新性更关注整体品牌形象、声誉和市场地位。关于感知创新性的研究表明，感知创新性是一个多维度的概念，例如，学者指出对创新性的感知包含认知、技术、行为、风险等不同维度上的感知。基于对现存文献的梳理，我们对感知创新性做如下定义：感知创新性是指消费者认为特定产品与同类产品相比较而言在技术、功能、产品利益等方面所具有的差异性、新颖性、独特性和创新性；或者消费者认为品牌或企业推陈出新、对产品和市场进行创新的能力和倾向。这个定义反映了感知创新性的多维度特性，同时兼顾感知品牌创新性和感知企业创新性。

## 5.1.2 创新性感知的影响

新产品通常具有双重效用，包括功能效用和社会效用。功能效用是指产品为消费者提供的新产品利益和新功能。这包括增量新功能，如性能增强，效率提高，或是现有产品所不具备的全新功能。例如，最新的智能手机可能提供尖端的摄像头、更快的处理器或独特的软件功能。社会效用源自新产品所传达给用户的独特性、心理利益以及社会地位。消费者通常寻求能帮助表达独特性、社会归属，以及某种生活方式的产品。新产品刚面世的时候具有稀缺性，这可以为购买者带来独特性并提高他们的感知社会地位，并且新产品容易成为热议的话题，能在一定程度上满足消费者的社交需求。

无论是从功能效用还是从社会效用的角度而言，产品的感知创新性对消费者的新产品采纳都是一把双刃剑。从积极的方面讲，高度创新的产品提供了前所未有的功能，为消费者提供了新的解决方案或满足以前未满足的需求，提高了消费者的幸福感（Rogers，2003）。此外，高创新产品通常会让其所有者感到自身的独特性并受到社会赞誉。然而，从消极的方面讲，高感知创新性的产品也伴随着一系列潜在的风险。例如，高创新产品容易出现功能上的缺陷，包括软件漏洞、硬件故障或未预料到的性能问题。新技术的初始版本尤其会受到这些起步问题的困扰，影响用户体验并让用户感到失望。此外，购买并拥有高创新产品还会带来社会风险。在高创新产品推出的早期就入手购买的消费者可能会受到同伴的质疑甚至被视为异类（van den Bergh and Behrer，2016）。这种社会风险可能会阻止潜在的购买者采纳最新的创新，因为他们可能担心无法收到社会圈子的接纳或赞同。因此，产品的感知创新性是一个复杂的影响因素，对消费者的正面和消极影响必须充分考虑。

对于新产品制造商来说，推出新产品的挑战在于平衡感知创新性带来的吸引力和与创新产品相关的潜在功能风险和社会风险。总之，产品的感知创新性可以与正面的和负面的功能以及社会效用有紧密关系，由于感知创新性的这种双刃剑特性，它对于消费者创新采纳的影响并不是线性的、单一的，而是受到诸多与产品属性、消费者特征、和环境有关的因素的调节。发现这些调节变量并揭示它们的影响机理是消费者创新采纳研究的重要内容。下面笔者以近些年的一些研究（包括作者参与的研究）为例，说明研究感知创新性对消费者影响机制的重要意义。

Ma 等（2015）按照感知创新性把产品技术分为增量新技术和真正新技术；他们认为感知创新性对消费者购买意愿的影响取决于创新位置（innovation locus）；创新位置是指创新作为产品的有机组成部分发生在产品的核心位置（核心创新），还以产品附件的形式发生在产品的外围位置（边缘创新）。作者注意到，过往的文献主要集中在核心创新，即新技术作为基础产品的有机组成部分存在（如数码技术在相机中的应用)。近年来,科技企业逐渐认识到外围创新的重要性,外围创新也随之成为重要的竞争优势的来源(如计算机行业大量的创新是以周边设备或者附件的形式存在)。外围设备是指可以提供可自由支配的功能,并且与基础产品可以物理分离的产品。因此,外围设备有两个重要特征:可选性和可拆卸性。可选性意味着外围组件旨在增强基础产品利益,而非提供基本产品功能所必需的。可拆卸性意味着创新可以在物理上与基础产品分离。视频游戏机中的运动传感器以及汽车中的无人驾驶模块的例子说明企业在进行技术创新时面临着创新位置的选择。Ma 等(2015)通过四项实验研究发现,将一项真正新颖的创新作为可拆卸的外围附件提供,比将相同的创新集成到核心产品中,会导致更高的采纳意向。但对于增量性创新,创新焦点并没有这种影响。对于真正新颖的创新,外围创新位置(相对于核心位置)的积极影响通过四种心理机制发生:①降低认知模式不一致性;②降低风险感知;③增加对产品利益的理解;④提高产品的感知使用灵活性。

Ma 等(2014)研究了消费者的文化价值观对感知产品创新性影响的调节作用,具体来说这项研究依据自我构念理论(self-construal theory)探讨了独立自我观念和相依自我观念如何调节感知创新性对消费者新产品采纳的影响。自我构念是指人们对自己的思想、感情和行为与他人的关系所持有的看法。有两种主要的自我构念,即独立自我和相互依存自我。持独立自我观念的人认为自我独立于他人或者群体,强调与他人的不同;拥有相依自我观念的人在社会关系中定义自我,认为自我与他人相连并密不可分。环境可以使特定的自我构念长期活跃,从而导致个人主义和集体主义的文化差异。

此外,这两种心态共存于一个人的记忆中,环境因素可以使特定的心态更加凸显或者活跃。Ma 等(2014)的研究发现,处于独立文化中的消费者(与处于相依文化中的消费者比较)更愿意采纳真正新的产品,而处于相存文化中的消费者比处于独立文化的消费者更喜欢增量新产品;有趣的是,这两种文化群体对于成熟产品的采纳意愿没有区别。该项研究还发现,自我构念对于消费者创新采纳意愿的影响是受消费者最佳独特性需求的中介。作者将最佳独特性需求定义为对差异化的需求和对群体归属需求之间的理想平衡。这个概念强调了不同自我认知中所认为的理想差异水平。最佳独特性需求是动态的,因为它们随着个人显著的自我认知和重要社会线索而变化。持独立自我观念的消费者(与持相依自我观念的消费者比较)之所以更愿意采纳真正的新产品(增量新产品)是因为这种新产品能够更好地满足他们对适合自身的、最佳独特性的需求。该项研究同时发现,对于独立型消费者而言,产品流行度线索会降低真正的新产品的差异化能力,从而使独立性消费者(相较于相依性消费者)不太愿意采纳真正的新产品,而更愿意采纳增量式的新产品;同时,产品稀缺性线索会增加独立性消费者对增量新产品的偏好,从而使他们(相较于相依性消费者)更愿意采纳增量的新产品。

Ma等（2014）的研究表明，企业可以使用减弱独特性和增强独特性的线索来影响消费者采纳新产品。例如，公司可以使用减弱独特性的线索，如强调产品与现有产品的相似之处或突出其受欢迎的程度，以吸引那些重视社会融入和遵守社会规范的相依性的消费者。另外，公司可以使用增强独特性的线索，如强调产品的独特性或稀缺性，以吸引那些重视与众不同的独立自我观念的消费者。这项研究的另外一个启示是，重要的不是感知创新性所造成的独特性本身，而是与不同自我构念相关的适当独特性水平，才是促进消费者购买新产品的重要因素。最佳独特性需求的概念强调了需要在满足差异化和社会融入之间寻找平衡。通过了解自我构念和独特性效用在消费者决策中的作用，公司可以量身定制其营销策略，更好地针对不同的消费者群体提高新产品的采纳率。

Herzenstein等（2007）探讨了消费者的自我调节焦点（regulatory focus）如何影响消费者对增量新产品和全新产品的购买意愿。调节焦点描述的是一种动机状态，指的是个体调控自己的行为以实现其目标的方式。调节焦点主要分为两种，即促进焦点（promotion focus）和防范焦点（prevention focus）。这两种焦点分别反映了"趋利"与"避害"两种不同的动机取向。促进焦点反映了对成长和进步等正向目标的追求，并在朝向有利目标时采用接近策略，因而它对积极结果的出现和缺席非常敏感。防范焦点源自对安全的需求，并在朝向目标时采用回避策略进行调节，因而它对负面结果的缺席和出现非常敏感。简言之，促进焦点侧重于实现积极的结果和成长，而防范焦点侧重于避免负面结果，以维护安全和不犯错误。在一项商场拦截的现场研究中，Herzenstein等（2007）发现具有促进焦点倾向的消费者相对于具有防范焦点倾向的消费者拥有更多新的高科技产品，而在成熟的产品拥有方面并没有差异。在随后的实验室实验中研究团队操纵了调节焦点，发现当与全新产品相关的风险未明确告知消费者时，具有促进焦点倾向的消费者（相较于具有防范焦点的消费者）表现出更高的购买意向。然而，当环境因素使风险变得尤为突出时，具有促进和防范焦点的参与者都不太可能购买高度创新的产品。有趣的是，当产品不被描绘为新的产品时，消费者的自我调节与购买意向无关。中介分析显示，调节焦点对新产品的购买意向的影响是由具有防范焦点的消费者对新技术性能的担忧所致。

Herzenstein等（2007）的研究对于新产品营销的启示是，企业在将新颖且创新的产品推向市场时应充分考虑目标消费者的调节焦点。具有促进焦点倾向的消费者更有可能采纳提供成长和进步的新产品，而具有防范焦点倾向的消费者更有可能采纳提供安全和保护的新产品。因此，企业应该量身定制其营销策略，以迎合其目标受众的特定调节焦点。此外，企业应该考虑与新产品相关的感知风险，并在其营销工作中加以解决，以提高采纳率。

### 5.1.3 感知创新性的测量方法

针对感知创新性的研究在最初的时期大多是从企业管理者或者产品开发者的角度进行的。例如，Danneels 和 Kleinschmidt（2001）的探索性分析基于来自新产品开发经理的二手数据，而不是从消费者感知的角度获得的。他们认为感知创新性通常与关键创新特征（即相对优势、兼容性、复杂性、可试验性和可观察性）、采用风险，以及用户既定行为模式的改变程度相关。历史创新学者则使用专家对创新性进行回顾性分类，将创新性定义为"新产品所涉及技术与先前技术的不同程度，以及新产品在满足关键顾客需求方面是否优于现有产品的程度"（Chandy and Tellis, 2000）。

Atuahene-Gima（1995）从顾客感知角度和企业角度测量了感知创新度，并在实证上将两者加以区分。然而，现有文献中对消费者感知创新性的测量大多聚焦对产品的感知创新性（而非对品牌的感知创新性）的测量。通过对文献的梳理发现，学者对产品感知创新性的度量是从多属性、多角度入手的。例如，Dahl 和 Hoeffler（2004）提出了消费者对产品创新性感知包括三个维度，即技术维度、实践维度、认知维度。技术维度是指与技术相关的创新特征，即产品在多大程度上采用了新的技术或具有先进的技术特点。实践维度关注产品创新性对消费者日常生活的影响，反映了产品在功能上的创新，即产品能否满足消费者的实际需求，并提供更好的功能。认知维度强调消费者对于产品创新性的认识和理解。它反映了消费者对产品的认知程度，包括对产品的新颖性、独特性和创新程度的感知。将这三个维度进行综合，可以形成消费者对产品创新性的整体评价。这些维度的重要性可能在不同的产品和消费者群体中有所不同，因此针对具体的情境需要加以修正或扩展。

Radford 和 Bloch（2011）通过对目标产品与同类产品进行多方面的比较来测量其相对感知创新性。例如，其量表的题项通过捕捉消费者对产品形状的创新性的感知来测量产品的创新性（"在我看来，形状独特的机器似乎更新了"）。Rogers（2003）则从实用性和新颖性两个维度出发，对消费者感知产品创新性进行评判。Goode 等（2013）将产品创新性的测量维度进一步进行了细分，主要从差异性、独特性、创造性、新颖性四个方面来进行测量。Danneels 和 Kleinschmidt（2001）在对消费者感知产品创新性进行测量时增加了采纳风险和行为意向这两个维度。Zolfagharian 和 Paswan（2009）从内外部设施、管理、员工等七个维度测量了感知服务创新。

学者通常借用利克特型的量表测量消费者的感知创新性。例如，Han 等（1998）调查的问题包括："您认为这个产品的创新性有多高？从 1 到 5 的刻度中选择一个数值。" Hoeffler（2003）的测量方法则反映了感知创新性的相对性。作者先进行了一个预测试，向受试者描述了 13 对新产品，让受试者在每对新产品中选择了 13 个较新的产品，之后从这 13 个选项中选择最新产品，并以这个"最新"产品选项为锚点产品，将其感知创新性定为 100。受试者被要求"输入介于 0 和 99 之间的数字来评价其余产品的感知创新性。在这个 0～99 的刻度上，低端没有标签，先前选择为最新的产品的创新性为 100（例如，自动汽车= 100）。作者发现，在 4 对感知创新性区分度最大的产品中，较新产品的平均感知创新性为 75.59，而增量创新产品的感知创新性为 56.28。Herzenstein 等（2007）则让参与者在两个题项的九分利克特量表上对产品的感知创新性进行评分，其中 1 表示"一点也不新"（not at all new），9 表示"非常新"（extremely new），以及 1 表示"不是一个新颖的产品"（not a novel product），9 表示"非常新颖的产品"（extremely novel product）。

虽然大多数研究要求消费者针对当下的新产品的感知创新性进行评价，但也有研究者让被试者针对产品在过去的某个时间点的创新性进行评价，即追溯性的评价。追溯性测量方法一般是在研究人员希望了解产品在其推出后经历的演变但是又缺乏感知创新性的历史数据的时候采用。虽然追溯性评价方法在一定程度上弥补了历史数据的缺失，但是也存在明显的缺陷。例如，人们对过去事件的记忆或许失真，从而影响对创新性评估的准确性。被试者在回顾过去时可能遗漏一些重要信息，尤其是当时间跨度较长时，被试者对过去事件的评价可能受到时间效应的影响，从而减弱其对创新性的准确评估。此外，被试者如果缺乏必要的专业知识，也会影响其对创新性的评估的有效性。Gill 等（2021）要求受访者追溯性地评价视频游戏配件在首次推出时的新颖性来衡量消费者对这些配件的感知新颖性。为了降低追溯性评价的不足，他们要求受访者回忆在视频游戏配件首次推出时的最初想法和感受，重点捕捉他们当时的感知。另外，作者提醒受访者要考虑产品刚推出时的技术和市场背景，鼓励他们考虑可能影响他们对新颖性感知的推出时期的游戏技术、消费者期望和行业趋势。同时，提醒受访者不要让他们目前对配件的知识或经验影响他们对配件在最初推出时的回顾性评估。通过这些措施，作者可以帮助受访者确保其能够提供更准确和无偏的回顾性感知创新性的评价。

由于对感知品牌创新性的研究还处于早期阶段，现存文献鲜少有对感知品牌创新性进行测量的工具。Shams 等（2015）将感知品牌创新性定义为消费者认为品牌在满足他们需求方面能够提供新的和有用的解决方案的程度。作者根据这个定义以手机行业为例开发了测量感知品牌创新性的量表。以下是这个量表的中文翻译。

[品牌名称]在手机领域与其他品牌有所不同。

就手机而言，[品牌名称]是充满活力的。

[品牌名称]是一家前沿的手机品牌。

[品牌名称]的手机让我感到"哇!"。

[品牌名称]不断推出新的手机,并引领市场趋势。

就手机而言,[品牌名称]是一家创新的品牌。

就手机而言,[品牌名称]是一家始终领先于竞争对手的品牌。

[品牌名称]是一家始终推出新颖创新的手机功能的品牌。

就手机技术而言,[品牌名称]是一家始终突破界限的品牌。

[品牌名称]是一家始终推出新奇刺激的手机设计的品牌。

从 Shams 等（2015）开发的量表可以看出,品牌感知创新性包括目标品牌与本领域其他品牌的差异性（"在手机领域与其他品牌有所不同"）、品牌的领先性和前沿性（"是一家前沿的手机品牌""是一家始终领先于竞争对手的品牌""是一家始终突破界限的品牌"）、兴奋性（"该品牌手机让我感到'哇!'"）、品牌持续推陈出新的能力（"是一家始终推出新颖创新的手机功能的品牌"）以及品牌的领导力和影响力（"不断推出新的手机,并引领市场趋势"）。

## 5.2 从产品创新感知到品牌创新感知

### 5.2.1 品牌创新性与产品创新性的区别与联系

在许多情况下,企业的成功与消费者如何看待其品牌的创新能力密切相关,而不仅仅涉及产品的创新属性。例如,HTC[①]和三星在它们的智能手机中都采用了相同的安卓操作软件的新技术,导致两者在客观的产品创新属性方面（如特性和功能）几乎没有太大区别。然而,某些人认为三星智能手机比 HTC 的手机更具创新性。这说明除产品属性外,还存在一种潜在的感知创新层面,即消费者将感知创新与品牌名称联系在一起,而不是仅仅与产品创新联系在一起。虽然品牌的战略影响在营销学文献中得到了认可,但现有的创新文献对品牌感知创新性的讨论相对较少。从消费者的角度对感知创新性的概念界定,如产品创新性和企业创新性并不能充分解释消费者在品牌层面对创新性的感知。此外,对感知创新的定义和测量大多数是从管理者的角度进行的。这种缺乏对消费者视角的关注与当前强调消费者认知在创新成功中扮演重要角色的营销实践存在不一致。

为了更全面地了解消费者的感知创新性,有必要引入品牌感知的视角。企业若要成功地将自身定位为创新品牌,管理者首先需要了解消费者如何在品牌层面感知创新性。虽然一些研究开始在品牌层面考虑消费者感知的创新性（Eisingerich and Rubera,2010）,但这些研究没有厘清产品创新性和品牌创新性二者的区别,

---

① 宏达国际电子股份有限公司英文名称原为 High Tech Computer Corporation,后更名为 HTC Corporation,简称 HTC。

没有认识到品牌是与产品不同的、远比产品更广泛的概念。

Shams 等（2015）提出了感知品牌创新性的概念并开发了第一个基于品牌和创新互动的理论框架，同时从消费者的角度开发了品牌感知的量表。产品创新性和品牌创新性既有联系又有较大的区别。首先，二者的感知焦点不同。感知产品创新性主要集中在消费者对产品属性的感知上，这些属性涵盖了诸如产品功能、特性、质量和成本等因素。基本上，感知产品创新性反映了消费者对产品在其切实可见的特征方面的新颖性和独特性的感知。相反，感知品牌创新性超越了产品的切实可见的方面。它包括与品牌本身相关的更广泛的消费者感知范围，包括对品牌形象、地位、能力等其他无形元素的综合感知，这些感知共同构建了品牌的整体创新形象。其次，二者的感知来源不同。产品创新性的感知可以作为品牌创新性感知的来源：当消费者认为产品在功能和属性方面具有创新性时，有助于整体品牌创新形象的建构。然而，品牌感知创新性可以来自产品本身之外的其他因素：市场传播策略、品牌视觉身份设计，以及整体品牌信息传达等元素都会影响消费者对品牌创新性的感知。品牌通过这些渠道传达创新性的能力可以塑造消费者对品牌创新性的整体感知。最后，感知产品创新性和感知品牌创新性之间的差异还体现在它们相互影响的时效性上。品牌感知创新性对产品感知创新性的影响是实时的、立竿见影的。当消费者感知一个品牌具有创新性时，这一感知几乎立即转化为他们对该品牌产品创新性的正面印象。品牌的整体创新形象可以迅速渗透到消费者对具体产品的看法中，影响他们的购买意愿和消费体验。相反，产品感知创新性转化为品牌感知创新性则需要一定的时间。这主要是因为消费者需要时间来深入体验产品的功能和特征。产品的实际表现在一段时间内逐渐显现，而消费者在这个过程中逐渐形成对品牌创新性的看法。因此，产品的实际表现是构建品牌创新形象的渐进性过程。

总而言之，感知产品创新性和感知品牌创新性虽然存在关联，但它们在焦点、范围和相互影响的时效性上存在差异。感知产品创新性聚焦于切实可见的产品属性，而感知品牌创新性涵盖了更广泛的范围，包括切实可见的元素和无形的与品牌相关的元素。感知创新在品牌层面的概念不仅强调产品和技术的创新，还包含了品牌向市场传达的独特意义和塑造的形象。与产品不同，品牌更注重利用视觉识别系统元素如 logo 的颜色、外观、品牌名称等作为信号影响消费者的认知。在评价产品的时候，消费者也会使用他们的品牌知识推断产品的创新性。因此品牌感知创新性会对品牌旗下的产品的创新性的感知产生影响。

一些学者从品牌个性角度进行的研究也为我们理解品牌感知创新性提供了新的思路。Schwartz（1992）的人类价值观理论根据人们所期望的最终状态发现了影响人类行为的十种价值观，并发现这些价值观遵从一种圆形结构模型，即在价值圆中相邻的价值是兼容的，而相反的价值存在动机冲突。该结构产生了两个维度，即保守性-开放性和自我提升-自我超越。在自我提升-自我超越维度上，前者强调对人和资源的支配，而后者超越个人利益考虑他人的福利。在保守性-开放性这个维度上，保守价值偏向于维持现状，而开放价值注重创新、突破现状、和在不确定性方向的情感和智力追求。保守性-开放性这一维度和品牌的感知创新性相近。

### 5.2.2 品牌创新性感知未来研究方向

随着市场竞争的加剧，品牌创新性成为企业获取竞争优势和满足消费者需求的关键因素之一。然而，目前对于品牌创新性感知的研究还处于早期阶段，尚存在一些未来探索的重要方向。首先，感知品牌创新性的不同维度是一个值得深入研究的方向，而测量感知品牌创新性的量表多为单维度量表（Shams et al.，2015），但是感知品牌创新性这个构念应该可以是多维度的，对这个构念做进一步的维度细化有助于我们更深入理解这个构念的内涵和外延。未来的研究可以从持续创新力、品牌领导力、情绪感染力等多个维度来考量消费者对品牌创新性的感知。通过了解不同维度对消费者感知的影响，可以更全面地理解品牌创新性的本质，为企业提供更准确的策略指导。

其次，感知品牌创新性的前置因素也是一个重要的研究方向。Shams 等（2015）指出消费者对品牌的感知创新性既可以由产品技术性创新也可以由象征性创新塑造。具体而言，消费者的感知品牌创新性可能由全新的产品（如突破性和技术尖端的产品）、产品延伸、新产品特性，也可以由新的市场传播策略形成。为了塑造消费者对创新性的认知，品牌旗下产品的创新性特征和品牌形象的宣传应该经过时间的考验，并在时间跨度上保持稳定。品牌的创新努力（包括产品创新和市场策略的创新）应该以"持续"的方式进行，并具有历史的一致性。消费者对品牌创新性的感知通常是多年来展示出的能力的结果，这需要时间来建立。总之，消费者对品牌创新性的感知可能受到多种前置因素的影响，如产品感知创新性、研发投入、广告策略等。未来的研究可以探究这些因素与感知品牌创新性之间的关系，以及它们对消费者感知的影响程度。这将有助于企业更好地了解如何通过产品创新、研发投入和广告等手段来提升消费者对品牌创新性的感知。

再次，品牌感知创新性对消费者反应的影响是一个值得进一步研究的方向。文献研究表明（Shams et al.，2015），消费者对品牌的感知创新性会影响他们的品牌态度和购买意愿。然而，这些变量都属于短期的、心理层面的影响。未来的研究可以关注品牌感知创新性对品牌资产的影响。品牌资产反映品牌在市场上的长期价值和竞争力，包括品牌知名度、忠诚度和声誉等。未来的研究可以探索品牌感知创新性如何影响品牌资产的建立和增强，以及如何通过创新性的品牌形象来提升品牌资产。未来的研究还可以关注品牌感知创新性对投资回报率的影响。品牌感知创新性可能影响消费者对品牌的偏好程度，进而影响他们对品牌的购买行为。因此，品牌感知创新性可能会直接或间接影响到销售额、市场份额和盈利能力等市场和财务指标。在消费者行为层面，未来的研究可以关注品牌感知创新性对消费者新产品接受度的影响。消费者对品牌的感知创新性可能会影响他们对品牌推出的新产品的接受程度，未来的研究可以探索品牌感知创新性如何影响消费者对新产品的态度和购买意愿、对新产品的采纳决策和行为，以及新产品的市场渗透率。

然后，感知品牌创新性对消费者品牌态度的影响机制也是一个需要深入研究的方向。这包括中介机制和调节变量的探讨。中介机制指的是感知品牌创新性通过何种途径对消费者品牌态度产生作用，如品牌认知、品牌信任、产品使用体验、社会效用等。调节变量则是指在感知品牌创新性与消费者品牌态度之间关系的强度或方向是否受其他因素的影响。

最后，品牌的感知创新性与产品的感知创新性之间存在交互影响是另外一个重要的研究课题。由于品牌的感知创新性相对稳定，新产品的感知创新性需要与品牌的感知创新性相匹配，否则可能给消费者造成困扰，不利于新产品的推广。在消费者决策中，品牌的感知创新性扮演着重要角色，它反映了品牌在消费者心目中的现代感、前瞻性和创新性。一方面，品牌的感知创新性相对稳定，通常建立在消费者较长时期内对品牌的感知和体验中。这种稳定性为品牌赋予了一种基础属性，构建了消费者对品牌的预期。另一方面，新产品的感知创新性是一个关键因素，直接影响消费者对产品的接受程度和购买意愿。如果新产品的感知创新性与品牌的感知创新性不匹配，可能导致消费者认知上的不一致，进而引发困扰感。例如，当一个传统保守的品牌推出极具创新性的产品时，消费者可能感到矛盾和不适，降低其对新产品的认可度。相反，如果一个以其高度创新性和前瞻性而著称的品牌持续推出感知创新性较低的产品，也会造成产品感知与品牌感知不一致的问题。如果品牌一直以来都以高度创新性为卖点，消费者对该品牌形成了期望，期待它不断地推陈出新，引领市场潮流。然而当新产品的感知创新性较低时，消费者会认为推出的产品未能体现品牌一贯的创新理念，导致产品的接受度下降。因此，理解品牌的感知创新性与产品的感知创新性之间的交互影响具有重要意义。

品牌的感知创新性为新产品提供了一个框架或底色，而新产品的感知创新性则需要在品牌框架内协调一致。若两者之间存在不匹配的情况，可能会引发认知失调，降低消费者对新产品的接受度。因此，在推广新产品时，并不是产品创新性越高越好。品牌管理者需要确保新产品的感知创新性与品牌的感知创新性保持一致，以构建更加一体化的品牌形象，提升消费者对新产品的信任和认可度。这种一致性将有助于加强品牌的创新形象，促进新产品更有效地进入市场。

## 5.3 品牌创新性的战略指引

### 5.3.1 对品牌创新感知的管理

创新性是品牌形象的重要方面，对消费者的品牌态度和购买决策有着深刻的影响。因此，品牌管理者应该重视消费者对品牌创新性的感知，并对这种感知进行有效的管理。一些成功的品牌如华为、苹果、特斯拉，消费者对其品牌的创新性的感知构成了品牌竞争优势的关键基础。我们认为，在管理消费者对品牌感知创新性方面，企业应该注意以下几个方面。

第一，由于产品创新性是品牌创新性的重要基础，企业应该通过管理其产品组合的创新性来影响消费者对品牌创新性的感知。例如，华为的手机业务部门定期推出融合最新科技的产品，保持其在消费者心目中的创新形象。华为推出的Mate60型号手机，采用7纳米芯片，打破了国际封锁，一举扭转了销售下滑的趋势，重新确立了其品牌在国内市场的领导地位。相反，许多曾经以创新性著称的企业，由于失去了产品创新的动能，逐渐在消费者心目中沦为守旧的企业，失去了品牌的吸引力。因此，企业应该密切关注市场动态，及时调整产品战略，以确保品牌的创新形象与时俱进。

第二，企业还可以通过市场策略的创新来塑造品牌的创新形象，包括沟通策略的创新、渠道策略的创新和服务的创新。沟通策略的创新是品牌创新感知的重要手段之一。企业可以通过多样化的沟通渠道和创新的沟通方式来吸引消费者的注意力，增强品牌的创新形象。例如，特斯拉通过将最新款的Roadster汽车送入太空等宣传手段吸引了大众的眼球，同时树立了该品牌引领潮流的形象。还有一些企业采用社交媒体平台进行品牌宣传，通过与消费者的互动和分享创新的内容来提升品牌的创新形象。一些企业还通过创新的广告宣传方式来传递品牌的创新理念，例如，某些品牌使用虚拟代言人或交互式广告形式，以吸引消费者的兴趣和参与。一些企业通过创新的渠道策略来提供独特的购买体验，增强消费者对品牌创新性的感知。例如，小米的新零售模式将线上购物和线下体验相结合，提供更加便捷和个性化的购物体验。一些企业还通过与合作伙伴合作或建立自己的独特销售渠道，如特许经营店、品牌体验店等，以创新的方式接触消费者，提升品牌的创新形象。此外，企业可以通过创新的服务方式和个性化的服务体验来增强消费者对品牌创新性的感知。例如，京东和亚马逊通过大数据技术为客户提供定制化的产品推荐，三一集团通过智能化的售后服务为全球客户不间断地提供实时的售后服务。另外，一些企业（如耐克）通过创新的增值服务，如定制化产品设计服务和快速配送等提供与众不同的服务体验，增强品牌的创新形象。

第三，品牌感知创新性的形成是一个长期的、渐进的过程，企业不能急功近利，而是要有战略耐心。消费者对品牌的感知创新性是在品牌长期展示出的能力基础上形成的，这需要时间来建立。因此，企业在品牌创新方面应该采取长远眼光，通过持续的创新努力和稳定的形象塑造，逐步建立起消费者对品牌的感知创新性。

第四，产品的创新性感知和市场策略的创新性感知应该保持一致性，不宜过分脱节，否则会造成消费者的认知失调，损害品牌的长期形象。消费者对品牌的感知是综合考虑产品和市场策略等因素形成的，因此，企业在进行创新时应该确保产品和市场策略的创新性相互协调，以保持品牌形象的一致性。微软的品牌形象一直以来都以稳健的创新为特点。微软在产品开发和并购策略上，通常采取增量式创新的模式，而不是追求革命性和断裂式的新技术和新产品。这种策略使微软能够在现有产品基础上进行改进和演进，与市场和消费者需求保持一致。微软在软件开发领域拥有广泛的产品线，如操作系统、办公软件、云服务等。它不断进行功能增强和性能改进，以确保产品的稳定性和可靠性。例如，微软的操作系统 Windows 在每个新版本中都会引入新功能，但仍保持兼容性和用户界面的连续性，使用户能够顺利升级而不必面临烦琐的学习和适应过程。另外，特斯拉作为一家高度创新的汽车制造公司，其产品追求前卫性和先进性，与其创新的品牌形象相符。特斯拉致力于推动电动汽车技术的发展，并在汽车行业引领着创新的潮流。特斯拉的产品不仅具有高性能和长续航里程，还拥有许多创新功能，如自动驾驶、智能导航和远程软件更新等。特斯拉还通过不断推出新车型和更新现有车型的功能，保持其产品的先进性和竞争力。例如，特斯拉推出的 Model S、Model 3 和 Model X 等车型在电动汽车市场中树立了先锋形象，吸引了众多消费者的关注和购买。总体而言，微软和特斯拉在产品开发和品牌形象上有着不同的定位。微软以稳健的创新为特点，注重产品的稳定性和持续改进，而特斯拉则以前卫性和先进性为核心，不断推动汽车技术的创新。这种不同的定位使两家公司在各自领域中取得了成功，并赢得了消费者对其品牌形象的认可和信任。

第五，品牌感知创新性是动态的，会随着时间的推移而发生变化。有些品牌在刚诞生时因为引入了全新的理念、技术或产品而被认为是高度创新的品牌。然而，随着时间的推移，消费者对这些品牌的感知创新性可能会逐步降低，并对品牌旗下的产品形成新的预期。相反地，也有一些品牌在某个阶段感知创新性较低，但通过推出某些革命性产品而提高了在消费者心目中的创新能力。举个例子，诺基亚曾经是手机行业的领先品牌，但随着智能手机的兴起，诺基亚错失了转型的时机。尽管诺基亚在过去的手机市场中一直以创新形象闻名，但随着时间的推移，消费者对它的感知创新性逐渐降低。这是因为其他品牌如苹果和三星推出了更具创新性的智能手机，而诺基亚没有及时跟上这一趋势。结果，消费者对诺基亚的期望出现了转变，由原先对其创新能力的期待，转变为更加注重其产品的稳定性和可靠性。相反地，苹果公司在2007年推出的第一代iPhone引领了智能手机的创新潮流。但是，在接下来的几年里，苹果的创新形象有所下降，消费者对其产品的感知创新性也有所降低。

然而，苹果在2010年推出的iPad重新引起了消费者的关注，将平板电脑带入了主流市场，重新提升了苹果在消费者心目中的创新能力。这个例子表明，即使品牌在某个阶段感知创新性较低，但通过推出具有革命性的产品，也可以重新塑造消费者对品牌的创新形象。以上例子表明，消费者对品牌的感知创新性是一个动态的过程。品牌需要时刻关注消费者需求的变化，并及时调整自己的创新策略。对于那些刚诞生时就高度创新的品牌，持续的创新是保持消费者认可的关键。而对于那些感知创新性较低的品牌，通过推出革命性的产品可以重新激发消费者的创新期待。鉴于感知品牌创新性的动态特征，企业应该建立对品牌感知创新性追踪的机制，通过市场调研实时掌握品牌感知创新性的变化。这有利于企业及时调整产品和市场策略，保持品牌的创新形象。对于那些以创新性为竞争优势的企业而言，这一点尤为重要。

总之，对品牌创新感知的管理对于品牌的成功有重要意义。企业应该重视消费者对品牌创新性的感知，并通过管理产品创新性和市场策略的创新来影响消费者对品牌创新性的感知。此外，企业还应该具备战略耐心，建立长期的品牌形象，并确保产品和市场策略的创新性保持一致。同时，企业应该建立对品牌感知创新性的追踪机制，以便及时调整品牌战略，保持品牌的创新形象。通过有效管理品牌创新感知，企业可以增强品牌的竞争力，吸引消费者并取得市场成功。

### 5.3.2 从品牌创新感知到品牌资产

品牌资产是指一个品牌在市场中所拥有的无形资产和价值。它代表了品牌在消费者心目中的认知、信任和价值，以及品牌所积累的品牌知名度、声誉和忠诚度等方面的优势。品牌资产由多个组成部分构成，包括但不限于：品牌知名度（消费者对品牌的认知程度和知晓度）、品牌声誉（品牌在消费者心目中的信任度和声望）、品牌价值（品牌的经济价值和资产价值）、品牌标识（品牌名称、标志、标识、商标和其他视觉元素）、品牌忠诚度（消费者对品牌的重复购买意愿和行为）等。品牌资产对于企业具有重要的战略价值，它不仅可以帮助企业在竞争激烈的市场中脱颖而出，还可以为企业带来长期的竞争优势和商业成功。因此，企业通常会积极投资于品牌建设和品牌管理，以增强品牌资产的价值和影响力。

对品牌的管理者而言，一个重要的问题是，品牌的感知创新性能否以及怎样转化为品牌资产。我们认为，感知品牌创新性可以提高品牌在市场的知名度、品牌地位和品牌忠诚度，从而有助于品牌资产的转化与增值。首先，具有较高创新性的品牌往往会受到消费者更多的关注，从而提高品牌在市场的知名度。创新性是消费者对品牌的重要认知因素之一。当品牌推出具有创新特点的产品、服务或营销策略时，消费者会对其产生兴趣和好奇，进而加深对品牌的关注。例如，苹果公司以其创新的 iPhone 系列产品赢得了广泛关注和市场份额。消费者对具有创新性的品牌关注度提高，有助于品牌在市场中获得更多曝光和口碑传播，从而提升品牌的知名度。

其次，感知品牌创新性可以提高品牌的地位。创新的品牌往往更受市场的尊重，更有效地建立品牌在市场的领导地位。以华为为例，该公司凭借在通信领域的技术创新和产品创新，逐渐成为全球领先的通信设备供应商之一，树立了自己在行业中的领导地位。品牌创新性的体现不仅体现在产品层面，还体现在品牌的战略决策、市场推广和服务创新等方面。通过持续的品牌创新，品牌可以不断提升自身在市场中的地位，赢得消费者的认可和忠诚。

再次，感知品牌创新性本身具有很强的差异化特征，有助于品牌建立独特的市场定位和品牌忠诚度。在竞争激烈的市场中，品牌创新性可以帮助品牌与竞争对手区别开来，形成独特的品牌形象和价值主张。消费者往往倾向于选择那些具有创新性的品牌，因为它们能够提供新颖且具有竞争优势的产品或服务。这种差异化特征使得品牌能够在消费者心中建立起独特的地位和认知，进而提升品牌忠诚度。

最后，对于那些具有较高感知创新性的品牌，消费者往往更信任它们推陈出新的能力，更容易接受其推出的新产品。消费者对创新性品牌的认可和信任，使得品牌能够更容易地引入产品创新并被市场接受。他们更愿意尝试品牌推出的新产品或服务，并对其持有较高的期望。这种信任和接受度有助于品牌有效地将创新能力转化为品牌资产，进一步提升品牌的市场地位和竞争力。

综上所述，品牌的感知创新性对品牌管理者来说具有重要意义。通过提高品牌在市场的知名度塑造品牌地位、建立差异化的市场定位和赢得消费者的信任，品牌的感知创新性对于品牌管理者而言，是一个重要的问题。感知品牌创新性可以提高品牌在市场中的知名度，提升品牌的地位，并有助于将创新转化为品牌资产。

现有的文献表明，感知品牌创新性对品牌资产有正向影响。Moliner-Velázquez 等（2019）的研究发现，消费者对零售业品牌的感知创新调节了感知价值与品牌资产之间的关系，即创新水平越高，品牌资产就越强。因此，零售商应努力在产品和服务上进行创新，因为这可以增强价值维度与品牌资产之间的关系。该研究还表明，零售商应该专注于创造一个独特的品牌形象，使他们与竞争对手区分开来。Sharma 等（2016）研究了研发支出、品牌资产、产品创新和营销绩效之间的关系。作者分析了美国市场上 1000 个消费品品牌样。他们发现品牌资产对营销绩效的积极影响部分是由产品创新介导的，因此可以说，品牌的创新性解释了品牌资产对营销绩效的影响。Hanaysha 和 Hilman（2015）发现，产品创新对整体品牌资产及其维度具有显著的积极影响，即对品牌知名度、品牌忠诚度、品牌形象和品牌领导力都有正面影响。

### 5.3.3 结论

本章聚焦品牌管理中日益重要的一个话题，即品牌的感知创新性。作者首先梳理了关于感知创新性的内涵和定义，将感知品牌创新性定义为消费者认为特定产品与同类产品相比较而言在技术、功能、产品利益等方面所具有的差异性、新颖性、独特性和创新性；或者消费者认为品牌或企业推陈出新、对产品和市场进行创新的能力和倾向。这个定义既涵盖了产品感知创新性，又包含了品牌感知创新性。

以往的研究大多聚焦产品感知创新性，而对品牌感知创新性的研究较少。产品的感知创新性对消费者的采纳存在双面性的影响。从积极方面来看，高创新产品提供了前所未有的功能，解决了消费者以往未满足的需求。高创新产品也使得消费者感到自己的独特性，并受到社会的赞誉。然而，高创新产品也存在一系列潜在风险。例如，高创新产品往往被消费者认为存在功能缺陷，影响用户体验并导致用户的失望。此外，高创新产品还可能带来自我认同和社会接受方面的风险。因此，产品的感知创新性是一个复杂的影响因素，必须充分考虑对消费者的正面和负面影响。消费者在决策过程中需要权衡产品的创新性带来的好处和潜在的风险。由于感知创新性具有的双面性，其对消费者的创新采纳影响并不是简单的线性关系，而是受到多个因素的调节，包括产品属性、消费者特征和环境因素。研究者致力于发现这些调节因素，并揭示它们对消费者创新采纳的影响机制，这成为消费者创新采纳研究中的重要内容。

虽然在理论探讨时，不少学者多认为品牌感知创新性是一个多维度的构念，但是在实际测量的时候，大多数营销学者采用单维度的量表对感知创新性进行度量。由于对感知品牌创新性的研究仍处于初级阶段，目前很少有文献提供用于测量感知品牌创新性的工具。Shams 等（2015）将感知品牌创新性定义为消费者多大程度上认为品牌在满足他们需求方面能够提供新的和有用的解决方案，并据此开发了一个单维度的量表。

品牌感知创新性和感知产品创新性既相互联系，也存在显著差异。一方面，它们的感知焦点不同。产品创新性侧重于消费者对产品属性的感知，包括功能、特性、质量和成本等方面，而品牌创新性超越产品的可见特征，包括消费者对品牌形象、地位和能力等无形元素的综合感知，构建了品牌整体的创新形象。另一方面，它们的感知来源不同。产品创新性的感知可以影响品牌创新性的感知，当消费者认为产品在功能和属性方面具有创新性时，有助于构建整体品牌创新形象。然而，品牌创新性的感知还可以来源于产品之外的因素，如市场传播策略、品牌视觉身份设计和整体品牌信息传达，这些元素会影响消费者对品牌创新性的感知。感知产品创新性和感知品牌创新性之间的差异还体现在它们相互影响的时效性上。品牌创新性对产品创新性的影响是实时且立即显现的。当消费者感知一个品牌具有创新性时，这一感知几乎立即转化为对该品牌产品创新性的正面印象。相反，产品创新性转化为品牌创新性需要一定的时间，因为消费者需要时间来深入体验产品的功能和特性，逐渐形成对品牌创新性的看法。

企业在管理消费者对品牌创新性感知方面应注意以下几点。首先，产品创新性是品牌创新性的基础，企业应通过管理产品组合的创新性来影响消费者对品牌创新性的感知。因此，企业应密切关注市场动态，及时调整产品战略，确保品牌与时俱进。企业还可通过创新市场策略来塑造品牌创新形象，包括沟通策略、渠道策略和服务创新。京东、特斯拉、小米的实践表明，这些策略如果运用得当，同样可以塑造品牌的创新形象。

其次，品牌感知创新性的形成需要耐心，不宜追求短期效应。企业应通过持续创新，逐步建立消费者对品牌的感知创新性。在这个过程中，产品创新性和市场策略的创新性应保持一致，避免造成消费者认知失调和品牌形象损害。以稳健创新为特点的品牌宜通过增量创新改进产品，并保持与市场需求的一致性。而以前卫和先进为特征的品牌则应通过引入具有较高创新功能和推出较新的产品保持竞争力。这两种不同的定位如果运用得当，都可以帮助企业在各自领域中取得成功。

品牌感知创新性是动态的，会随时间而变化。一些品牌在初始阶段因引入新理念、技术或产品而被认为具有高度创新性，但随着时间推移消费者对其创新性的感知会下降。而有些品牌则可以通过产品和沟通策略的运作重新塑造创新形象。品牌应持续关注消费者需求变化，调整创新策略，建立追踪机制并进行市场调研，以保持创新形象。这对以创新为竞争优势的企业尤为重要。

对于感知品牌创新性的研究尚处于起步阶段，未来的研究有许多可以着力的方向。未来的研究可探索感知品牌创新性的多维度和前置因素。多维度研究可从持续创新、品牌领导力、情绪感染力等方面考量消费者对品牌创新性的感知。前置因素研究可关注产品技术和象征性创新对消费者感知的影响，以及产品创新、研发投入和广告对感知的影响程度。未来研究可探索品牌感知创新性对品牌资产的影响，包括品牌知名度、忠诚度和声誉等。此外，研究还可关注品牌感知创新性对投资回报率的影响,以及对消费者新产品接受度的影响。还有必要研究品牌感知创新性对消费者品牌态度的影响机制,包括中介机制和调节变量的角色。最后,研究品牌感知创新性与产品感知创新性之间的交互影响,以确保一致性,避免消费者困扰。这些研究将为企业提供更深入的理解,以提升消费者对品牌创新性的感知。

## 参 考 文 献

陈姝, 王正斌, 刘伟, 等. 2015. 感知产品创新性对品牌资产的影响机制研究. 预测, 34(3): 21-27.

Atuahene-Gima K. 1995. An exploratory analysis of the impact of market orientation on new product performance a contingency approach. Journal of Product Innovation Management, 12(4): 275-293.

Chandy R K, Tellis G J. 2000. The incumbent's curse? Incumbency, size, and radical product innovation. Journal of Marketing, 64(3): 1-17.

Dahl D W, Hoeffler S. 2004. Visualizing the self: exploring the potential benefits and drawbacks for new product evaluation. Journal of Product Innovation Management, 21(4): 259-267.

Danneels E, Kleinschmidt E J. 2001. Product innovativeness from the firm's perspective: its dimensions and their relation with project selection and performance. Journal of Product Innovation Management, 18(6): 357-373.

Eisingerich A B, Rubera G. 2010. Drivers of brand commitment: a cross-national investigation. Journal of International Marketing, 18(2): 64-79.

Garcia R, Calantone R. 2002. A critical look at technological innovation typology and innovativeness terminology: a literature review. Journal of Product Innovation Management, 19(2): 110-132.

Gill T, Ma Z F, Zhao P, et al. 2021. How accessories add value to a platform: the role of innovativeness and nonalignability. European Journal of Marketing, 55(4): 1103-1129.

Goode M R, Dahl D W, Moreau C P. 2013. Innovation aesthetics: the relationship between category cues, categorization certainty, and newness perceptions. Journal of Product Innovation Management, 30(2): 192-208.

Han J K, Kim N, Srivastava R K. 1998. Market orientation and organizational performance: is innovation a missing link?. Journal of Marketing, 62(4): 30-45.

Hanaysha J, Hilman H. 2015. Product innovation as a key success factor to build sustainable brand equity. Management Science Letters, 5(6): 567-576.

Herzenstein M, Posavac S S, Brakus J J. 2007. Adoption of new and really new products: the effects of self-regulation systems and risk salience. Journal of Marketing Research, 44(2): 251-260.

Hoeffler S. 2003. Measuring preferences for really new products. Journal of Marketing Research, 40(4): 406-420.

Ma Z F, Gill T, Jiang Y. 2015. Core versus peripheral innovations: the effect of innovation locus on consumer adoption of new products. Journal of Marketing Research, 52(3): 309-324.

Ma Z F, Yang Z Y, Mourali M. 2014. Consumer adoption of new products: independent versus interdependent self-perspectives. Journal of Marketing, 78(2): 101-117.

Moliner-Velázquez B, Fuentes-Blasco M, Servera-Francés D, et al. 2019. From retail innovation and image to loyalty: moderating effects of product type. Service Business, 13: 199-224.

Radford S K, Bloch P H. 2011. Linking innovation to design: consumer responses to visual product newness. Journal of Product Innovation Management, 28(S1): 208-220.

Rogers E M. 2003. Diffusions of Innovations. 5th ed. New York: The Free Press.

Schwartz S H. 1992. Universals in the content and structure of values: theoretical advances and empirical tests in 20 countries. Advances in Experimental Social Psychology, 25: 1-65.

Shams R, Alpert F, Brown M, 2015. Consumer perceived brand innovativeness: conceptualization and operationalization. European Journal of Marketing, 49(9/10): 1589-1615.

Sharma P, Davcik N S, Pillai K G. 2016. Product innovation as a mediator in the impact of R&D expenditure and brand equity on marketing performance. Journal of Business Research, 69(12): 5662-5669.

van den Bergh J, Behrer M. 2016. How Cool Brands Stay Hot: Branding to Generations Y and Z. 3rd ed. London: Kogan Page.

Zolfagharian M A, Paswan A. 2009. Perceived service innovativeness, consumer trait innovativeness and patronage intention. Journal of Retailing and Consumer Services, 16(2): 155-162.

# 第6章 奢侈品牌建设与管理

王焕璋[1]

## 6.1 什么是奢侈品牌

全球奢侈品市场的增长激发了研究者的兴趣。奢侈品市场包括众多不同的类别，其规模相当大，2014年超过1万亿美元（D'Arpizio and Levato，2014）。这一全球现象的一个关键催化剂是许多亚洲市场上奢侈品消费的显著增加。此外，中国、印度和中东等新兴市场的需求增长，为整个奢侈品市场的增长提供了巨大动力（Kim and Ko，2012）。尽管历史上奢侈品牌营销在学术文献中只受到有限的关注（Berthon et al.，2009），但近年来关于奢侈产品和服务营销的研究有所增长。因此，现在是审视奢侈品牌整体文献的合适时机。正如库恩所观察的，科学本质上是一项共同活动，只有通过知识交流，互相验证，才能取得进步。为此，本书回顾了"奢侈品牌"的早期定义和测量方案。鉴于没有广泛接受的定义，作者提出了一个新的"奢侈品牌"定义。本书的另一个贡献是识别该领域中最有影响力的理论及其应用背景，并且根据Ko和Megehee（2012）发展的框架，回顾关键研究发现，以总结奢侈品牌营销的知识状态。最后，本书概述了未来研究的方向。

### 6.1.1 定义

就研究人员而言，遗憾的是没有一个被广泛接受的定义来界定什么构成一个奢侈品牌。例如，美国市场营销协会的术语字典中没有包含"奢侈品"、"奢侈品牌"或"奢侈品市场营销"的定义。然而，许多学科的学者试图定义什么是奢侈品牌，却没有达成明确共识。尽管一些符号学学者争论说存在某些跨学科和时代一致的"奢侈品代码"，但在构成奢侈品品牌的定义上存在许多挑战，包括奢侈品是一个相对概念（Mortelmans，2005）以及对于"奢侈品"构成的看法随时间波动（Cristini et al.，2017）。这些和其他挑战导致Miller和Mills（2012）指出以前的研究特征是，"……在定义、操作化和奢侈品牌测量方面缺乏明确性"。

---

[1] 王焕璋，博士，讲师；江南大学质量品牌研究院主任；
研究方向：顾客资产，消费者行为，品牌指数。

这一观察与之前研究者对奢侈品营销更精确的定义的呼吁一致（Berthon et al., 2009）。进一步声称，尽管奢侈品本身并非固有的主观构造，但奢侈品的定义和测量高度主观（Godey et al., 2012）。因此，定义什么是奢侈品牌并测量某一品牌在何种程度上是奢侈品牌既有可能也是可取的。

这里的目标是审查"奢侈品牌"的先前定义，并评估那些在发展新的、普遍适用的定义中有用的定义。为此，我们检查了满足三个关键标准的定义。首先，定义应基于健全的概念基础，如同一般学术定义的特点。其次，定义必须广泛适用于一般奢侈品牌，而不仅仅是子集，如仅限于产品或服务，或一个产品类别（如时尚商品或汽车）。最后，理论定义应能以某种方式被操作化，允许构造被测量。

即使排除了因为诸如仅关注时尚产品或缺乏概念框架而不满足标准的定义，我们也发现了奢侈品牌的各种定义。这种定义上的混乱存在多个原因，包括方法、术语和维度的变化（Miller and Mills, 2012）。这些不一致反映了 Heine（2012）的观察，"实际上关于奢侈产品和品牌的定义并没有共识"。

现存文献主要基于消费者感知和/或管理层确定的维度（如营销活动和产品属性）来定义奢侈品牌。所有这些定义至少都有一个共同点，即它们使用多个维度（从两个到十个）来定义奢侈品牌。某些维度在多个定义中存在，如高质量稀有性、高定价和高水平的美学。

基于对文献的审查，作者认为一个品牌是否被认为是奢侈品最终取决于消费者对该品牌的评价。尽管采取某些战略措施，如高定价或优质，可以增加一个品牌被消费者视为奢侈品的可能性，但这些行动并不一定能够形成一个奢侈品牌，除非消费者将其视为如此。因此，本书提出以下理论定义的奢侈品牌，即奢侈品牌是一个品牌产品或服务，消费者能够感知到：①高质量；②通过所需的功能或情感益处提供真正的价值；③在市场上拥有基于工艺、手艺或服务质量等品质建立的声望形象；值得高价购买；④能够激发与消费者的深层次连接或共鸣。

### 6.1.2 如何理解奢侈品牌消费

解释奢侈品消费动机的理论多种多样，尽管这些理论对于理解奢侈品消费的动机各有不同的贡献，但它们在本质上都是具有社会性的。最古老且可能最受欢迎的理论是韦布伦（Veblen, 1899）提出的显性消费。韦布伦认为，个体以高度可见的方式进行消费，以向他人展示财富，从而使他人推断出其地位和权力。莫斯（Mauss, 1954）将显性消费与赠礼联系起来，发现为了在"声望经济"中获得地位，人们进行了看似不理智的礼物交换。这些早期的工作对信号理论产生了影响，信号理论认为个体可能参与到表面上看起来因社会声望而获得相关好处的昂贵行为中。使用韦布伦的理论研究，如 Bearden 和 Etzel（1982）发现，公开消费的奢侈品更可能具有显性特质。许多测量方案已将显性作为消费奢侈品牌的关键维度之一（Vigneron and Johnson，2004）。

社会比较理论是另一个在奢侈品消费动机中普遍存在的理论，它关注他人的推断和感知。社会比较理论以多种方式被用来解释不同类型的奢侈品消费动机。例如，Mandel 等（2006）进一步研究发现，社会比较不仅影响个人的自我满足感，还影响人们对奢侈品牌的偏好。Kamal 等（2013）在探讨社交媒体营销与奢侈品领域的研究中同样运用了社会比较理论，这充分展示了该理论在学术文献中的广泛适用性和影响力。

自我概念理论为学者提供了另一个独特的视角，用以深入分析奢侈品消费行为。个人的自我概念与其对自身的感知紧密相连，进而成为推动奢侈品消费的一个重要潜在动机。奢侈品牌通过消费者拥有或赠送其产品，能够提升消费者的自我感受，从而吸引并强化他们的自我概念。最新的研究进一步揭示，个人的自我概念倾向对其偏好特定类型的奢侈品消费具有显著影响。具体而言，Kastanakis 和 Balabanis（2012）的研究发现，拥有相互依赖型自我概念的消费者更倾向于参与跟风式的奢侈品消费，而拥有独立型自我概念的消费者则倾向于抑制此类行为。此外，消费者文化理论，尤其是 Arnould 和 Thompson（2005）提出的扩展自我概念，为众多研究者在这一领域的探索提供了有力的理论支撑。

## 6.1.3 奢侈品的价值

个体通过消费奢侈品牌来向他人展示自身地位的想法，是该研究领域中最古老的观点之一。随着时间的推移，研究者们还逐渐发现，消费奢侈品牌不仅能够彰显消费者的社会地位，还能传达其身份的多个方面，尤其是他们的价值观。众多研究已经深入探讨了个人价值观、文化价值观，以及特定社会群体所特有的价值观如何对奢侈品消费产生影响。相关文献表明，无论是出于彰显地位还是表达价值观的目的，奢侈品消费都允许消费者向社会中重要的人物表达自我，并有可能提升他们的身份认同。

基于社会比较理论，Mandel 等（2006）提出了一个假设：与成功人士进行比较可能会促使消费者设想自己达到相似的成功境界，进而改变他们的未来期望，并增强他们选择奢侈品牌的倾向。通过一系列以报纸描述他人成功故事为实验材料的针对学生群体的研究，作者找到了支持其假设的证据。此外，他们还发现，与成功人士进行比较所产生的效应会受到个体能否将自己代入并想象处于所描述角色相似情境的能力的调节。

在一系列实验中，Han 等（2010）发现地位是驱动奢侈品消费的关键动机，同时财务能力也扮演着重要角色。基于这两个维度，作者划分了四个消费群体：贵族（高财务能力、低消费声望需求），暴发户（高财务能力、高消费声望需求），装饰者（低财务能力、高消费声望需求）和无产者（低财务能力、低消费声望需求）。这项研究有力地验证了地位动机是奢侈品偏好背后的关键基础性因素。

在针对超过 1300 名台湾消费者的广泛调查中，Hung 等（2011）深入探究了社会影响、自我感知以及虚荣心对消费者购买奢侈手包意向的影响程度。研究结果显示，以显著性和声望价值为衡量标准的社会影响与购买奢侈品牌的意向呈正相关关系。此外，作者还发现，功能性和体验性的自我感知价值对购买奢侈品牌意向具有正面促进作用，而象征性价值则与购买意向呈现出微弱的负相关关系。

Kastanakis 和 Balabanis（2012）通过对 431 名英国消费者的深入调查，考察了包括自我概念、地位导向的消费、消费者对规范影响的敏感性，以及消费者对独特性需求在内的多种心理因素对"跟风奢侈消费"行为的影响。作者指出，与以往认为消费者因追求独特性和稀有性而购买奢侈品的传统观念不同，近期证据显示许多奢侈品牌已成功实现了大规模市场化。研究结果显示，强烈的相互依赖型自我概念、消费者对人际影响的高度敏感性，以及通过消费来展示地位的强烈愿望，均与跟风奢侈消费行为呈正相关关系。

Shukla 和 Purani（2012）通过在印度和英国进行的商场拦截调查，揭示了价值观念在奢侈品购买意向中的核心作用，并发现了显著的跨国差异。在英国，消费者在构建奢侈品观念时，高度重视自我指向和他人指向的象征性/表达性价值，同时也看重功利性/功能性价值和成本/牺牲价值。相比之下，印度消费者则更侧重于他人指向的象征性/表达性价值和成本/牺牲价值。这些研究结果表明，在个人主义主导的市场中，消费者可能较难通过奢侈品消费来准确反映其自我形象，因为奢侈品往往承载着更多的社会认可功能，这在集体主义文化中却尤为明显，奢侈品被视为实现社会认同的一种手段。

Park 等（2008）针对 319 名韩国学生开展了一项调查，聚焦于个人价值观和社会认可对韩国年轻消费者购买外国奢侈品牌意向的影响。该研究综合考量了个人价值观、社会认可、购买意向以及多种人口统计特征。调查结果显示，个人价值观与购买意向之间存在着显著的相关性，这反映出许多韩国年轻消费者倾向于通过购买奢侈品牌来彰显他们的个人价值观。此外，研究还发现物质主义倾向、从众心理以及对独特性的追求与购买意向呈正相关，而消费者民族中心主义则与购买意向呈负相关。

Gil 等（2012）针对巴西青少年的奢侈品观念是否与巴西其他人口群体不同做了相关调查。调查结果表明，青少年对奢侈品牌的向往有着独特的动机，其中物质主义是塑造他们对奢侈品牌积极态度的强大力量。此外，对财富和物质拥有的渴望与社会消费动机呈正相关，这意味着针对青少年的营销策略应聚焦于奢侈品牌所代表的物质主义和社会地位。Gentina 等（2016）通过对 570 名法国和美国青少年的调查，探讨了两国青少年之间的文化差异。他们发现，对独特性的需求和易受他人影响的特点与两组青少年对奢侈品牌的态度均呈正相关。然而，对独特性的需求在美国青少年的奢侈品牌态度中发挥了更大的作用，而易受他人影响的特点则在法国青少年中发挥了更大的作用。

显然，地位和价值观在奢侈品消费中的作用是一个重要话题。奢侈品牌的吸引力核心在于消费者赋予它们的象征意义，而不仅仅是特定的产品特征（Han et al.，2010）。这种象征意义不仅深刻影响着消费者个体，而且文献普遍强调社会影响、与他人的比较以及向外界展示特定形象的愿望在其中的重要性。

### 6.1.4 奢侈品牌管理

此前讨论的研究主题集中于为什么个体消费奢侈品，然而，另一个重要的研究领域探讨了企业如何管理奢侈品牌。关于奢侈品牌管理的一些子主题包括构建品牌资产的最佳方式、奢侈品牌的定价策略、市场细分策略，以及社交媒体营销。这些研究主题受到了相当多的关注，并旨在帮助奢侈品牌经理有效地建立他们的品牌。

在 Kim 等（2021）针对奢侈时尚品牌所开展的一项研究中，研究者深入探讨了物质主义、体验需求以及时尚参与度如何影响客户资本。借助一项精心设计的调查，他们揭示出体验需求与时尚参与度与消费者对奢侈品的态度之间存在着显著的相关性，而物质主义因素则未显示出这种关联。此外，研究还进一步指出，消费者对奢侈品牌所持有的正面态度与其客户资本之间呈现出正相关的关系。基于这些发现，Kim 等认为，这一结果表明年轻的韩国女性消费者倾向于通过选购奢侈品牌来彰显和表达她们的个人价值观与理念。

与奢侈品牌管理相关的一个重要问题是定价，包括如何为奢侈品定价以及是否在零售环境中显示这些价格。在一项涵盖 7 个国家消费者和 21 个产品类别的奢侈产品的研究中，Kapferer 和 Laurent（2016）考察了消费者对奢侈产品的最低价格期望。他们发现消费者对奢侈产品的最低价格期望分布极其分散，表明"昂贵"和"奢侈"在全球经济中是相对概念。结果还表明，奢侈品牌的管理者在定价时应考虑他们的目标市场，因为适宜的价格水平似乎在很大程度上取决于特定的消费者群体和产品类别。在确定了产品价格后，品牌管理者还必须决定是否在零售环境中显示价格。传统观念往往认为，公开价格可能会对品牌形象产生不利影响。然而，Parguel 等（2016）提供了与这个假设相反的实验证据，表明价格显示实际上可能对品牌感知有积极影响，因为它能够增强品牌的独特性和显著性。

来自一项调查的结果表明，消费者存在跨国并稳定的市场细分，并且通常以这四种生活方式细分："信息搜索者"、"求新求变者"、"实用消费者"和"显性消费者"。这些细分在市场中有相似的时尚生活方式偏好和相似的消费行为模式。在对运动服市场的后续研究中，Ko 和 Megehee（2012）进一步支持了跨国市场可以针对奢侈时尚产品的目标细分的想法。

Stokburger-Sauer 和 Teichmann（2013）通过在德国进行的四项实验，关注性别在奢侈品牌市场细分中的作用。他们发现，平均而言，女性对奢侈品牌的态度明显比男性更积极。女性还更加关注品牌的多个方面，如质量、独特性和社会价值。

更多研究的关注点是奢侈品牌如何有效地使用社交媒体。Kim 和 Ko（2010）调查了路易威登产品的韩国消费者，发现奢侈时尚品牌社交媒体营销具有五个关键属性：娱乐、定制、互动、口碑和时尚性。娱乐对于建立与客户的亲密关系和客户的购买意向有显著的正面效果。其他正面效果包括定制对客户信任的影响，互动对客户购买意向的影响，口碑对客户购买意向的影响，以及时尚性对客户信任的影响。在后续的研究中，Kim 和 Ko（2012）在首尔通过商场拦截调查，验证了相同的维度。他们还发现，虽然传统的营销活动直接吸引产品的实际价值，但奢侈品牌的社交媒体程序更多地关注通过间接品牌体验达到的享乐价值。由此，作者得出结论，社交媒体营销的五个属性对奢侈品牌的客户都是有影响力的，并且也是客户资本的驱动因素。Kamal 等（2013）通过对美国和阿拉伯学生（迪拜）的调查，探究了社交媒体用户的物质主义水平与其购买意向之间的关系。作者发现，阿拉伯受访者展现出比他们的美国同行更高的物质主义水平和更多的社交媒体使用频次，并且在两个国家都存在社交媒体使用与物质主义之间的显著关系。最终，作者发现，物质主义显著增强了两国消费者奢侈时尚品购买意向，表明社交媒体在吸引物质主义倾向的消费者购买奢侈时尚品方面通常是有效的。

Chu 等（2013）还探讨了社交媒体广告的接触是否与奢侈产品的购买意向相关。根据来自超过 300 名美国大学生的样本结果发现，用户对社交媒体广告的态度与奢侈产品广告的购买意向正相关，表明社交媒体广告对奢侈产品具有强大的影响力。

总之，关于奢侈品牌营销的现有研究表明：①体验和时尚参与度正向影响了消费者对奢侈品牌的态度，进而推动了品牌资产；②消费者对奢侈品的感知在不同市场存在巨大差异；③如果执行恰当，社交媒体可以用来构建品牌形象并增强购买意愿。

## 6.2 数字时代下的奢侈品牌管理

### 6.2.1 奢侈品牌在数字时代面临的挑战

在数字时代的浪潮中，商业环境正经历前所未有的变革，其复杂性和不可预测性日益凸显（Kindermann et al., 2021；Lee and Trimi, 2021）。全球约90%的企业预计，数字技术将深刻影响并重塑其业务运营模式（Kane et al., 2015）。与此同时，消费者正迅速适应技术进步，将日常活动融入数字化浪潮中（Fernandes and Oliveira, 2021；Gomes et al., 2022；Jeong et al., 2023），尤其在新冠疫情期间，许多公司开发了无接触购物环境（Kim et al., 2021）。即便在此之前，生活场景越来越多地在家中完成，从而促使顾客采用支持居家的新技术（Sheth, 2020），以及导致互联网和社交媒体使用的剧增（Mehta et al., 2020）。但是，许多企业和品牌仍然迫切希望通过数字平台与顾客建立联系，以弥补因缺乏面对面互动而产生的空白（Lee S M and Lee D, 2020）。因此，引入无接触品牌体验已成为企业和品牌开展营销活动的新常态，以适应数字时代的需求和消费者的期待。

随着数字技术的迅猛发展，顾客在技术使能环境中花费的时间显著增多（Larivière et al., 2017；Chung et al., 2020；Lee and Trimi, 2021）。商业领域也逐步向数字连接服务转型（Birch-Jensen et al., 2020）。到2021年，59%的欧盟企业使用了至少一种形式的社交媒体。数字时代的商业环境快速变化（Lee S M and Lee D, 2020），其变革的规模和速度远远超过传统领域。在线互动影响了80%的时尚行业销售，到2025年五分之一的奢侈品销售将在线上进行。实际上，技术驱动的环境显著改变了顾客行为（Sheth, 2020），而社交媒体作为影响人们生活方式变化的广泛的工具之一，其影响力尤为显著（Godey et al., 2016；Lien and Cao, 2014；Shamim and Islam, 2022）。随着社交媒体日益普及，品牌持续探索新的互动方式，旨在接触和吸引其顾客群体（Godey et al., 2016）。

学者深刻认识到将技术整合到营销活动中的重要性，特别是探究了在奢侈品牌中数字使能的多方参与者服务体验（Holmqvist et al., 2020）、自动化技术驱动因素（Fernandes and Oliveira, 2021）、消费者对基于技术服务的接受度（Cruz-Cárdenas et al., 2021），以及技术、员工和顾客在营销活动中所扮演的角色（Larivière et al., 2017）。这些研究共同揭示了先进数字技术如何深刻影响并驱动着现代营销活动的发展。

### 6.2.2 人工智能与奢侈品牌管理

随着客户在数字环境中花费的时间越来越多，品牌正在向数字服务转型。技术进步现在允许虚拟服务代理或电子服务代理通过实时互动增强客户体验并满足客户期望（Hagberg et al.，2016）。电子服务代理，尤其是聊天机器人代理，作为一种新颖且有趣的方式来满足客户，与一般线下服务代理（Lowry et al.，2009）提供的服务类似，它们在传统上对于服务交换的成功起着决定性作用（Bailey and McCollough，2000）。它们不仅代表了品牌，更增强了客户与品牌关系（Fionda and Moore，2009），提供了有用的信息，并给客户带来了个性化参与和愉快的整体购物体验（Kim and Ko，2012）。实际上，服务代理仍然影响87%的店内购买决策，而77%的消费者倾向于从熟悉的销售人员那里购买。

品牌经理和营销人员努力提供深入、强烈和有形的体验，以增强消费者对品牌相对于竞争对手的偏好。当服务代理与客户之间的互动满足客户期望时（Kang，2006），结果很可能是较高的客户满意度和忠诚度、积极的口碑、强烈的购买意愿，并最终增加公司利润（Reynolds and Beatty，1999）。代理倾向于为客户提供关于当前流行趋势和定制化选项的详尽信息；他们不仅协助解决客户遇到的问题（Locker，1995），还致力于为客户节省时间，确保信息的准确无误，提供值得信赖的建议，并传递亲社会的正面效益（Holzwarth et al.，2006）。

传统的服务代理互动涉及客户和员工直接的面对面互动，但社交网络现在正在满足客户对即时反应的需求，超出了实际设施的范围。使用过在线和线下服务的客户发现在线服务是更有效的、可访问的，且能够节省时间和成本。数字服务和数字营销渠道的拓展为品牌提供了满足客户的新机会（Calantone et al.，2018；Correa et al.，2010）。奢侈品行业通过采用提供24小时客户服务的聊天机器人等在线聊天系统跟随这一趋势（Dhaoui，2014；Godey et al.，2016），以满足消费者日益增长的需求。这项研究还探讨了电子服务代理如何影响高端SPA以及使用聊天机器人进行电子服务的奢侈时尚品牌与消费者的沟通质量和整体客户满意度。

聊天机器人的概念非常符合奢侈零售品牌提供优质服务的价值观，这是愿意支付更多费用的消费者所期望的。聊天机器人通过确保随时随地提供个性化服务来提升服务质量。

### 1. 人工智能客服与奢侈品牌管理

服务代理是解决客户问题的关键，并通过积极的言语和非言语互动唤起购买行为（Bailey and McCollough，2000；Godes et al.，2005）。诚实、友好、真实的销售员/客户关系对于确保客户和服务代理都有积极的体验（Bailey and McCollough，2000；Gautam and Sharma，2017；Reynolds and Beatty，1999）。

随着数字营销和人工智能技术的飞速发展，全球化进程中的品牌正在转向在线世界，以更好地与受众连接，与此同时，服务代理的角色也正在发生变化。随着人工智能的改进和数字营销变得更加重要,不同行业的公司,如保险、银行、零售、旅游、医疗和教育,都在成功使用通过桌面界面协助客户的机器人虚拟角色。聊天机器人是虚拟对话服务机器人的一个例子,它可以提供人机交互的功能(Lee and Choi,2017)。

新技术工具允许公司同时满足客户期望、实现公司目标和创造价值。电子服务代理作为全天候待命的个人助理,对于构建和维护关键的客户关系至关重要。它们能够极大提升客户时间的利用效率,并深化对产品性能的理解(Lee and Choi,2017)。随着精准度的不断提升,用户得以沉浸在与虚拟代理之间智慧且富有社交性的对话体验中(Godey et al.,2016)。正因如此,诸如博柏利、路易威登、汤米·希尔费格、李维斯、H&M及eBay等时尚界领军品牌,均已敏锐地洞察到电子服务代理所展现出的广阔前景及其日益攀升的受欢迎程度。鉴于电子服务代理在推进相关文献和营销沟通实践中的巨大潜力,目前关于这一领域的研究有限,因此我们致力于通过研究电子服务代理为该领域的发展做出贡献。

**2. AI客服的营销努力**

电子服务代理可以提供影响决策过程的基本营销努力(Gautam and Sharma,2017)。在客户与销售员互动中,销售员通过展示深切的同理心和倾听客户的担忧与需求来增强客户的信任感(Aggarwal et al.,2005)。这种营销努力对于必须交换有关定制时尚趋势或定制服务的信息的时尚品牌尤其重要。电子服务代理可以通过为客户提供便捷的产品信息访问途径来减少与时尚品牌的物理和时间距离。电子服务代理的数字化研究根据互动、娱乐、定制、流行趋势、创新性和解决问题的维度测量了IT服务质量和社会化网络服务(social network service,SNS)活动(Kim and Ko,2012)。此外,社交媒体营销努力表明,互动、娱乐、定制、流行趋势和口碑可以增强品牌资产并增加客户反应(Godey et al.,2016)。然而,关于电子服务代理的研究相对较少,特别是关于与品牌的在线沟通。我们旨在通过探究互动、娱乐、流行趋势、定制、解决问题、通信质量和满意度作为电子服务代理背景下的营销努力来填补这一空白。

*1)互动*

品牌代表需展现礼貌、乐于助人和值得信赖的品质,以确保与客户的互动保持积极(Dabholkar et al.,1996)。客户在与销售人员交流时,主要期望节省时间、获取专业建议、感受被重视、享受交流过程并简化购买流程(Holzwarth et al.,2006)。

随着科技的进步,品牌现在能够借助社交媒体平台以更加灵活的方式与客户互动,从而构建和深化客户关系,并传递有价值的信息(Kim and Ko,2010)。因此，客户与虚拟服务代理的互动体验，在很大程度上，已经与他们在现实世界中与人类代理的互动体验相媲美。这些互动不仅有助于影响客户的购买决策，还能帮助客户节省时间、收集专业建议，甚至获得一种虚拟的社交满足感（Holzwarth et al., 2006）。

2）娱乐

成功的公司知道将娱乐融入日常工作场所的实践和服务中。娱乐作为一种享乐方式，通过传递有用且有效的信息，显著增强了消费者对数字工具（如移动互联网和社交媒体）的价值感知和采纳意愿（Muntinga et al., 2011）。例如，博柏利创作的视频，灵感源自电影 *Billy Elliot*，不仅富含视觉信息，还极大地激发了客户的兴趣，并深化了客户与品牌之间的情感联系。因此，享乐、乐趣和放松成为决定客户是否对虚拟服务代理做出积极响应的关键因素（Godey et al., 2016; Muntinga et al., 2011）。

3）流行趋势

许多客户希望获得当前品牌和产品的相关信息，以确保产品适当地传达他们时尚的生活方式（Muntinga et al., 2011）。因此，他们会使用社交媒体搜索新产品，了解当前趋势并查阅其他用户的评论（Godey et al., 2016）。他们渴望获取最新资讯，并热衷于搜索热门话题，以发现符合他们喜好的新产品。尽管实体店销售人员曾经是关于时尚趋势的主要信息来源，但技术变革使在线和实体体验能够无缝融合，共同为消费者提供全方位的服务。

4）定制

定制是指修改、个性化和调整产品以满足个人偏好的过程（Wang and Li, 2012）。定制服务能够满足个人偏好，建立更强的品牌亲和力，并能确保忠诚度（Godey et al., 2016; Perna et al., 2018）。奢侈品牌会提供针对特定客户需求和愿望的产品和服务，而不是试图吸引大众。例如，古驰向目标客户发送个性化在线消息，介绍定制产品。现在，虚拟代理可以通过直接聊天为目标客户提供定制帮助。

5）解决问题

鉴于正确的处理方式通常决定了零售服务的感知，零售品牌助理时常接受专门培训，旨在迅速并真诚地应对客户投诉、退货和换货等问题（Dabholkar et al., 1996）。因为对质量期望未获满足的客户通常会感到愤愤不平，降低对产品和品牌的评价。

6）通信质量

为了确保客户能够感知到他们所经历的通信是高质量的，并对此传递的信息产生积极反应（Maltz，2000），通信交换必须契合人类通信中的核心要素（Mohr and Sohi，1995）。我们的假设与研究机器人代理（如推特上的代理）的文献相一致，即高质量的通信依赖于准确性、可信度以及能力这三个关键方面。

当通信内容准确无误时，客户会信赖其可靠性和完整性（Barry and Crant，2000；Mohr and Sohi，1995）。而当他们与沟通者建立起良好的关系时，他们会认为信息是值得信赖且具有说服力的（Yuan et al.，2016）。换言之，客户必须感受到计算机媒介的沟通者是在倾听他们的关切，能够精准地诊断他们的问题，并提供恰如其分的信息来满足需求（Clokie and Fourie，2016）。

为了确保在竞争激烈的市场中保持独特的地位，奢侈品牌必须制定与其核心品牌形象相契合的沟通策略（Liu et al.，2012）。为了激发消费者对亲密感、理解度和通信质量的积极感知，品牌与消费者之间的互动必须保持流畅、准确且完整（Emmers-Sommer，2004；Maltz，2000；Mohr and Sohi，1995）。当信息传递既有效又展现出能力、可信和专业的特性时，消费者将给予"沟通者的可信度"以高度评价。因此，在在线互动的背景下，我们特别关注准确性、可信度和通信能力这三个关键属性，以衡量通信质量。

7）满意度

当客户发现产品或服务满足或超过他们的积极期望时，就会产生满意度，特别是奢侈品牌产品所激发的期望在于产品能够如其承诺般出色地履行功能，进而形成购买意图。对于在线客户而言，满意度可能表现为他们选择继续使用特定网站而不转向其他零售商。

### 6.2.3 如何使用人工智能客服提升奢侈品牌管理

#### 1. 电子服务代理的营销努力与通信质量

为了准确、省时地提供信息和悖论性社交效益（Holzwarth et al.，2006），服务代理必须提供丰富、专业、强烈和高效的沟通，尽量使用少量的词语和符号（Barry and Crant，2000）。良好的服务代理与客户沟通时会关注客户对流行趋势、定制和解决问题的需求（Locker，1995）。以客户为中心的销售人员能够灵活应对客户需求，因此最有可能建立积极的客户关系，这不仅降低了双方交易的不确定性，还促使高效的信息搜索，使客户在互动过程中能够获得愉悦的体验（Haas and Kenning，2014）。进一步而言，这种愉悦感还激发了客户继续使用技术的意愿。也就是说，如果客户要通过虚拟服务代理和社交媒体获取与品牌相关的信息，他们就必须在这一过程中享受到乐趣并获得满足感（Muntinga et al.，2011）。

与服务代理类似，电子服务代理对于增强客户与品牌的关系至关重要。品牌营销人员使用在线通信建立积极的客户关系，增加利润，并向客户传递产品和服务信息（Kim and Ko, 2012）。如果消费者要感知到高质量的沟通，他们与服务代理的在线关系必须是流畅、令人满意、及时、有效和准确的（Maltz, 2000; Mohr and Sohi, 1995）。

奢侈品牌研究发现，互动营销积极影响客户与品牌的关系（Godey et al., 2016）。其中，一种互动方法是通过在线社交媒体加强与客户的联系，获取信息、传递品牌个性，并分享关于新产品的意见。为了帮助奢侈品牌更好地了解在与客户沟通哪些因素至关重要，我们特别聚焦于奢侈品牌电子服务代理的角色，并认为电子服务代理可以执行与通信质量相关的营销努力，而这需要高度的准确性、可信度和专业能力。

**2. 通信质量与满意度**

当销售人员传达可信赖、有用、即时和有深度的产品信息时，更有可能增加客户满意度。这样的信息减少了消费者的不确定性，促进了对服务代理的正面看法，激发心理联结和满意度，进而增强了消费者购买高价品牌以及再次购买的意愿。

Twitterbots（推特机器人）在提供可信通信和客户满意度方面，其表现可媲美人类代理，但它们依赖数字工具和计算机介导的通信手段来传递信息（Lowry et al., 2009）。例如，时尚品牌正运用聊天机器人作为电子服务代理，与客户进行互动，迅速响应客户问题，并提供广泛且深入的信息，旨在降低不确定性并提升客户满意度。然而，与人类代理相似，奢侈品牌所使用的聊天机器人代理也必须确保信息的准确性、可信度和高效能。

### 6.2.4 元宇宙中的奢侈品管理

尽管之前面临新冠疫情的严峻挑战，奢侈品牌的收入却仍展现出稳健的增长态势。世界上最大的奢侈品牌酩悦·轩尼-诗路易·威登（Louis Vuitton Moët Hennessy，LVMH）报告称，2022年上半年LVMH的收入达到367亿越南法郎，与2021年同期相比增长了28%。尽管元宇宙是一个未知的领域，但奢侈品牌自愿接受新的技术平台和渠道，并在数字环境下将与用户的互动推向虚拟世界。例如，Zepeto是一个定制虚拟形象和构建虚拟世界的应用程序和社交网络平台，它与古驰建立了合作关系。有了Zepeto，用户可以将自拍变成三维动画化身，在一个名为"Zepeto世界"的虚拟环境中与其他用户互动。通过与古驰的合作，用户可以在应用中直接购买品牌系列商品，为自己的虚拟形象添置心仪物品。通过合作，用户可以交互式地探索古驰别墅区域，并为他们的 Zepeto 三维化身穿上该品牌最新系列的服装。古驰、博柏利和巴黎世家已经在虚拟世界中声名鹊起。在新冠疫情期间，消费者经历了抑郁和焦虑等负面情绪，因而会通过犒赏自己来缓解这些情绪压力。奢侈品牌的报复性消费被视为补偿性消费之一，这一点从新冠疫情后奢侈品牌市场销量的增长中得到了印证。

在新冠疫情之后，由于 web 2.0 的限制，企业需要更高效的平台以应对挑战。事实证明，虚拟世界的虚拟生态有助于提供适合因疫情而改变的消费者生活方式的商品和服务。鉴于新冠疫情导致的销售放缓，奢侈品公司更加贴近客户，并努力过渡到能够实现可持续发展的新商业模式。在此背景下，奢侈品牌正加速推进其数字议程，与熟悉这项新技术的下一代消费者建立紧密联系。

购买商品的平台已经转向互联网、移动设备和虚拟世界。技术的进步给消费者体验带来了变化（Kim et al.，2021）。在这种新环境下的消费者体验是预测消费者行为的重要变量（Jeong et al.，2023）。然而，关于虚拟世界提供的内容的特征和消费者体验的研究才刚刚开始。了解客户体验如何影响接受度对于消费者采用新技术创新的决策过程至关重要（Barrera and Shah，2023；Kim et al.，2021）。此外，奢侈品牌的购物体验与消费者情绪之间的关系也很重要。随着奢侈品牌消费者的年轻化，通过有效的内容去创造引人入胜的虚拟空间品牌至关重要。因此，为了有效地利用虚拟环境和管理消费者体验，识别和衡量虚拟体验是至关重要的（Barrera and Shah，2023）。

随着数字技术的飞速发展，奢侈品牌利用互联网，社交媒体和元宇宙技术，为品牌可持续发展创造新价值。在这一过程中，消费者体验品牌并与品牌互动，共同参与并塑造品牌价值，而创造这种价值的一个关键因素是情感体验。

传统的消费者行为理论强调消费者的理性、认知和信息加工的功能性利益。然而，Holbrook 和 Hirschman（1982）认为仅仅基于信息加工的理性消费并不能解释消费。他们认为消费者在消费产品内在价值的同时，还应该有感官、审美、乐趣、幻想、情感等主观体验。这一理论视角帮助我们理解现有信息处理视角所描述的消费者行为（Holbrook and Hirschman，1982）。另外，还有很多关于各种形式的消费者体验的研究，包括情感和感官方法，以及产品、品牌和服务体验等。

Pine 和 Gilmore（1999）提出了体验经济的概念，强调在消费过程中创造难忘体验的重要性。随后，Schmitt（1999）提出了"感觉、感觉、思考、行动和联系"的整体体验概念。Brakus 等（2009）提出了由刺激物（如品牌相关设计、独特性、包装、传播和环境）产生的感官、情感、智力和行为体验。这些体验不仅影响消费者对品牌的认知，还深刻影响着他们的购买决策和忠诚度，近些年，消费者体验被认为是影响新技术采用的关键因素之一（Kim et al.，2021；

Barrera and Shah，2023）。其中，采用是充分利用创新的决定，因为它被认为是可用的最佳行动方案，而拒绝是拒绝采用创新的决定。另外，罗杰斯在《创新的扩散》一书中将扩散定义为一项创新在一段时间内通过各种渠道在一个社会系统的成员之间进行分配的过程。他还将创新决策过程描述为一种信息寻求和信息处理活动，通过这种活动，个人评估创新的利弊，以减少不确定性。创新决策过程有五个阶段：认识、说服、决策、实施和确认。在了解和说服阶段，消费者体验是至关重要的。

消费者体验有助于减少不确定性，从而促使消费者做出最终决定。消费者在决定是否采用一种新产品的过程中，不仅要考虑大众媒介，还要考虑口碑、个人偏好和经验等个人因素。Jain 和 Neelamegham（1999）认为，消费者的情感因素如满意、快乐和悲伤等会激发他们分享个人经历的欲望。因此，消费者对采用或接受新信息系统的态度是系统成功的有力指标。综上所述，通过使用诸如元宇宙等工具的创新扩散来瞄准消费者体验是必要的（Barrera and Shah，2023）。

虚拟世界提供的沉浸式体验不同于以前的技术（Kozinets，2022）。沉浸被定义为通过审美的感官参与。当消费者全神贯注于描绘幻想的图像、声音和文字时（如精心制作的时装秀、周围有详细的背景音乐，或者 Zepeto 的高度描述性的产品），这种情况就会发生在被动逃避主义中。

虚拟世界的一个显著特征是以虚拟形象的形式来展现用户。虚拟形象为社交互动提供了锚点，有助于让用户产生沉浸感、身份感、高度的相互意识和社交便利。因此，当消费者在虚拟系统中获得更多的沉浸感时，他们就更有可能在中介环境中感到真实的存在（Kozinets，2022）。然后，虚拟环境更有可能在决定消费者反应方面主导物理现实。

消费者体验不再是一维的而是多维和多元的（Hoffman and Novak，1996）。在虚拟世界中，Zepeto 用户可以在 360 度的环境中体验奢侈品牌产品、品牌文化。换句话说，如果消费者有良好的沉浸体验，他们更有可能继续使用元宇宙系统，因为这样可以暂时逃离现实生活和消费，使其能够放松。

消费者研究领域深入探索了涵盖幻想的多种消费场景，同时也考察了消费者在消费活动中以及针对消费对象展现想象力的具体实践。这一研究领域将幻想与日常生活中潜在的可能性领域及协商过程紧密相连。幻想通过与现实元素的互动和协商得以体现。在消费者研究中，幻想作为当代消费文化中既有趣又充满想象力的重要组成部分，其重要性早已受到广泛关注。

当受访者感到自己处于知情状态时，情绪对判断的影响会更为显著。当感知代表了一个待评估的对象，也就是说，当人们觉得这种感知是从目标本身发出并反映了其基本特性时，它便能提供更有价值的信息。对于那些以愉悦或体验动机为主导的消费者而言，偶然产生的情绪状态，相较于那些以公理或工具动机为主导的消费者，会产生更大的影响力。这可能是因为情绪感受被认为与评估体验目标是否可能实现有着更为紧密的关联。情感在消费者决策中的重要作用已经得到了广泛认可，并且被认为对消费者的反应具有深远的影响。

在讨论乐趣和"funology"的含义时，Dix-Carneiro（2014）将乐趣与其他相关概念，如"享受、幽默、愉悦和有趣"进行了对比，由于无法有效区分它们，他得出结论："我们都能区分乐趣和 funology，这意味着尽管我们可能无法完全阐明它们之间的差异，也无法给出精确的定义，但仍然有一些与众不同的东西"。乐趣作为消费的预期结果可能与体验观更相关，体验观在解释体验经济中的消费者行为时强调了享乐和感官现象。尽管以享乐和感官为中心的体验观点已经被认为是在几个领域研究消费者行为的一种补充方法，但从消费者的角度来看，消费的许多感官和/或享乐内涵尚未被定义和衡量。从用户和消费者的角度来看，因为乐趣是一种感知或体验，当用户消费具有更多享乐价值（Chung et al.，2020）而不是功能价值的产品时乐趣可能特别有用。基于这些来自文献的含义，在本书中，乐趣被定义为一个对象的享乐价值的组成部分，一种为消费者带来期望的感官结果。

幸福可以是个体频繁体验积极情绪和不频繁体验消极情绪的倾向，是快乐的个人体验，满足和/或积极的幸福感，以及一个人生活美好的感觉。幸福与情绪和心情密切相关，但与幸福不同的是，情绪和心情是暂时的状态，而幸福被概念化为持久和稳定的。Schimmack 和 Diener（1997）揭示了对幸福的情绪强度的预测并不高于积极情绪的频率。传统观点认为，积极情绪代表着健康和幸福，而"扩展-建构"理论则认为积极情绪会带来健康和幸福。一个关键的先决条件是积极的情绪，包括快乐和兴趣，能够拓宽个人的思想和并促使其建立行动。本书评估的积极情绪包括幻想、感觉和乐趣。这些因素被用来解释虚拟世界中的消费者体验。通过沉浸在奢侈品牌的虚拟世界之中，个体所体验的积极情绪不仅为思想、活动以及人际关系的拓展开辟了新境界，更为个人构筑了持久的心灵资源，如幸福感。正如弗雷德里克森所揭示的那样，这些蕴含积极情绪的虚拟体验，如同一把钥匙，开启了消费者内心深处对幸福感的追求与体验。

## 6.3 可持续营销与奢侈品牌管理

奢侈品品牌行业是一个庞大、复杂、竞争激烈的领域，在过去蓬勃发展。然而，随着数字通信技术的进步，加上不断变化的全球经济环境，奢侈品消费习惯发生了显著转变（Kim and Ko，2010），金砖四国经济的崛起将奢侈品品牌的重点从西方转移到东方，对消费者对奢侈品品牌的认知和体验产生了重大影响（Dhaoui，

2014)。社交媒体的新趋势使品牌生命周期大大缩短；年轻奢侈品消费者的增长意味着，沉浸在传统中的奢侈品牌现在面临着制定创新和前瞻性战略的艰巨任务，以保持与这个日益动荡的行业的相关性。而日益觉醒的可持续发展意识就是奢侈品牌面临的巨大挑战与机遇。

消费者对可持续性的认识和购买可持续产品的愿望日益增强，这使得时装公司将可持续性作为优先事项和核心管理目标。为了迎合消费者对社会和环境问题的日益关注，品牌如今积极宣传他们在研发可持续产品方面的不懈努力，并展示其企业社会责任（corporate social responsibility，CSR）。近年来，时尚品牌已经深刻意识到社交媒体渠道在与消费者互动、构建品牌–消费者关系以及推动消费者决策方面所具有的巨大价值。通过鼓励消费者与品牌进行积极互动，社交媒体渠道不仅有助于积累品牌资产、激发正面的口碑效应，还能有效提升品牌忠诚度和消费者的购买意愿（Ko and Megehee，2012）。

可持续时尚研究通常关注奢侈品和快时尚品牌，观察购买决策、知识共享、教育、环境和社会实践以及企业社会责任等可持续行为的过程。时尚企业采用可持续性作为营销策略，重新设计信息传递方式以倡导消费者减少非必要消费，通常被称为去营销，如巴塔哥尼亚的"不买这件夹克"活动。鉴于文化差异会影响社交媒体行为，在社交媒体上传播可持续时尚信息的营销人员必须考虑到，与欠发达国家的消费者相比，发达国家的消费者对可持续性有更高的认识，也更愿意为绿色产品支付更高的价格。因此，在确定消费者对绿色产品和广告诉求的兴趣时，品牌必须考虑知识水平和文化背景。

奢侈与愉悦、肤浅和炫耀有关（Achabou and Dekhili，2013）。相比之下，可持续性与利他主义、节制和道德有关。尽管奢侈品消费者还没有很好地了解可持续发展活动，但奢侈时尚品牌如阿玛尼、卡地亚、香奈儿和古驰都致力于可持续营销传播。消费者常常对非奢侈品牌的不可持续性有更多的负面看法，而对奢侈品牌则网开一面。文化影响着人们对奢侈品和非奢侈品品牌的态度，社交媒体上可持续广告的使用，以及人们对可持续购买行为的态度。在做出购买决策和形成对可持续产品的态度时，西方消费者更容易受到个人态度的影响，而不是社会规范的影响，而东方消费者更容易受到社会规范的影响。

### 6.3.1 可持续营销：社交媒体与奢侈品牌管理

消费者倾向于选择以可持续发展和企业社会责任著称的品牌。可持续发展贯穿整个供应链管理过程，从原材料到采购、生产、分销、零售和消费。时尚服装行业如果想要保持可持续性，它的制造过程必须满足当前的环境、经济和社会需求，而不损害子孙后代。此外，可持续时尚坚持当地的传统、交流和多样性需求。

快时尚现在主导着时尚产业，并开始对可持续性特别关注。因为消费者越来越意识到他们的购买行为对环境有影响。因此，他们对绿色可持续品牌的需求正在增加。事实上，70%的消费者更有可能从有环保意识的公司购买产品，而不是从对环境不负责任的公司购买产品。然而，尽管存在对环境友好的积极态度，大多数绿色消费者却鲜少购买可持续服装。令人困惑的是，尽管态度-行为差距这一现象已得到充分研究，但对于环境友好态度与实际购买行为之间的不一致，目前尚缺乏明确的解释来填补这一知识空白。尽管如此，值得注意的是，那些对可持续问题有所了解的消费者，在购买可持续产品方面表现出更高的倾向性。因此，在制定高效的沟通策略时，时尚行业完全可以将可持续性作为一个有力的杠杆加以利用。

社交媒体营销相较于传统营销，其显著优势在于能够以较小的财务投入实现双向沟通，从而更精准地满足消费者对可持续性的偏好。社交媒体营销人员能轻易触及并精准定位消费者，他们通过用户互动、广泛的网络联系、稳固的人际关系以及积极的电子口碑传播，更有效地推广绿色广告，实现品牌与消费者之间的深度连接（Hung et al., 2011）。

社交媒体在消除企业与消费者之间的隔阂方面发挥着重要作用，它能有效地打破阻碍可持续行为的主要壁垒，如兴趣缺乏、知识不足和疑虑。值得注意的是，消费者的决策过程会因产品类别的不同而有所差异。鉴于社交媒体对消费者行为产生的日益显著的影响，时尚企业亟须深入理解并把握消费者对在线平台上可持续绿色广告的接受程度和反应，以便更有效地进行市场沟通和品牌建设。

此外，社交媒体在线环境极大地促进了互动和社会关系的建立，这种环境鼓励了用户之间的分享、倡导、社交互动和共同创造（Brodie et al., 2013）。当用户与品牌进行互动时，他们的品牌态度和情感投入会受到显著而积极的影响，这种互动为品牌构建和消费者关系管理提供了宝贵的机遇。

为了推动可持续发展的营销策略取得成功，关键在于深入理解消费者对可持续发展的多维看法，这涵盖了长期的环境、社会、经济和文化层面。环境问题诸如节能、节约、环境友好、绿色生产、有机材料和循环利用等，都是消费者考量可持续性的重要方面。消费者的可持续发展认知不仅涉及对品牌在可持续发展方面努力的认知，还包括对品牌因此可能面临的损失和收益的考量。此外，消费者的信念和购买意愿与他们对品牌的依恋感以及对企业社会责任的感知紧密相连。当绿色产品能够激发消费者的高度信任和积极的品牌态度时，他们往往会形成强烈的购买意愿，因为这些产品满足了他们对环境保护的需求。透明且对社会负责的品牌努力，会极大地影响消费者的信任、态度和行为意图，相较于传统营销工具，它们更能有效地促进积极的口碑和电子口碑的传播。如今，社交媒体营销人员充分利用在线平台作为用户交互、网络构建和人际关系维护的有效沟通渠道，进而激发消费者的电子口碑行为。这种互动式的营销策略不仅提高了品牌的可见度和影响力，还为消费者提供了表达观点和分享体验的平台，进一步推动了可持续发展的市场趋势。

整体品牌评价是消费者购买决策中品牌态度的基石。当品牌展现出对环境友好的态度并付诸适当努力时，其品牌态度和消费者的购买意愿往往会得到显著提升。特别是在对环境问题保持高度敏感的消费者群体中，这一效果尤为明显。因此，根据现有研究，品牌态度在塑造消费者购买意愿方面扮演着中介角色，即品牌态度可以影响并决定消费者的最终购买选择。

消费者往往更倾向于信任来自人际沟通的信息，而非营销人员制作的内容。当他们确认信息来源可靠时，他们更可能依赖电子口碑来做出购买决策。然而，在影响购买意愿的因素中，品牌态度的中介作用比电子口碑更为显著，尤其是在可持续时尚这一新兴领域。社交媒体环境满足了人们对群体归属感的需求，在这种环境中，群体规范的影响力可能超越了对可持续性问题的关注。尽管如此，购买意愿本质上仍是一个私人决策，而非社会声明。这意味着，尽管社交媒体的群体影响力强大，但消费者的个人品牌态度和信念仍然是驱动购买意愿的关键因素。

近些年，奢侈品牌正积极宣传其可持续性和企业社会责任，旨在提升品牌评价（Achabou and Dekhili, 2013）。然而，奢侈品牌往往与愉悦、奢华和炫耀性消费联系在一起，这与可持续性的价值观——如利他主义、节制和道德——形成鲜明对比（Achabou and Dekhili, 2013）。尽管如此，一些奢侈时尚品牌如阿玛尼、卡地亚、香奈儿、古驰和斯特拉麦卡特尼等已经开始采用可持续的营销传播策略。然而，奢侈品消费者往往更重视产品质量而非可持续性。相反，他们更容易受到企业社会责任活动的影响，因为这些活动似乎与品牌评价和声誉的长期维护更为契合。但值得注意的是，关于使用回收材料的奢侈时尚产品的研究表明，消费者对可持续发展的努力可能会产生负面评价（Achabou and Dekhili, 2013）。此外，消费者对可持续性的态度也受品牌类型和奢侈品认知的影响。因此，即使消费者对奢侈品牌有好感，这并不一定转化为实际的可持续消费行为。特别是在奢侈品时尚的领域，消费者对可持续发展的态度与实际行为之间存在明显的冲突。这为奢侈品牌带来了挑战，也为其提供了创新营销和品牌传播的机会。

可持续性理念与非奢侈品牌更为契合，奢侈品牌往往与生态友好型的形象不相符（Achabou and Dekhili, 2013），相比之下，大众市场的时尚品牌则更可能积极宣传可持续性。进一步的研究揭示了奢侈品牌绿色营销策略对消费者满意度的影响：对于经常购买奢侈品的消费者，其满意度并未受到显著影响；然而，对于非频繁购买奢侈品的消费者，这种营销策略与他们的满意度之间存在显著关系。这一发现暗示了奢侈品消费与对可持续性的反应之间存在某种程度的反向关联。当消费者建立起对品牌的信任时,他们倾向于依赖该品牌以"履行其规定的功能"。社会责任和品牌透明度在塑造消费者对于问责制和信任的感知上发挥着关键作用,进而影响品牌忠诚度和购买意愿。此外,消费者的信任还决定了他们如何看待绿色产品信息的可信度与准确性,以及这些信息是否足以激发他们的积极行为。因此,那些被视为可靠和诚实的公司,通过积极履行企业社会责任以及对环境和社会问题的承诺,成功地建立了积极的品牌声誉。适当且可持续的营销活动,如果能够有效地传达品牌的可信度,将有助于创造更加积极的消费者态度。然而,若可持续广告存在误导消费者或传递混淆信息的风险,则可能导致消费者对品牌产生"绿色洗涤"的负面印象,进而损害其合法性和品牌形象。此外,为了确保消费者形成积极态度和购买意图,品牌在推进可持续发展方面的努力必须保持透明和诚实。然而,一旦品牌被察觉在粉饰其可持续发展活动,那些高度信任该品牌并期待其始终维护消费者最佳利益的消费者,很可能会对该品牌产生负面评价。因此,透明度和诚实性对于建立和维护消费者的品牌信任和忠诚度至关重要。

最初,可持续性被理解为涵盖环境、社会、经济和文化四个维度。环境维度聚焦于自然资源的合理利用、环境承载能力和生态系统的完整性。社会层面则涵盖社会参与、赋权、社会流动性和文化保护等方面。经济维度则涉及家庭需求满足、劳动力的有效利用以及工业和农业的稳健发展。然而,随着消费者行为和市场环境的不断变化,可持续性的概念进一步扩展,纳入了文化维度,这包括了对艺术、历史遗产、知识传承和文化多样性的保护。

环境广告无疑是可持续性维度中最为突出的一环,且广泛应用于时尚行业。消费者对环境广告的认知度高,因此,当品牌提出防止有害环境影响的环保主张时,他们往往持有积极的看法,但这前提是这些主张需与消费者的价值观和信仰相契合。多数关于环境营销主张的研究大多聚焦于在线环保广告信息如何影响消费者的购买意愿。这些研究表明,环保主张对广告效果、品牌意识、品牌态度和电子口碑的态度均有积极影响。此外,环境标识也被证实能够刺激消费者的购买意愿。

### 6.3.2 奢侈品牌创新:增进品牌-顾客关系的助推器

如今,可持续发展已成为奢侈品消费者期待的重要组成部分,它不仅对奢侈品的价值产生积极影响,还成为推动产品创新的关键因素。因此,越来越多的奢侈品牌正积极将可持续发展融入其创新战略之中。例如,开云集团通过设立材料创新实验室,专注于研发更可持续的面料,并引导旗下品牌在新品开发中做出更为环保的选择。而 LVMH 集团的"LIFE 360"计划则致力于在 2026 年前全面消除塑料使用,并计划在 2030 年推出 100%生态设计的新产品。此外,LVMH 还积极探索旧材料的再利用,以设计出更具可持续性的新产品。这些举措不仅体现了奢侈品品牌对环境保护的承诺,也彰显了它们通过创新实现可持续发展的决心。

随着这种做法的日益增加,理解如何将环境问题融入新产品开发(new product development,NPD)流程以及研究公司推出可持续产品对企业绩效的影响变得至关重要。尽管已有研究探讨了这种创新对非奢侈品牌消费者和奢侈品牌消费者(Achabou and Dekhili,2013)的影响,但关于其对企业整体绩效的直接影响仍不够清晰。特别是,关于这种可持续性营销举措对品牌营销效果以及品牌自身长期价值的影响,我们仍然知之甚少(Varadarajan,2017)。因此,需要进一步的研究来深入探索这些方面,以便奢侈品品牌能够更有效地整合可持续发展战略,提升品牌影响力并促进可持续发展。

Varadarajan(2017)在其开创性文章中,明确界定了可持续产品创新的三大核心类型:效率创新、消除创新和替代创新。效率创新聚焦于通过优化资源利用,以减少商业活动对环境产生的负面影响。消除创新则侧重于去除那些可能对人类健康构成威胁的特定资源或成分。而替代创新则着重于将不可持续、不可再生的能源或材料替换为生态友好、可持续且可再生的资源,旨在显著降低企业活动对环境的影响。这种替代不仅涉及用更丰富的资源替换稀缺资源,还包括对生产上游阶段提取的资源或材料的循环利用。

除了能源和材料的区分(Varadarajan,2017),替代创新在可再生资源的新颖性方面还可以进一步细化。具体而言,我们可以将替代创新分为两大类:一是基于旧材料的替代创新,这类创新强调并重视废弃物的再利用和旧物品的身份,如回收或升级回收;二是基于新材料或新能源的替代创新,这类创新则更多关注创新和未来,而不特别强调过去的身份。基于这种新颖性的分类,我们期望能更深入地理解消费者对可持续产品的接受度和偏好,并为品牌提供策略指导,以在可持续发展领域优化其市场定位和产品创新。

基于关系互惠原则,消费者与品牌之间的互动行为均可能提升或降低彼此关系的质量(Fournier,1998)。这种关系的稳固性尤其敏感于任何一方出现的越轨行为,即违反维系关系所建立的规则。广泛认为,越轨行为具有破坏性,因为它们常常触发一系列的负面推测,进而威胁到关系的核心。当品牌的意图与既定关系规则相悖时,这可能导致合作伙伴对品牌质量的感知受损,进而削弱双方的关系。因此,理解和避免越轨行为对于维护消费者与品牌之间的健康关系至关重要。对于奢侈品牌而言,可持续的产品创新有时可能被视作一种越轨行为,特别是在品牌被质疑采取不合理或甚至不负责任的"行动"时。奢侈品牌通常建立在卓越、声望、独特性和稀缺性等近乎神圣的维度之上。然而，当奢侈品牌转向基于旧资源的可持续创新，即重复使用过时的材料时，这种转变可能会与品牌原有的价值观产生冲突。尽管这种转变基于人类、集体和社会价值观，但在消费者心中，它可能被解读为一种与品牌传统定位相悖的"违法行为"，特别是在强调材料过去特性的替代创新中，奢侈品牌可能会面临比非奢侈品牌更大的越轨风险。由于奢侈品牌与消费者之间的情感依恋和关系强度通常更为深厚，因此任何与品牌传统形象相悖的尝试都可能引发更强烈的负面反应。因此，奢侈品牌在尝试可持续创新时，可能会遭受到比其他品牌更为显著的越轨质疑。为了避免这种潜在的越轨风险，奢侈品牌需要在追求可持续性的同时，平衡与品牌传统价值和消费者期望之间的关系。

有几项研究也揭示了奢侈品与可持续发展概念之间不容忽视的共性，如质量、可持续性和稀缺性，这些共同点赋予了奢侈品一种独特的社会责任维度。从历史的视角审视，奢侈品与可持续发展理念其实是相辅相成的，因为奢侈品通常与稀有且超高质量的产品紧密相连，这些产品往往是手工制作的，且深植于传统之中。实际上，从定义上讲，奢侈品与可持续发展的关注点极为接近。奢侈品对稀缺性和美感的依赖，本身就意味着它倾向于保护这些珍贵的资源；因此，奢侈品行业并不倾向于对地球造成破坏。这种内在的契合性为奢侈品行业在追求商业成功的同时，也承担着维护自然、社会和谐及文化传承的重要责任。

替代创新活动鲜明地体现了品牌致力于减轻其对环境负面影响的承诺（Varadarajan，2017）。随着消费者对环境保护问题的关注度持续上升，可以合理推测，对于那些被认为积极致力于可持续发展的品牌而言，其采用的替代创新活动对消费者的产品需求以及消费者与品牌之间的关系产生的正面影响，将比那些被认为在可持续发展方面投入较少的品牌（即具有较低的可持续创新导向）更为显著。这意味着，通过采用替代创新，致力于可持续发展的品牌不仅能减少对环境的影响，还能进一步巩固与消费者之间的深厚关系。

然而，这种品牌与消费者之间的关系并非仅由品牌的特征（如奢侈品与非奢侈品）所决定，还会受到替代创新性质的显著影响，如回收、升级回收、可持续替代或工艺创新等。替代创新有时可能被视作一种违反了指导消费者关系评价的既定规则的越轨行为。在基于旧材料的替代创新的具体情境中，品牌可能会强调产品的新颖优势并聚焦于其当前的身份。但是，品牌也可能强调产品的历史，如产品的功能失调的过去，或提醒消费者产品是由旧材料或废弃材料制成（Kamleitner et al.，2019）。这种策略可能会引发消费者的不同反应。类似地，尽管回收材料的使用在环保角度是积极的，但正如研究所示，奢侈品服装中包含回收材料可能会对消费者偏好产生负面影响（Achabou and Dekhili，2013）。消费者可能对于包含耐用属性的奢侈品也持有类似的保留态度。因此，可以预见，当奢侈品牌使用已被其他产品使用过的材料（如塑料瓶或织物废料）进行替代创新时，可能会引发消费者对品牌的负面反应。这种负面反应在奢侈品牌中可能更为显著，因为它们与消费者之间建立的关系通常更为深厚和敏感。这种越轨的行为可能会对产品的市场需求和品牌与消费者之间的关系产生不利影响。

相比之下，当奢侈品牌采用基于新材料或新工艺的替代创新时，其越界的感知应显著低于基于旧材料的替代创新。尽管这种基于新材料或新工艺的创新也可能在某种程度上被视为奢侈品牌的越轨行为，正如某些概念框架所指出的那样，它通常会被视为一种更为温和和易于接受的越轨行为。这种基于新材料或新工艺的替代创新不仅彰显了品牌的创新能力和前瞻性，还可能为消费者带来独特的产品体验和更高的价值感知。因此，与非奢侈品牌相比，采用这种创新策略的奢侈品牌不太可能面临产品需求降低或品牌关系受损的风险。总之，基于新材料或新工艺的替代创新为奢侈品牌提供了在不损害其品牌形象和消费者关系的前提下，探索新领域和开拓新市场的机会。

对于奢侈品牌而言，探索那些能够积极促进产品创新需求及深化品牌关联的变量，并据此为品牌管理者提供策略指导，无疑具有重要意义。过往的学术研究已明确指出，能够引发特殊情感共鸣的对象，往往在市场上享有极高的需求度。尤为显著的是，当产品融入了回收元素时，这种独特的情感价值被进一步放大，使消费者感受到前所未有的特别与珍视，从而激发强烈的购买欲望（Kamleitner et al., 2019）。这种由特殊感觉驱动的需求机制，揭示了消费者对于产品背后故事与情感链接的深切渴望。

此外，社会认同理论深刻揭示了消费者购买品牌或产品的三大核心动机：自我提升、自我一致性和自我分化。自我提升动机源自个体对声望和社会地位的追求；自我一致性则基于消费者自我形象与产品形象之间的高度契合；而自我分化动机则源自个体渴望在群体中保持独特性和差异性。在奢侈品牌及其替代创新的语境下，这些动机得到了生动的体现。替代创新产品往往承载着消费者独特的价值观和情感寄托，使他们在人群中脱颖而出，满足自我分化的需求。同时，当这些创新产品与环境友好理念相结合时，它们不仅展现了消费者的环保意识，还促进了自我形象与社会责任感的和谐统一，实现了自我提升与自我一致性的双重满足。

更为重要的是，替代创新产品通过其独特的设计和背后的故事，成为消费者自我定义和身份塑造的重要工具。消费者与品牌之间的紧密联系逐渐内化为自我认同的一部分，这种深度的情感链接使得他们在选择和使用这些产品时感受到前所未有的特别与尊贵。正如 Kamleitner 等（2019）所指出，购买和使用具有故事性的替代创新产品，能让消费者体验到一种独特的自我实现感，这种体验进一步强化了他们对品牌的忠诚度和对产品的渴望。

奢侈品牌对于支付溢价的意愿，相较于非奢侈品牌而言，始终显得更为坚定，无论这种溢价是体现在采用蕴含历史韵味材料的创新产品上，还是应用于全然脱离过往特性的新品之中。这一现象的根源，或许深深植根于奢侈品牌那标志性的高价定位策略，其价格水准普遍凌驾于非奢侈品牌之上。因此，即便是在推出替代性创新产品时，奢侈品牌也能凭借其品牌影响力，自信地设定并维持更高的售价，市场对此溢价接受度也相对较高。然而，值得奢侈品牌管理者高度关注的是，产品的市场需求才是决定成功与否的关键所在。即便消费者愿意为品牌溢价买单，若未能有效激发市场需求，那么再高的定价也无法转化为实际的销售业绩。

在探讨奢侈品牌与非奢侈品牌对于不同类型创新材料的需求差异时，我们发现一个有趣的现象：尽管在采用无历史背景的新材料创新上，奢侈品牌展现出了不弱于非奢侈品牌的市场需求，但在利用蕴含过去特性的材料进行可持续创新时，奢侈品牌却表现出相对较低的需求和品牌购买意愿。这一现象提示我们，奢侈品牌在处理具有历史深度的创新材料时需更加谨慎。为避免因过度强调历史特性而可能带来的品牌损害，奢侈品牌管理者可调整沟通策略，将焦点从产品创新的具体有形属性转向可持续发展的象征性价值。具体而言，品牌应引导消费者关注购买行为背后的象征意义，如私人消费对环境产生的积极影响，从而激发他们对"环保"与"独特"双重价值的认同。同时，在推动奢侈品行业的替代创新需求时，特殊感受的营造相较于单纯的环保感知，更能有效提升消费者的支付溢价意愿。然而，这并不意味着产品创新的有形属性应被完全忽视。相反，奢侈品牌应巧妙地在沟通中融入这些元素，但需谨慎行事。若品牌希望探索与消费者传统认知边界相交的过去身份创新，那么强调所使用的生态友好材料及其独特转变过程，将是一个双赢的策略。正如 Kamleitner 等（2019）所指出，产品的历史身份有时难以直观展现，因此，品牌应同时强调环境友好性和特定原材料的独特价值，以全面激发市场需求。

这一建议深受 Belk 等（1989）关于"亵渎的神圣化"研究的启发，该研究揭示了个人对视为神圣之物的深厚情感依恋与高度参与感。将承载过往生命痕迹的物质融入新产品之中，能够为这些产品增添一抹神圣的光辉，并显著提升其经济价值。以皮革制品为例，当这些产品源自像香奈儿这样被视作神圣殿堂的工坊时，其皮革本身便承载了一种不可言喻的神圣性，这正是 Belk 等（1989）所述的"有形污染"概念的体现。同样地，从海洋回收塑料瓶以保护生态系统的行为，不仅是一种环保行动，更可以被视为一种神圣的姿态，象征着对自然环境的尊重与呵护。Kopytoff（1986）的理论指出，将已历经首次生命、与神圣领域紧密相连的废旧部件重新整合，便是在"挑出"新对象的过程中赋予了它们新的生命和意义。基于此，奢侈品牌若能巧妙地将这些拥有世俗世界过去身份的部件融入其产品设计中，不仅能够为产品增添独特的神圣感，还能成功地将品牌的回收活动提升至一个更高的精神层面。这样的策略不仅响应了可持续发展的全球趋势，更深化了品牌与消费者之间的情感连接，使奢侈品牌的产品在传递奢华体验的同时，也承载着对自然与历史的敬畏与尊重。

# 参 考 文 献

Achabou M A, Dekhili S. 2013. Luxury and sustainable development: is there a match?. Journal of Business Research, 66(10): 1896-1903.

Adjei M T, Noble S M, Noble C H. 2010. The influence of C2C communications in online brand communities on customer purchase behavior. Journal of the Academy of Marketing Science, 38: 634-653.

Aggarwal P, Castleberry S B, Ridnour R, et al. 2005. Salesperson empathy and listening: impact on relationship outcomes. Journal of Marketing Theory and Practice, 13(3): 16-31.

Arnould E J, Thompson C J. 2005. Consumer culture theory (CCT): twenty years of research. Journal of Consumer Research, 31(4): 868-882.

Atwal G, Williams A, 2017. Luxury brand marketing-the experience is everything//Kapferer J N, Kernstock J, Brexendorf T, et al. Advances in Luxury Brand Management. Cham: Palgrave Macmillan: 43-57.

Bailey J, McCollough M. 2000. Emotional labor and the difficult customer: coping strategies of service agents and organizational consequences. Services Marketing Quarterly, 20(2): 51-72.

Barrera K G, Shah D. 2023. Marketing in the Metaverse: conceptual understanding, framework, and research agenda. Journal of Business Research, 155: 113420.

Barry B, Crant J M. 2000. Dyadic communication relationships in organizations: an attribution/expectancy approach. Organization Science, 11(6): 648-664.

Bearden W O, Etzel M J. 1982. Reference group influence on product and brand purchase decisions. Journal of Consumer Research, 9(2): 183-194.

Belk R W, Wallendorf M, Sherry J F.1989.The sacred and the profane in consumer behavior: theodicy on the odyssey. Journal of Consumer Research, 16(1): 1-38.

Ben Mimoun M S, Poncin I, Garnier M. 2017. Animated conversational agents and e-consumer productivity: the roles of agents and individual characteristics. Information & Management, 54(5): 545-559.

Berthon P, Pitt L, Parent M, et al. 2009. Aesthetics and ephemerality: observing and preserving the luxury brand. California Management Review, 52(1): 45-66.

Birch-Jensen A, Gremyr I, Halldórsson Á. 2020. Digitally connected services: improvements through customer-initiated feedback. European Management Journal, 38(5): 814-825.

Brakus J J, Schmitt B H, Zarantonello L. 2009. Brand experience: What is it? How is it measured? Does it affect loyalty?. Journal of Marketing, 73(3): 52-62.

Brodie R J, Ilic A, Juric B, et al. 2013. Consumer engagement in a virtual brand community: an exploratory analysis. Journal of Business Research, 66(1): 105-114.

Calantone R J, di Benedetto A, Rubera G. 2018. Launch activities and timing in new product development. Journal of Global Scholars of Marketing Science, 28(1): 33-41.

Chu S C, Kamal S, Kim Y. 2013. Understanding consumers' responses toward social media advertising and purchase intention toward luxury products. Journal of Global Fashion Marketing, 4(3): 158-174.

Chung M, Ko E, Joung H, et al. 2020. Chatbot e-service and customer satisfaction regarding luxury brands. Journal of Business Research, 117: 587-595.

Clokie T L, Fourie E. 2016. Graduate employability and communication competence: are undergraduates taught relevant skills?. Business and Professional Communication Quarterly, 79(4): 442-463.

Correa T, Hinsley A W, de Zúñiga H G. 2010. Who interacts on the Web?——The intersection of users' personality and social media use. Computers in Human Behavior, 26(2): 247-253.

Cristini H, Kauppinen-Räisänen H, Barthod-Prothade M, et al. 2017. Toward a general theory of luxury: advancing from workbench definitions and theoretical transformations. Journal of Business Research, 70: 101-107.

Crosby L A, Johnson S L. 2002. Going my way?. Marketing Management, 11(4): 10.

Cruz-Cárdenas J, Zabelina E, Guadalupe-Lanas J, et al. 2021. COVID-19, consumer behavior, technology, and society: a literature review and bibliometric analysis. Technological Forecasting and Social Change, 173: 121179.

D'Arpizio C, Levato F. 2014. Lens on the worldwide luxury consumer: relevant segments, behaviors and consumption patterns nationalities and generations compared. http://recursos.anuncios.com/files/598/20.pdf[2024-06-27].

Dabholkar P A, Thorpe D I, Rentz J O. 1996. A measure of service quality for retail stores: scale development and validation. Journal of the Academy of Marketing Science, 24: 3-16.

Darke P R, Brady M K, Benedicktus R L, et al. 2016. Feeling close from afar: the role of psychological distance in offsetting distrust in unfamiliar online retailers. Journal of Retailing, 92(3): 287-299.

Dhaoui C. 2014. An empirical study of luxury brand marketing effectiveness and its impact on consumer engagement on Facebook. Journal of Global Fashion Marketing, 5(3): 209-222.

Emmers-Sommer T M. 2004. The effect of communication quality and quantity indicators on intimacy and relational satisfaction. Journal of Social and Personal Relationships, 21(3): 399-411.

Escobar-Rodríguez T, Bonsón-Fernández R. 2017. Analysing online purchase intention in Spain: fashion e-commerce. Information Systems and e-Business Management, 15(3): 599-622.

Fernandes T, Oliveira E. 2021. Understanding consumers' acceptance of automated technologies in service encounters: drivers of digital voice assistants adoption. Journal of Business Research, 122: 180-191.

Fionda A M, Moore C M. 2009. The anatomy of the luxury fashion brand. Journal of Brand Management, 16: 347-363.

Fournier S. 1998. Consumers and their brands: developing relationship theory in consumer research. Journal of Consumer Research, 24(4): 343-353.

Gautam V, Sharma V. 2017. The mediating role of customer relationship on the social media marketing and purchase intention relationship with special reference to luxury fashion brands. Journal of Promotion Management, 23(6): 872-888.

Gentina E, Shrum L J, Lowrey T M. 2016. Teen attitudes toward luxury fashion brands from a social identity perspective: a cross-cultural study of French and U.S. teenagers. Journal of Business Research, 69(12): 5785-5792.

Gil L A, Kwon K N, Good L K, et al. 2012. Impact of self on attitudes toward luxury brands among teens. Journal of Business Research, 65(10): 1425-1433.

Godes D, Mayzlin D, Chen Y B, et al. 2005. The firm's management of social interactions. Marketing Letters, 16: 415-428.

Godey B, Manthiou A, Pederzoli D, et al. 2016. Social media marketing efforts of luxury brands: influence on brand equity and consumer behavior. Journal of Business Research, 69(12): 5833-5841.

Godey B, Pederzoli D, Aiello G, et al. 2012. Brand and country-of-origin effect on consumers' decision to purchase luxury products. Journal of Business Research, 65(10): 1461-1470.

Gomes M A, Marques S, Dias Á. 2022. The impact of digital influencers' characteristics on purchase intention of fashion products. Journal of Global Fashion Marketing, 13(3): 187-204.

Haas A, Kenning P. 2014. Utilitarian and hedonic motivators of shoppers' decision to consult with salespeople. Journal of Retailing, 90(3): 428-441.

Hagberg J, Sundstrom M, Egels-Zandén N. 2016. The digitalization of retailing: an exploratory framework. International Journal of Retail & Distribution Management, 44(7): 694-712.

Han Y J, Nunes J C, Drèze X. 2010. Signaling status with luxury goods: the role of brand prominence. Journal of Marketing, 74(4): 15-30.

Heine K. 2012. The Concept of Luxury Brands. 2nd ed. Berlin: Technische Universität Berlin.

Hoffman D L, Novak T P. 1996. Marketing in hypermedia computer-mediated environments: conceptual foundations. Journal of Marketing, 60(3): 50-68.

Holbrook M B, Hirschman E C. 1982. The experiential aspects of consumption: consumer fantasies, feelings and fun. Journal of Consumer Research, 9: 132-140.

Holmqvist J, Wirtz J, Fritze M P. 2020. Luxury in the digital age: a multi-actor service encounter perspective. Journal of Business Research, 121: 747-756.

Holzwarth M, Janiszewski C, Neumann M M. 2006. The influence of avatars on online consumer shopping behavior. Journal of Marketing, 70(4): 19-36.

Hung K P, Huiling Chen A, Peng N, et al. 2011. Antecedents of luxury brand purchase intention. Journal of Product & Brand Management, 20(6): 457-467.

Hunt S D. 2010. Marketing Theory: Foundations, Controversy, Strategy, Resource-Advantage. New York: Routledge.

Izard C E. 1993. Four systems for emotion activation: cognitive and noncognitive processes. Psychological Review, 100(1): 68-90.

Jain D, Neelamegham R. 1999. Consumer choice process for experience goods: an econometric model and analysis. Journal of Marketing Research, (3): 373-386.

Jeong D, Ko E, Taylor C R. 2023. Don't touch the Merchandise! Factors associated with consumer preference for contact free shopping. Journal of Business Research, 154: 113261.

Kamal S, Chu S C, Pedram M. 2013. Materialism, attitudes, and social media usage and their impact on purchase intention of luxury fashion goods among American and Arab young generations. Journal of Interactive Advertising, 13(1): 27-40.

Kamleitner B, Thürridl C, Martin B A S. 2019. A Cinderella story: how past identity salience boosts demand for repurposed products. Journal of Marketing, 83(6): 76-92.

Kane G C, Palmer D, Phillips Nguyen A, et al. 2015. Strategy, not technology, drives digital transformation. Cambridge: MIT.

Kang G D. 2006. The hierarchical structure of service quality: integration of technical and functional quality. Managing Service Quality: An International Journal, 16(1): 37-50.

Kapferer J N, Laurent G. 2016. Where do consumers think luxury begins? A study of perceived minimum price for 21 luxury goods in 7 countries. Journal of Business Research, 69(1): 332-340.

Kastanakis M N, Balabanis G. 2012. Between the mass and the class: Antecedents of the "bandwagon" luxury consumption behavior. Journal of Business Research, 65(10): 1399-1407.

Keller K L. 2013. Strategic Brand Management: Building, Measuring, and Managing Brand Equity. 4th ed. Upper Saddle River: Pearson.

Kim A J, Ko E. 2012. Do social media marketing activities enhance customer equity? An empirical study of luxury fashion brand. Journal of Business Research, 65: 1480-1486.

Kim A J, Ko E. 2010. Impacts of luxury fashion brand's social media marketing on customer relationship and purchase intention. Journal of Global Fashion Marketing, 1: 164-171.

Kim K H, Ko E, Kim S J, et al. 2021. Digital service innovation, customer engagement, and customer equity in AR marketing. Journal of Global Scholars of Marketing Science, 31(3): 453-466.

Kindermann B, Beutel S, Garcia de Lomana G, et al, 2021. Digital orientation: conceptualization and operationalization of a new strategic orientation. European Management Journal, 39(5): 645-657.

Ko E, Megehee C M. 2012. Fashion marketing of luxury brands: recent research issues and contributions. Journal of Business Research, 65(10): 1395-1398.

Kopytoff I. 1986. The Cultural Biography of Things : Commoditization as Process in the Social Life of Things Commodities in Cultural Perspective. New York: Cambridge University Press.

Kozinets R V. 2022. Immersive netnography: a novel method for service experience research in virtual reality, augmented reality and metaverse contexts. Journal of Service Management, 34(1): 100-125.

Larivière B, Bowen D, Andreassen T W, et al. 2017. "Service Encounter 2.0": an investigation into the roles of technology, employees and customers. Journal of Business Research, 79: 238-246.

Laurent G, Dubois B, Czellar S. 2011. Consumer rapport to luxury: analyzing complex and ambivalent attitudes. https://ideas.repec.org/p/hal/wpaper/hal-00597026.html[2024-06-24].

Lee S M, Lee D. 2020. "Untact": a new customer service strategy in the digital age. Service Business, 14(1): 1-22.

Lee S M, Trimi S. 2021. Convergence innovation in the digital age and in the COVID-19 pandemic crisis. Journal of Business Research, 123: 14-22.

Lee S, Choi J. 2017. Enhancing user experience with conversational agent for movie recommendation: effects of self-disclosure and reciprocity. International Journal of Human-Computer Studies, 103: 95-105.

Lien C H, Cao Y. 2014. Examining WeChat users' motivations, trust, attitudes, and positive word-of-mouth: evidence from China. Computers in Human Behavior, 41: 104-111.

Liu F, Li J Y, Mizerski D, et al. 2012. Self-congruity, brand attitude, and brand loyalty: a study on luxury brands. European Journal of Marketing, 46(7/8): 922-937.

Locker K O. 1995. Business and Administrative Communication. 3rd ed. Columbus: The Ohio State University.

Lowry P B, Romano N C, Jenkins J L, et al. 2009. The CMC interactivity model: how interactivity enhances communication quality and process satisfaction in lean-media groups. Journal of Management Information Systems, 26(1): 155-196.

Maltz E. 2000. Is all communication created equal?——An investigation into the effects of communication mode on perceived information quality. Journal of Product Innovation Management, 17(2): 110-127.

Mandel N, Petrova P K, Cialdini R B. 2006. Images of success and the preference for luxury brands. Journal of Consumer Psychology, 16(1): 57-69.

Mauss M. 1954. The Gift. London: Cohen and West.

Mehta S, Saxena T, Purohit N. 2020. The new consumer behaviour paradigm amid COVID-19: permanent or transient?. Journal of Health Management, 22(2): 291-301.

Miller K W, Mills M K. 2012. Contributing clarity by examining brand luxury in the fashion market. Journal of Business Research, 65(10): 1471-1479.

Mohr J J, Sohi R S. 1995. Communication flows in distribution channels: impact on assessments of communication quality and satisfaction. Journal of Retailing, 71(4): 393-415.

Mortelmans D. 2005. Sign values in processes of distinction: the concept of luxury. Semiotica, 2005(157): 497-520.

Muntinga D G, Moorman M, Smit E G. 2011. Introducing COBRAs: exploring motivations for brand-related social media use. International Journal of Advertising, 30(1): 13-46.

Okonkwo U 2007. Luxury Fashion Branding: Trends, Tactics, Techniques. Berlin: Springer.

Parguel B, Delécolle T, Valette-Florence P. 2016. How price display influences consumer luxury perceptions. Journal of Business Research, 69(1): 341-348.

Park H J, Rabolt N J, Sook Jeon K. 2008. Purchasing global luxury brands among young Korean consumers. Journal of Fashion Marketing and Management, 12(2): 244-259.

Perna A, Runfola A, Temperini V, et al. 2018. Problematizing customization and IT in the fashion industry: a case study of an Italian shoemaker. Journal of Global Fashion Marketing, 9(1): 73-86.

Pine B J, Gilmore J H. 1999. The Experience Economy: Work Is Theater & Every Business a Stage. Boston: Harvard Business School Press.

Reynolds K E, Beatty S E. 1999. Customer benefits and company consequences of customersalesperson relationships in retailing. Journal of Retailing, 75(1): 11-32.

Schimmack U, Diener E. 1997. Affect intensity: separating intensity and frequency in repeatedly measured affect. Journal of Personality and Social Psychology, 73(6): 1313-1329.

Schmitt B H.1999.Experiential Marketing: How to Get Customers to Sense, Feel, Think, Act, Relate.New York: Free Press.

Shamim K, Islam T. 2022. Digital influencer marketing: how message credibility and media credibility affect trust and impulsive buying. Journal of Global Scholars of Marketing Science, 32(4): 601-626.

Sheth J. 2020. Impact of Covid-19 on consumer behavior: will the old habits return or die?. Journal of Business Research, 117: 280-283.

Shukla P, Purani K. 2012. Comparing the importance of luxury value perceptions in cross-national contexts. Journal of Business Research, 65(10): 1417-1424.

Stokburger-Sauer N E, Teichmann K. 2013. Is luxury just a female thing? The role of gender in luxury brand consumption. Journal of Business Research, 66(7): 889-896.

Trotter C 2017. Retail trends factfile 2017: physical retail. http://www.insider-trends.com/ retail-trends-factfile-2017-physical-retail/[2023-12-30].

Varadarajan R. 2017. Innovating for sustainability: a framework for sustainable innovations and a model of sustainable innovations orientation. Journal of the Academy of Marketing Science, 45: 14-36.

Veblen T. 1899. Mr. cummings's strictures on "the theory of the leisure class". Journal of Political Economy, 8(1): 106-117.

Vigneron F, Johnson L W. 2004. Measuring brand luxury perceptions. The Journal of Brand Management, 11(6): 484-508.

Wang W T, Li H M. 2012. Factors influencing mobile services adoption: a brand-equity perspective. Internet Research, 22(2): 142-179.

Yuan C L, Kim J, Kim S J. 2016. Parasocial relationship effects on customer equity in the social media context. Journal of Business Research, 69(9): 3795-3803.

# 第7章 传承与创新：家族企业品牌战略的建设与演进

马　骏[①]

## 7.1 家族企业品牌概述

### 7.1.1 家族企业的定义

支持民营企业发展，是党中央的一贯方针。党的十八大以来，以习近平同志为核心的党中央坚持"两个毫不动摇"，对民营经济发展和民营企业家成长给予高度重视和亲切关怀。民营企业数量从 2012 年的 1085.7 万户增长到 2022 年的 4700 多万户，10 年间翻了两番多；在国家级专精特新"小巨人"企业中，民营企业占比超过 80%；民营上市公司数量突破 3000 家；在世界 500 强企业中，我国民营企业由 2012 年的 5 家增加到 2022 年的 28 家。作为我国国民经济的重要组成部分，民营企业发挥了举足轻重的作用：贡献了 50%以上的税收、60%以上的 GDP、70%以上的技术创新、80%以上的城镇劳动就业、90%以上的企业数量。而在这些民营企业中，超过 80%都是家族控制型企业。这些企业在全球范围内占据了重要的地位，不仅在经济上具有重要影响力，还在社会和文化方面发挥着重要作用。

"家族企业"是在家族、其个人成员和企业之间的系统相互作用下，特定公司所拥有的独特资源的集合。一般而言，家族企业通常由一个或多个家庭成员创立、拥有和经营。从已有文献中总结，家族企业的界定标准主要包括：①家族的控制、决策权；②企业的资源和能力与家族高度相关；③具有家族企业特有行为和竞争优势；④受到家族文化的影响；⑤传承。

近 20 多年来，越来越多的学者致力于家族企业的相关研究，这不仅是因为家族治理是管理实践中较为有趣的现象，更为重要的是，这很有可能为发展并创新管理理论做出独特的贡献奠定基础。

---

[①] 马骏：双创博士，副教授；江南大学商学院案例中心主任；

研究方向：民营（家族）企业公司治理、民营（家族）企业战略；创新、创业、企业社会责任、非公经济党建工作。

## 7.1.2 家族企业的独特特征和在竞争市场中的优势

家族企业在商业世界中具有许多独有的特征,这些特征赋予了它们在竞争市场中的独特优势。

家族企业通常以长期发展为目标,而不仅仅是短期利润。这种长期视野使它们能够更好地应对市场波动和经济周期的变化。相比之下,非家族企业可能受到短期股东压力的影响,更容易受到短期盈利目标的限制。百年来,荣氏家族从来都不缺乏如面粉大王、棉纱大王、红色资本家和中国首富的王牌称号,他们在商场上的纵横驰骋、独领风骚,也逐步为他们赢得了较高的话语权。这一点尤其在第二代掌门人荣毅仁身上得到最充分的体现。以往研究发现,得益于家族企业的特性,家族企业在战略上具有明显的长期导向。在长期导向的决策中,家族企业的韧性明显高于非家族企业,这能显著驱动企业长期绩效水平的增长,并且随着时间的推移,这种驱动效应不断增强。

除此之外,家族企业中的亲属关系的存在,在一定程度上提高了企业决策的执行效率。家族企业通常更加灵活,能够更快地做出决策和调整战略。由于所有权和管理权通常掌握在家族成员手中,不需要经过复杂的决策层级,可以更迅速地适应市场变化和客户需求。也有实证研究证明,在"夫妻搭档"治理企业的家族企业中的管理费用也显著低于其他企业。

家族企业在建立和维护关系方面表现出色。家族的社会资本是家族、顾客以及社区之间的支持性社交网络。此外,家族企业通常更为关注员工的福祉,提供更稳定的职业生涯发展路径,因而家族企业的员工通常更为忠诚。这有助于减少员工流失率,提高生产效率,降低招聘和培训成本。

家族企业通常承载着创始家族的文化和价值观。这种传承有助于建立坚固的企业文化,激发员工的忠诚度,并帮助企业维护其独特的身份。这一点在品牌建设中尤为重要,因为它有助于建立真实、可信赖的品牌形象。对于家族企业的品牌而言,企业的所有权是企业品牌形象不可分割的一部分,这深刻影响着企业的身份和投射到外部的形象。这一点在下一节中有更为详细的说明。

家族企业的独特性使它们在竞争市场中拥有独特的优势,包括长期视野、文化传承、灵活性、关系驱动、员工忠诚度和社会责任。然而,家族企业也面临一些挑战,如家族内部冲突和继承问题。因此,有效的家族企业管理和战略规划至关重要,以确保这些优势能够最大程度地发挥作用,支持企业的可持续成功。

## 7.1.3 家族企业品牌的研究现状

一般而言,家族对企业管理的参与有助于企业身份的形成。家族企业一般具有长期导向，家族成员对企业具有强烈的认同感，因此家族成员努力塑造企业的良好形象，以获取良好的声誉。此外，由于家族和企业的利益重叠，财务和非财务困境不仅会损害企业的收益以及投资资本，在一定程度上也会损害家族企业品牌和家族的声誉。

也有相关研究认为，认同企业的家庭成员认为企业是自己的延伸，公司的名称往往与家族的姓氏联系在一起。因此，认同家族企业的成员有很强的动机去维护企业品牌以及家族的名誉，家族成员对企业的强烈认同有助于塑造家族企业的独特品牌形象，一定程度上可以转化为竞争优势，为企业绩效以及顾客忠诚度的提升提供支持。台塑集团创始人王永庆与其胞弟合作无间：王永庆扮演着"抬头看"的角色，弟弟王永在就是"低头做"，两人精诚合作。有人问王永在有没有和哥哥吵过架，王永在委婉地说："他讲他的，我转头走掉就是。"家族、企业的传统和未来前景是家族企业形象的一部分，它与企业品牌形象交织在一起，并以不同的方式传达给利益相关者。

家族企业通常在业界和社区中拥有深厚的关系网络，这有助于寻找合作伙伴、获得支持并吸引客户。这种关系驱动的特点可以增加企业的可持续竞争力。前文提到的荣氏家族如此，家族社会资本的网络成员之间的相互依赖和反复互动增加了家族的社会资本，这有利于提高家族企业品牌的声誉。家族企业的所有权所带来的长期性和个人参与有助于与企业的外部利益相关者（如客户、供应商或资本提供者）建立稳定的社区网络。家族企业中的家族成员在社区网络中的形象塑造和声誉提升，有助于塑造独特的家族企业品牌形象，从而形成竞争优势。家族企业和企业的外部利益相关者在互动和依赖中形成了有利于家族企业长期经营的良性循环，这在一定程度上使得家族企业能够拥有一个相对良好的经营环境。

家族企业通常具有长期经营的愿景，关注企业的可持续性和传承给下一代。因此，家族企业的决策和战略常常注重维护家族企业品牌的声誉和财富。这体现在主要管理人员的较长的任期、长期规划以及对后代的考虑等诸多方面。与此相关的研究也从多个方面印证了以上观点，大多数家族企业领导人计划将企业传承给家族内部的继承人。他们认为自己的公司不仅是可持续的收入来源，也是下一代的遗产。

除此之外，也有相关研究表明家族企业做出决策不仅是为了提升经济绩效，也是为了实现社会情感目标，比如，正面形象的表现以及家族和企业品牌声誉的维护。这在一定程度上使得许多家族企业较为注重社会责任，积极参与慈善和社区活动。这种表现社会责任的行为有助于提升企业品牌的声誉，吸引消费者和获得投资者的支持。

## 7.1.4 家族企业品牌战略的意义

正如前文所言，当今民营经济在我国和世界的经济活动中占比较大，而家族企业在其中的占比以及发挥的作用不容小觑。家族企业在民营经济中的占比虽然较大，但其生存和持续发展却面临着自身特性带来的一系列独特的挑战。因此，家族企业品牌战略的制定和实施对于家族企业而言至关重要。

家族企业品牌战略的制定可以帮助企业在激烈的市场竞争中脱颖而出。国泰金控集团的蔡宏图坚持推行持续稳健的长期战略，以创新商品避开价格战的恶性竞争。时间一长，打价格战的业者倒的倒，亏的亏，退的退，国泰人寿仍稳居寿险龙头宝座。随着市场的不断变化和竞争的加剧，家族企业需要一个强大的品牌来吸引消费者和客户，建立起信任和忠诚度。一个清晰的品牌战略可以帮助企业定义其独特的价值主张，明确目标市场，并有效地传达其核心价值观。这有助于家族企业在市场中建立自己的地位，与竞争对手区分开来，从而实现更好的销售和盈利。

家族企业品牌战略的制定有助于传承企业的文化内涵以及价值观。家族企业通常承载着丰富的历史和文化传统内涵，这些内涵的正确发扬促使家族企业提升自身的核心竞争力。通过品牌战略的构建，家族企业可以将这些具有文化内涵的价值观融入品牌形象中，使其成为企业文化的一部分。这不仅有助于家族企业在员工中建立强烈的认同感，还有助于传递企业的核心价值观给外部利益相关者，如客户、供应商和投资者，进而塑造积极的企业形象。

家族企业品牌战略的制定对企业的长期可持续发展至关重要。一般而言，家族企业通常具有较长的时间跨度和家族传承的特点。一个良好的品牌战略可以帮助企业更好地规划未来，确保家族企业的价值和声誉能够代代相传。通过建立品牌战略，企业可以更好地管理风险，迎接市场变化，确保家族企业在不同的经济周期中保持稳健的发展。

家族企业品牌战略的制定也对社会有积极影响。家族企业通常与地方社区有着深厚的关系，它们的成功与否直接关系到社会的发展和就业机会。一个强大的家族企业品牌可以吸引更多的投资和资源，促进企业的扩张和创新，从而为社会创造更多的价值。此外，家族企业通常注重社会责任，通过品牌战略的实施，它们可以更好地履行社会责任，推动可持续发展和提升社会福祉。

家族企业品牌战略的制定和实施对于家族企业的成功和可持续发展至关重要。它有助于企业在市场竞争中脱颖而出，传承企业的文化和价值观，规划未来发展，同时也对社会产生积极影响。因此，家族企业应该要认识到品牌战略的重要性，并积极投入资源和精力来构建和维护强大的品牌。这将有助于家族企业实现长期的成功和繁荣。

## 7.2 家族企业品牌的建设与管理

### 7.2.1 定位策略的制定

"定位"理论于1963年引入营销领域，无数研究学者就该理论都提出了自己的观点和解释，对定位理论进行了扩充和完善。作者认为，美国营销学专家菲利普·科特勒（Philip Kotler）提出的如下定义较能全面地概括"定位"的含义：定位是整个品牌塑造和营销的第一步，精准有效的市场定位是品牌和产品投向市场所必须做好的前期工作。品牌需要描绘出自己的形象与产品特色，从而在目标消费者心中占领独特地位，明确出具体的不同点。

对于家族企业而言，在注重长期经营的理念的影响下，家族企业品牌的定位显得尤为重要。以下将讨论具体的实施建议以及方法。

在制定家族企业品牌的定位策略时，首先，要深入分析目标市场和目标客户群体。这一步骤至关重要，因为只有充分了解市场和潜在客户的需求、偏好以及竞争对手的情况，家族企业才能确定自己的差异化优势。

其次，市场研究是家族企业成功的关键步骤之一。通过对目标市场的深入分析，企业可以更好地把握市场机会和应对潜在威胁。举例来说，在一次企业家拜访活动中，兴奇集团董事长陈传奇先生指着兴奇大厦旁的一条街道告诉我们："改革开放以来，就在这条大街上，许多有钱人已走向没落。市场研究对于家族企业的重要性不言而喻。"

再次，客户调查和反馈也是至关重要的。以零售业为例，一家家族经营的小型超市可能通过与顾客沟通，了解到顾客对于更多有机产品的需求。这种反馈可以帮助他们调整库存，提供更符合顾客期望的产品，与大型连锁超市形成差异化。

竞争分析则有助于企业识别市场中的差异化机会。如果一家家族企业进入了餐饮业。通过分析竞争对手的品牌定位和营销策略，他们可以发现在健康食品市场中存在一块未被满足的空白，从而制定一种差异化策略，专注提供健康餐点，与其他餐饮品牌形成差异。除此之外，内部资源评估有助于家族企业认识到自身的优势。一家家族企业可能拥有多年来积累的特殊制作技术，这种技术可以成为他们在市场上的竞争优势。

最后，基于市场研究和资源评估，制定差异化策略可以帮助家族企业在市场中脱颖而出。以手机市场为例，一家企业可能通过市场研究了解到某一细分市场对于具备特定功能的手机的需求较高。通过利用自身研发能力，他们可以制定一款具有这些特定功能的手机，以提供独特的价值，与其他竞争对手不同。

总之，市场研究、客户调查、竞争分析和内部资源评估，以及基于这些信息制定的差异化策略，都是家族企业成功发展的关键步骤，可以帮助他们更好地理解市场、满足客户需求，脱颖而出并取得竞争优势。

家族的价值观和使命愿景，决定了能否继续保持企业为家族所有的性质。品牌定位不仅涉及在市场中找到差异化优势，还包括明确品牌的核心价值观和创新理念。品牌定位的重要性不言而喻，它不仅要求在市场竞争中找到独特之处，还要明确品牌核心的信念和创新构想。这些因素对于家族企业的持久成功至关重要。

第一，要确立品牌的核心价值观，这是家族企业品牌定位的基础。品牌的核心价值观是把品牌拟人化，使特定的品牌像人一样包含着特定的价值观。品牌价值观的一致性与线上社交媒体顾客的情感融入、内在反应与外在行为之间有着较为紧密的内在联系。这一步骤需要清晰表达企业的价值观、文化和长期目标，使其成为品牌的基石。比如，有一家家族经营的高端餐厅，他们的核心价值观是提供顶级的食物和无与伦比的服务体验。这个价值观成为他们品牌的基础，帮助他们在市场中建立了良好的声誉。顾客知道，无论何时去这个餐厅，都能期待一流的用餐体验，这种信念使他们拥有了忠实的客户群。

第二，创新理念同样至关重要。家族企业应积极推动创新，不论是在产品和服务领域，还是在品牌传播和市场营销策略方面。这可以包括与现代技术、可持续性和社会责任相关的创新。

第三，品牌故事也是传达核心价值观和创新理念的一种方式。家族企业可以通过讲述故事来建立情感联系，吸引客户。比如，一家家族企业拥有多代传承的手工艺品店，他们就可以通过讲述家族传统和工艺的故事来吸引客户。当客户了解到每个产品都是由家族的工匠亲手制作而成时，他们会对这个品牌产生情感联系，因为这背后有着真实的故事和价值观。

第四，长期承诺是不可或缺的。家族企业应该展现对核心价值观和创新理念的长期承诺，这有助于建立客户的信任和忠诚度。一家家族企业可能是一家小型家具制造商。他们一直在使用高质量的材料和精湛的工艺，几十年如一日。这种长期承诺质量和持久性使得客户愿意一次又一次地购买他们的产品，因为他们信任这个品牌。

另外，随着市场和客户需求的不断变化，家族企业需要定期评估品牌定位，并根据反馈和市场动态进行调整和改进。这种灵活性使他们能够保持市场竞争力，满足客户的需求。

综上所述，品牌定位对于家族企业的成功至关重要。通过明确核心价值观、积极推动创新、讲述品牌故事、建立长期承诺以及不断反馈和调整，家族企业可以在竞争激烈的市场中脱颖而出，为长期成功奠定坚实的基础。通过深入分析市场、明确差异化优势，以及制定清晰的核心价值观和创新理念，家族企业可以制定出强有力的品牌定位策略，为日后的辉煌成就铺就一条稳健之路。

### 7.2.2 家族品牌形象的塑造

在完成了家族企业的品牌定位策略的制定后，我们应该着眼于家族品牌形象的塑造。塑造一个良好的品牌形象，无论对于家族企业本身还是合作伙伴以及目标客户而言，都是十分重要的。英国经济学家肯尼思·艾瓦特·博尔丁（Kenneth Ewart Boulding）在他的著作《形象》里提出：一个象征性形象"是各种规则和结构组成的错综复杂的粗略概括或标志"。对于品牌形象而言，人们通过影响品牌形象的各种因素建立起对品牌形象的认识，如品牌的属性、名称、包装、价格、声誉等。

建立一个明确而一致的品牌形象识别系统对于家族企业至关重要。因为家族企业已经存在于市场上较长一段时间，因此我们可以借鉴成熟期品牌的形象设计策略。一般而言，在这段时间家族企业的知名度到达一定的水平，市场较为稳定。因此本阶段的品牌形象识别系统塑造的目的为：一是深化品牌故事，提升消费者忠诚度，提升品牌资产；二是充分利用品牌效应，提升企业整体盈利水平。同仁堂的质量文化、供奉御药的经历使得同仁堂视产品质量为生命，形成诚实守信的制药品德，沉淀了同仁堂人重视质量、患者安全为上、疗效对症的责任观，形成了同仁堂的企业文化并且传承至今。

首先，我们应该通过以上目标来指引建立家族企业的品牌形象的识别系统，这个系统包括一系列标志和标识、视觉元素和声音特征，用于在市场中识别和区分品牌。

在标志和标识方面，需要设计和确立一个独特而容易识别的品牌标志或标识，如标志、徽标或图像。这个标志应该在所有品牌材料和沟通中保持一致使用。

在视觉元素方面，需要确定品牌的视觉元素，包括颜色方案、字体选择和图形风格。这些元素应该贯穿于所有品牌材料中，从宣传册到网站和产品包装。

如果有需要的话，还需要开发品牌的声音标识。这可以是一段特定的音乐、声音效果或口号，与品牌形象密切相关。

其次，为了确保一致性执行，必须确保所有员工和合作伙伴都了解品牌形象识别系统，并在所有品牌材料中遵循一致的执行标准。这有助于建立品牌的一致性和可识别性。

最后，还需要采取措施来保护知识产权，包括注册商标和其他知识产权，以确保品牌形象不会被未经授权而使用。

一旦建立了品牌形象识别系统，家族企业应该着重于强化和持续建设品牌形象。这涉及品牌的传播、推广和不断发展。

举例来说，品牌的一致传播是关键。一家高端的时尚品牌，无论是在社交媒体上发布最新的时尚系列，还是在精美的产品包装上反映出其奢华风格，都必须要保持一致性。这样，客户无论是在小红书、Instagram 等平台上浏览新款服装还是在实体店购物时，都能感受到品牌的连贯性。对于消费者已经有一定认知的品牌而言更是如此，品牌在各个方面的一致性能改善顾客对品牌的态度。

内容营销也是必不可少的。举例而言，假设一家家族企业是一家环保产品制造商，通过定期发布博客文章和社交媒体帖子，分享关于可持续发展和环保的知识和故事。这将有助于建立与那些关心环保的目标客户之间更深层次的联系。

在社交媒体管理方面，考虑一家咖啡连锁店。他们积极参与社交媒体，与客户互动，分享咖啡烘焙的过程以及与社区的互动。这有助于传达品牌形象的核心价值观，如社交责任感和品质。除此之外，品牌事件和活动也是一个重要的组成部分。

另外，客户反馈的积极收集至关重要，这些反馈将用于不断改进和调整品牌形象，因为客户的意见和需求对品牌的形象和发展有着至关重要的影响。与此同时，还应该定期评估品牌形象的有效性和市场知名度，然后根据评估结果进行必要的调整和改进。

通过建立一致的品牌形象识别系统，并积极传播和持续建设品牌形象，家族企业可以在市场中树立强大而有吸引力的品牌形象，吸引更多客户并提高市场份额。这有助于实现长期的品牌成功和业务增长。

### 7.2.3 产品质量与服务体系的构建

家族企业良好的品牌形象的构建离不开强大产品力的支持，而强大产品力在很大程度上需要通过构建一个完善的产品质量与服务体系来实现。一般而言，通过各种方式声明企业具有相应的品质管理能力，这会使得消费者的感知质量有一定的提高，进一步来说，一个较好的质量感知将会提升产品溢价的空间。因此，如何构建一个较为完善的产品质量与服务体系将会是本节的讨论内容。

确保家族企业产品质量的关键在于建立全面的品质管理体系，该体系必须包括产品设计、生产、测试、交付和持续改进的方方面面。以下是一些实施建议和方法，有助于确保这一体系的有效运作：

首先，质量标准制定是至关重要的。必须明确定义产品的质量标准和规范，以确保每个生产环节都严格遵循这些标准，从而保证产品的一致性和可靠性。

其次，质量控制程序的制定也是不可或缺的。这涵盖了在生产过程中对产品进行严格监测和检查，包括原材料采购、生产过程控制和成品检验。这有助于及时发现和纠正潜在的质量问题。再次，员工培训也是关键的一环。必须培训员工，使他们充分了解质量标准和程序，并具备相应的技能，以确保产品质量得以维护和提高。

然后，持续改进也是不可或缺的过程。建立持续改进的机制，包括客户反馈和质量数据的收集，以便不断改进产品和生产过程，确保它们与市场需求和标准保持一致。与供应商建立紧密的合作关系也是建立全面的品质管理体系的重要一环。确保供应链上的产品和服务也符合高质量标准，从而确保质量问题从源头上得到控制。通过获得相关的质量认证，如 ISO 9001 以及 GB/T 19580 等标准体系，提升企业的内功。通过标准背书，增强产品质量的信誉，这将有助于提高市场竞争力。

除此之外，如果所在的家族企业是与服务高度相关的企业，则应该通过 SERVQUAL（service quality，服务质量量表）来找出并解决企业的服务质量可能存在的问题。

最后，风险管理只是关键问题的一个方面。家族企业需要识别和管理与产品质量相关的潜在风险，以采取预防措施并及时应对问题，确保产品质量不受损害。

家族企业的成功不仅仅依赖于产品质量，卓越的售后服务也扮演着关键角色。建立一个卓越的售后服务体系对于提高客户满意度和加强客户忠诚度至关重要。我们需要一些具体的可行的措施，以确保售后服务的出色表现。首先，建立专业的客户支持团队，他们应具备迅速响应客户问题和需求的能力。为支持团队成员提供培训，确保他们能够提供高水平的服务，满足客户的期望。

其次，提供客户售后服务热线或在线支持平台，以确保客户可以随时联系到企业，解决问题或获取所需支持。这种便捷的渠道有助于客户在需要时获得及时的帮助。清晰的产品保修政策同样不可或缺。制定明确的保修政策，向客户提供产品的保修信息，并始终遵循所承诺的保修期限，增加客户对产品质量的信任感。为客户提供维修和维护服务，确保产品在长期使用中能够保持性能和价值。这有助于增强客户对产品的长期满意度，促使他们对企业产生更高的信任度。

最后，积极收集客户的反馈和投诉，迅速处理问题并采取适当的措施，以改进售后服务。这有助于不断提高服务质量，并向客户传递企业对其需求的关注。为客户提供产品的培训和使用指南，帮助他们更好地理解和有效地利用产品。这不仅提升了客户体验，还增加了产品的实际价值。定期进行客户满意度调查，以获取客户对售后服务的反馈和建议，以持续改进服务质量，确保客户的期望得到满足。

通过建立综合的品质管理体系和卓越的售后服务机制，家族企业可以提供高品质的产品和卓越的客户服务，巩固品牌声誉，赢得客户的信任，促进业务的增长。这将有助于打造坚实的竞争优势和持久的品牌价值。

### 7.2.4 家族企业品牌文化的培育

在完成家族企业品牌的建设以及家族企业品牌形象的塑造后，我们需要着眼于家族企业品牌文化的培育。一般而言，家族企业品牌文化的塑造在很大程度上会受到来自家族文化的影响。家族文化是以家族的存在与活动为基础、以家族的认同与强化为特征，注重家族延续与和谐，并强调个人服从集体的文化系统。家族文化涵盖我国家族企业的方方面面，每个家族企业都或多或少带有不一而同的家族文化。同时，家族企业文化受到所在地域的直接影响，这是由于我国地域之间气候、地理位置、历史演进不同，各地区、各省份人们形成普遍不同的观念差异，即形成以地域性划分的家族文化。一个良好的家族企业品牌文化对于家族企业而言是极其重要的，因此，对于如何有效地培育家族企业品牌文化，本节将从以下两点进行讨论。

**1. 确立家族企业的核心价值观和文化氛围**

品牌动态地承载着企业的文化与价值观、历史发展与传承等诸多信息，不易被复制。因此，建立家族企业的品牌文化离不开核心价值观和文化氛围的确立，这不仅有助于明确企业的身份和方向，还能够为员工提供明确的行为准则和共同的愿景。

首先，要深入挖掘家族历史与价值观。家族企业常常承载着独特的历史和传统价值观。通过深入研究家族历史，理解创始人的愿景和价值观，企业可以找到独特的核心价值观，并将其传承下去，从而建立一个植根于家族传统的文化氛围。

其次，核心价值观的明确定义至关重要。家族企业应明确规定其核心价值观，这些价值观可能包括诚信、家族团结、创新和社会责任等。这些价值观应该成为企业决策和行为的指导原则，贯穿于整个组织。广泛的内部参与和讨论在制定核心价值观和文化氛围时至关重要。企业可以组织工作坊、讨论会和反馈机制，让员工和管理层一同探讨和形成这些价值观，以确保它们得到广泛认可和支持。

再次，将核心价值观融入企业的日常运营中，通过内部沟通、培训和文化活动传达给所有成员，这是必不可少的。企业可以采用制定文化手册、举办座谈会、分享成功故事等方式，确保每个人都理解和接受这些价值观。

然后，领导层在核心价值观的践行方面发挥着示范作用。他们应该成为核心价值观的榜样，积极实践这些价值观，并在组织中树立良好的榜样。他们的行为和决策应与核心价值观保持一致，以鼓励员工效仿。定期评估企业的文化氛围，确保它与核心价值观保持一致，是文化管理的重要环节。如果发现需要调整或改进，应该及时采取措施，以确保文化与企业的发展目标一致。家族企业需要考虑如何将核心价值观和文化氛围传承给下一代家族成员。这可以通过家族会议、传统仪式、家族故事等方式来实现，以确保文化的延续性。此外，家族企业建立起一个良好的核心价值观和文化氛围，还可以在一定程度上提升其品牌价值。

最后，家族企业可以建立起一个坚实的核心价值观和文化氛围，这将成为企业发展的引导力量，为员工提供清晰的方向，同时也有助于增强品牌文化的内外一致性。

**2. 激发全体成员对品牌文化的认同感和使命感**

要建立和巩固家族企业的品牌文化，需要采取一系列进一步的步骤，以确保所有成员都能深刻理解、积极融入其中，并培养出强烈的认同感和使命感。

首先，故事传承与共享是关键。家族企业通常拥有悠久的历史和独特的故事。通过分享这些故事，尤其是那些强调核心价值观和品牌文化的故事，可以激发成员的情感共鸣，有助于建立家族企业的身份认同，并将品牌文化融入每个人的故事中。

其次，参与文化建设至关重要。家族企业可以建立一个开放的文化建设平台，让员工能够主动参与。可以设立创意竞赛、工作组或委员会，鼓励成员提出他们对于品牌文化的见解和建议。这种参与感能够增强员工的自主性和归属感。

再次，设立激励制度，奖励那些积极践行品牌文化的员工，可以包括金钱奖励、员工认可计划、晋升机会等。激励制度鼓励成员积极参与品牌文化，同时也增强了他们的使命感。提供定期的培训和教育机会也是必要的，以帮助员工更深入地理解品牌文化。这些培训可以包括工作坊、研讨会以及文化价值观的案例研究。通过知识传递，员工将更容易理解并内化品牌文化。

此外，在工作场所中以各种方式展示品牌文化，如装饰、标志、海报、企业内部媒体等，也是重要的一步。这些可视化元素可以不断提醒员工品牌文化的存在，强化其在日常工作中的重要性。

最后，定期举办家族企业的文化传承活动也是激发全体成员对品牌文化的认同感和使命感的重要部分，如庆祝重要的文化节日、举办家族企业历史展览或访问公司的创始地点。这些活动有助于传播家族企业的传统和价值观，激发成员的使命感。

通过采取这些方法，家族企业可以建立一个充满活力和凝聚力的品牌文化，使每个成员都能够深刻理解、热情拥抱，并积极参与其中，从而为企业的可持续成功做出贡献。

## 7.3　家族企业品牌战略的执行

在探讨家族企业品牌战略的执行前，就不得不说明什么是品牌战略。品牌战略是企业针对当前外部竞争环境、内部自身特点进行综合分析之后，制定出来的以建立、运用、维护品牌为核心的行动计划。企业打造品牌目的是提升核心竞争力，通过围绕品牌建设，来获取更大的市场份额，不断提高经济效益，获取更大的超额利润。相应地，品牌战略是企业总体经营计划的部署，是企业将品牌作为发展的根本，根据内外部竞争环境制定准确的市场定位，推广和传播品牌所提供的产品及服务，从而使得企业强化竞争优势的系统性工作。品牌战略涵盖了品牌化策略、品牌价值模型选择、品牌价值识别定位、品牌延伸规划、品牌价值管理计划和品牌价值远景设计等六大方面的内容。品牌战略的相关理论包括品牌定位理论、品牌传播理论和品牌延伸理论。

在家族企业中，制定和执行有效的品牌战略是取得成功的关键。家族企业品牌战略的执行是将品牌战略目标和计划转化为行动，实现企业长期发展的过程。品牌战略执行成功需要遵循以下几点要求。首先，需要明确战略目标，制订详细的实施计划，确定具体的目标和时间节点，并分解战略计划为具体的任务和细节，建立绩效评估机制，制定明确的时间表和责任人，确保任务的完成和进度的控制。其次，需要建立有效的内外沟通和反馈机制，加强内部人员的培训和教育，加强与供应商、渠道伙伴等外部合作伙伴的沟通与合作，确保信息和反馈能够及时传递和处理。最后，为了监控和评估品牌战略的执行效果，在执行过程中需要建立有效的监督和控制机制，建立完善的数据监测和分析体系，以便及时发现问题并随时调整和修正战略，以适应市场变化。这些要求是家族企业品牌战略执行成功的关键，只有满足这些要求，才能确保家族企业品牌战略的顺利执行，达到预期的效果。

本节将探讨如何制订详细的实施计划，建立有效的内外沟通机制以及监控和评估品牌战略的执行效果。

### 7.3.1 制订详细的实施计划

在当今竞争激烈的商业环境中，家族企业需要制订详细的实施计划来有效地执行其品牌战略。这样的计划可以帮助企业明确目标、分解任务、建立责任和评估绩效，从而确保战略的成功实施。

**1. 确定具体的目标和时间节点**

制订详细的实施计划对于家族企业品牌战略的成功至关重要。一个好的品牌战略可以帮助家族企业在市场中建立差异化和竞争优势，从而提升品牌知名度和品牌价值。然而，仅有一个好的战略还不足以确保成功，成功的关键在于实施。详细的实施计划可以帮助企业将战略转化为具体的行动步骤，并确保这些步骤按照既定的时间节点和目标进行执行。

制订详细的实施计划首先需要明确具体的目标和时间节点。目标应该是明确、可量化和可达到的，并且与家族企业的长期发展战略相一致，以便能够对实施过程进行评估和监控。设置时间节点则可以帮助企业制定合理的时间表，帮助企业在规定的时间内完成各项任务，确保实施计划按照预定的时间进展。例如，一个家族企业可能的目标是在三年内将品牌知名度提高到市场份额的30%，并在每个季度进行评估和调整。这样的目标和时间节点可以帮助企业保持清晰的方向和一定的紧迫感，并确保实施计划的及时推进。

此外，制订实施计划时还应考虑到家族企业的特点和需求。家族企业通常具有独特的文化、价值观和管理方式，因此实施计划应该与企业的特点相匹配。例如，可以考虑家族成员的参与和支持，以及传承家族价值观和企业文化的重要性。家族企业还应该注重长期发展和可持续性，而不仅仅是短期利益。因此，在制订实施计划时应考虑到这些因素，并确保计划与企业的长远目标和价值相一致。

我们以华为为例。华为从开发战略到执行DSTE（develop strategy to execute，从战略开发到执行）流程框架有四大阶段：战略制定、战略解码（又称战略展开）、战略执行与监控、战略评估，也可以分别称为中长期发展规划[战略规划（strategy plan，SP）]、年度业务计划（business planning，BP）、BP管理执行与监控闭环、业绩及管理体系评估。其中，战略规划发现战略机会点和识别市场价值转移趋势。战略解码确保全员"力出一孔""利出一孔"目标聚焦，战略解码质量决定战略执行质量。战略执行与监控要做得到，重在落地结果，以结果为导向，战略执行质量决定战略成败。战略评估须敏捷迭代、反思改进。华为一般4~9月制定中长期规划，10~12月制定第二年的业务计划和经营预算，这两项是一起完成的。而且，如果战略规划没完成，就不允许做业务计划和经营预算。

**2. 分解任务和责任，建立绩效评估机制**

分解任务和责任，建立绩效评估机制也是实施计划的重要组成部分。将战略分解为具体的任务，并明确每个任务的责任人，可以确保每个人都清楚自己的职责和任务。此外，建立绩效评估机制可以帮助企业监控和评估每个人的工作绩效，及时发现问题并采取相应的措施。

实施计划需要分解任务和责任，这是实现成功的关键步骤。将战略分解为具体的任务和行动步骤可以帮助企业将复杂的目标转化为可操作的任务，从而更容易实施和管理。此外，分解任务还可以帮助企业明确责任和权限，确保每个人都知道自己的工作职责，并能够按时完成任务。下面将详细介绍分解任务和责任的步骤，以帮助企业提高工作效率。

第一步是明确任务的目标和要求。在开始分解任务之前，必须清楚地了解任务的目标和要求。这需要企业通过与相关方进行讨论和沟通来实现。明确任务的目标和要求有助于确保分解的步骤和责任与最终目标一致。

第二步是将任务分解为具体的步骤。这涉及将整个任务分解为更小的、可管理的部分。每个步骤应该是清晰、具体和可衡量的。这需要企业通过与团队成员合作，讨论任务的各个方面和细节来实现。分解任务的目的是使每个成员都能理解他们的具体职责，并为他们提供一个清晰的工作计划。

第三步是为每个步骤指定责任人。每个步骤都应该有一个明确的责任人，负责确保该步骤的完成。选择责任人时，需要考虑他们的技能、经验和可靠性。责任人应该具备完成任务所需的能力，并且能够与其他成员进行有效的沟通和协调。

第四步是制定时间表和里程碑。为了确保任务按时完成，需要制定一个详细的时间表和里程碑。时间表应该明确规定每个步骤的开始和结束时间，并考虑到可能的延迟和风险。里程碑是指任务完成的重要节点，可以用来评估任务的进展情况。

第五步是建立有效的沟通机制。在分解任务和责任的过程中，建立有效的沟通机制非常重要。团队成员之间应该能够及时、准确地交流信息和进展情况。这可以通过定期的会议、进度报告和沟通工具来实现。有效的沟通有助于解决问题、协调工作和保持团队的合作。

第六步是监督和评估任务的执行。一旦任务开始执行，就需要进行监督和评估，以确保任务按计划进行。监督可以通过定期的进展报告、检查和反馈来实现。评估任务的执行情况有助于识别问题和改进机会，并及时采取措施解决。

最后一步是对任务和责任进行总结和反思。一旦任务完成，团队应该对任务和责任进行总结和反思。这可以通过回顾任务的目标、步骤和执行过程来实现。总结和反思有助于识别成功因素和改进机会，并为以后的任务提供有价值的经验教训。

在分解任务和责任的步骤中，对品牌战略执行情况进行监督和评估的保障措施往往在现实中做得不尽如人意。对此，有学者提出相应的具体措施，即在现有的组织结构基础上成立品牌管理中心，由5～8位高管人员组成。董事长为主席，负责制定品牌战略、规划品牌总体发展方向及方针路线；总经理担任副主席，负责监控品牌运行情况，及时发现、解决品牌战略实施过程中存在的重大问题；副总经理及其他部门经理负责建立健全品牌的管理制度，反省和研讨品牌战略运行过程中的各种问题，及时反馈品牌相关的重要活动和紧急事件，根据需要召开管理大会，就实施过程中的问题进行深入探讨，查缺补漏。通过品牌管理中心对品牌的有效管理，品牌可以保持相对的稳定性和鲜明的个性，从而能更好地持续发展。

总之，分解任务和责任是实施计划必不可少的关键环节。通过明确任务的目标和要求，将任务分解为具体的步骤，并为每个步骤指定责任人，可以确保任务的高效执行和目标的实现。此外，建立有效的沟通机制、监督和评估任务的执行，以及总结和反思任务和责任，都是实现成功的重要环节。

在上文分解任务和责任的步骤中提到了"监督和评估任务的执行"。那么具体该如何评估呢？这就涉及建立行之有效的绩效评估机制。

绩效评估机制是指企业或组织用来评估和衡量员工绩效的一套体系和方法。它是一种管理工具，用于确定员工在工作中的表现和达成目标的程度，并提供反馈和奖励机制。绩效评估机制旨在帮助企业评估员工的工作质量、数量、效率、创新能力和职业发展等方面的表现，以便制定合理的激励措施、培训计划和绩效改进方案。

绩效评估机制通常包括以下几个方面。

（1）目标设定。确定员工的工作目标和绩效指标，明确期望的工作成果和绩效水平。

（2）绩效评估方法。选择适合的评估方法，如依表评估法、建立关键业绩指标（key performance indicator，KPI）体系、目标管理法、同事评估等，以全面、客观地评估员工的绩效。

（3）数据收集和分析。收集和整理与绩效评估相关的数据和信息，如工作成果、工作质量、工作效率、创新能力等，进行数据分析和绩效评估。

（4）反馈和沟通。向员工提供绩效评估结果和反馈，包括评估结果、优点和改进方向等，以促进员工的成长和发展。

（5）激励和奖励。根据绩效评估结果，制定激励措施和奖励机制，如薪酬调整、晋升、奖金、培训机会等，以激励员工提高绩效。以中国家电巨头——美的集团（何享健家族的家族企业）为例，1999年，美的电器在全集团范围内推行员工持股制，促使产权和分配机制改革，使员工和企业形成"命运共同体"，此时美的集团初步具备了员工激励体系。在员工工资机制方面，美的集团采用的是年功工资和能力工资双轨并行的过渡政策，对有能力的专业人员破格提拔，委以重任，给予高薪。美的集团奉行"人才开放，岗位开放，机会开放"的政策，把人才资源视作企业的第一资源，企业最宝贵的财富，并把这一理念贯彻到具体管理活动中。另外，除物质激励和股权激励之外，美的集团还注重员工的精神激励和自我价值的体现。美的集团创立了"人才科技月活动"。通过举办活动，斥巨资奖励贡献突出的先进单位、项目和个人，充分肯定员工的劳动成果，有效地激励员工最大限度地发挥才能。

需要注意的是，绩效评估机制的设计和实施需要考虑到公平、客观、可操作性和有效性等因素，以确保评估结果的准确性和公正性，同时也要与员工的职业发展和企业的战略目标相一致。其中，绩效评估方法的选择尤为关键。除上述几种常用的评估方法外，还有工作标准法（劳动定额法）、强迫选择法、排序法、硬性分布法、关键事件法、叙述法等评估方法。管理者必须根据实际的需求对各种方法进行选择，绩效评估方法的选择应充分考虑绩效评估方法的针对性、经济性、正确性、精确性、适应性和可行性。

## 7.3.2 建立有效的内外沟通机制

为确保信息和反馈能够及时传递和处理,家族企业需要建立有效的内外沟通机制。有效的内外沟通机制可以帮助家族企业传递品牌价值观、提高品牌认知度、增加品牌忠诚度,进而推动品牌战略的执行。

**1. 加强内部人员的培训和教育**

加强内部人员的培训和教育是建立有效的内外沟通机制的重要一环。通过培训和教育,可以提高内部人员对品牌战略的理解和认同,增强他们的执行力和团队合作精神。下面是一些方法和策略。

(1)制定培训计划。制定明确的培训计划是加强内部人员培训和教育的第一步。培训计划应该根据组织的战略目标和员工的需求来制定,包括培训的内容、形式、时间和地点等。培训计划可以根据不同岗位和职能的需求进行分级和分类。

(2)提供多样化的培训形式。为了满足不同员工的学习需求,可以提供多样化的培训形式。多样化的培训形式可以增加员工的参与度和学习效果。除了传统的面对面培训,还可以采用在线培训、工作坊、研讨会、培训视频等形式。

(3)建立内部培训师团队。建立内部培训师团队可以提供更具针对性的培训和教育。内部培训师可以根据自身的专业知识和经验,为员工提供实用的培训内容和案例分析。此外,内部培训师还可以与员工进行更密切的互动和交流,提供更个性化的学习支持。

(4)引入外部培训资源。除了内部培训师团队,还可以引入外部的培训资源。外部培训师可以为员工带来新的视角和思维方式,拓宽员工的知识和技能。另外,可以通过与专业培训机构合作或邀请行业专家进行培训,以提高培训的质量和效果。

(5)建立学习共享平台。建立学习共享平台可以促进员工之间的学习和交流。通过共享学习资源、经验和最佳实践,可以加快知识和技能的传递和应用。学习共享平台可以包括内部的在线学习平台、社交媒体群组、内部论坛等。员工可以在这些平台上互相学习、互相启发,形成良好的学习氛围。

(6)鼓励员工自主学习和持续学习。除了组织提供的培训,鼓励员工进行自主学习和持续学习也是加强内部人员培训和教育的重要方面。企业可以提供学习资源支持,如图书馆、在线学习平台、培训补贴等。同时,可以设立奖励机制,鼓励员工参与学习和持续提升自己的能力和素质。

(7)持续评估和反馈。培训和教育的效果需要进行持续评估和反馈。企业可以通过问卷调查、培训反馈、绩效评估等方式收集员工的意见和建议,了解培训的效果和改进的空间。同时,也可以通过观察员工在工作中的表现和应用所学知识和技能来评估培训的成果。

家族企业要努力提高员工素质，广泛培养人才，全面培训员工，加强包括管理层在内的全体职工的再学习再深造，提高全员的综合素质，把无形的品牌意识和有形的实际工作相结合，做到真正意义上的思想和行动的统一。通过系统培训和精神教育，员工将积极转变思想观念，树立主人翁意识，从而自主地参与到品牌战略实施中。由此，全公司能够自上而下，从生产到各个部门，全面贯彻品牌精神，深刻体会品牌的重要性。

企业是由领导和员工共同组成的一个经营组织。所有的战略选择和制度安排都是由人来完成的，而人都不是抽象的，是具有某种文化烙印的社会人。因此，企业文化必须是上下一致的，企业的所有员工都遵循共同的文化价值取向。

家族企业必须把企业的战略远景与商业图谋，深植于企业与员工的思想工作与行为生活当中。实际上，是把企业制造方面的硬实力转化为员工行为上的、具有不可复制与难以超越的文化竞争力。

对家族企业而言，让员工参与并融入家族企业是建立有效内部沟通机制、更好地实施品牌战略的好办法。领先的品牌通过员工传递品牌。强势品牌付诸大量努力来确保员工成为真正的品牌大使。美国领先的高端百货公司诺斯壮（Nordstrom）百货就是一个非常突出的例子。员工作为品牌大使，被授权采取必要措施来满足客户需求，践行品牌理念——提供优质的客户服务。

值得一提的是，在吸引和团结员工这方面，家族企业品牌拥有着特别的优势。它们与生俱来地拥有这样一种氛围：家庭成员往往担任模范的品牌大使，不管其在公司内部的职位如何。员工一般会向他们寻求行为指导。创始人及家族上下成员能够创造一种强烈的融入感，同时也给家族企业带来独一无二的挑战：任人唯亲。因为家族企业想要代代相传，员工就会担忧高层职位遥不可及，品牌的成功不在他们的掌握之中。因此，家族企业需要积极管理家族成员的职业道路，减轻由于"任人唯亲"而让员工产生的边缘感。特别需要注意的是，当一位家族成员将被赋予领导岗位时，员工需要知道，家族成员要比其他员工更加努力才能证明他们的价值。

宜家是员工融入度获得公众最好认可的一大全球品牌。宜家是一个家族企业，它一直由坎普拉德（Kamprad）家族间接掌控。直到今天，宜家的创始人英瓦尔·坎普拉德（Ingvar Kamprad）仍然与企业保持着密切的联系，并积极致力于推动员工融入宜家品牌。坎普拉德经常深入现场激励员工，提升员工对于品牌的执着度，就好像宜家在内部员工刊物上的声明："英瓦尔的到来不仅仅是公司的一种管理方式。对于每年选到的分店而言，见到英瓦尔是一种特殊的荣幸。对于英瓦尔而言，和同事、客户的会面既是一次提问的机会，也是分享宜家文化的机会。每当他结束对商店的访问考察，分店内总有一种重新燃烧的力量。"

**2. 加强与供应商、渠道伙伴等外部合作伙伴的沟通与合作**

在当今竞争激烈的商业环境中,利益相关者面临着无穷无尽的选择和信息流,品牌是差异化的重要手段。品牌在利益相关者的脑海中创造了关于公司及其产品的独特印象,并帮助利益相关者获取有价值的信息,指导他们对产品、服务或组织的决策。家族企业通常根据其家族地位采取品牌战略,向外部利益相关者传达道德和诚信的信息。家族身份并不总是被描绘成一个静态的、不变的,或必然持久的概念。相反,家族企业在其企业品牌识别战略中强加了一种时间感。特别是,家族企业有选择地暴露和利用其家族身份和企业遗产的某些方面,以打造与外部利益相关者沟通的企业品牌形象。

加强与供应商、渠道伙伴等外部合作伙伴的沟通与合作对于品牌战略的执行效果至关重要。与外部合作伙伴建立良好的沟通渠道可以促进信息的共享和交流,提高合作的效率和效果。此外,外部合作伙伴也可以为家族企业提供宝贵的市场洞察和资源支持,帮助企业更好地实施品牌战略。下面是一些加强与外部合作伙伴沟通与合作的方法和策略。

(1)建立良好的合作关系。建立良好的合作关系是加强与外部合作伙伴沟通与合作的基础。建立良好的合作关系需要建立信任、尊重和共同利益的基础。通过双方的共同努力和合作,从而建立起稳定和可持续的合作关系。

(2)设定明确的合作目标。明确的合作目标可以帮助双方更好地理解彼此的需求,并为合作提供明确的方向。合作目标可以包括市场份额增长、销售额提升、产品创新等。双方可以共同制定合作目标,并在合作过程中不断进行评估和调整。

(3)建立定期的沟通渠道。建立定期的沟通渠道是加强与外部合作伙伴沟通与合作的关键。定期沟通可以帮助双方及时了解合作的进展和问题,并及时进行沟通和解决。沟通渠道包括定期会议、电话会议、电子邮件等。不同渠道可能出于不同的原因而使用,使用不同的沟通渠道可能会影响家族企业品牌推广的结果。双方可以根据实际情况和需求选择合适的沟通渠道。

(4)共享信息和资源。共享信息和资源是加强与外部合作伙伴沟通与合作的重要方式。双方可以共享市场调研数据、销售数据、产品信息等,以便更好地了解市场需求和趋势,并进行相应的调整和优化。双方还可以共享资源,如人力资源、技术资源等,以提高合作的效率和效果。

(5)建立共同的绩效评估机制。建立共同的绩效评估机制有助于双方评估合作的效果和价值,并及时进行调整和改进。绩效评估可以包括销售额、市场份额、客户满意度等指标。双方可以共同制定绩效评估的标准和方法,并定期进行评估和反馈。

(6)不断改进和优化合作关系。合作关系是一个不断发展和优化的过程。双方应保持积极的态度和开放的心态，不断改进和优化合作关系。双方可以定期进行回顾和评估，发现问题和机会，并制定相应的改进和优化措施。

### 7.3.3 监控和评估品牌战略的执行效果

监控和评估家族企业品牌战略的执行效果对于家族企业的发展至关重要。通过监控和评估品牌战略的执行效果，企业可以及时发现问题和挑战，从而优化资源配置和利用，提高决策的科学性和准确性，确保战略目标的实现。除此之外，对家族企业品牌战略的执行效果的监控和评估可以揭示企业内部的问题和挑战，有利于促使家族企业进行反思和改进，促进组织学习和创新，进而增强家族企业竞争力和可持续发展能力。因此，家族企业应该建立完善的监控和评估体系，确保品牌战略的有效执行，从而实现长期发展目标。

**1. 建立完善的数据监测和分析体系**

家族企业每隔一定时期（如一年），应对品牌战略的执行效果进行必要的评价，以决定是否有必要对品牌战略进行调整或彻底改变；对整个企业及各分（子）公司和各职能部门也要定期进行评价，把各部门业务决策与品牌战略结合起来，克服各级经营者的短期行为倾向。对此，家族企业需建立完善的数据监测和分析体系，以监控和评估品牌战略的执行效果。通过收集和分析相关数据，企业可以及时了解品牌战略的执行情况，发现问题并采取相应的措施进行调整和修正。下面是一些建立数据监测和分析体系的步骤和方法。

（1）设定明确的目标和指标。首先，需要明确品牌战略的目标和指标。正如前文所提及的，这些目标和指标应该与品牌战略的核心要素和目标一致，如品牌知名度、市场份额、销售额等。明确的目标和指标将有助于后续的数据监测和分析工作。

（2）收集和整理数据。需要收集和整理与品牌战略相关的数据，这些数据可以来自多个渠道，包括市场调研、销售数据、社交媒体数据、客户反馈等。收集和整理数据的过程需要确保数据的准确性和完整性。

（3）建立数据监测系统。建立一个有效的数据监测系统是确保数据的及时性和准确性的关键。该系统应包括自动化的数据收集工具、实时监测仪表板和报告等。通过建立数据监测系统，可以及时获取和分析数据，以便及时调整品牌战略。

（4）数据分析和解读。对收集到的数据进行深入的分析和解读，以获取有价值的信息。数据分析可以包括统计分析、趋势分析、关联分析等。通过数据分析，可以了解品牌战略的执行效果，发现问题和机会，并制定相应的策略和措施。

（5）制定调整计划和评估机制。根据数据分析的结果，制定相应的调整计划和评估机制。调整计划应包括具体的目标、策略和措施，以促进品牌战略的执行和实施。评估机制可以包括定期的评估和反馈机制，以监测和评估调整计划的执行效果。

（6）持续改进和优化。数据监测和分析是一个持续的过程，需要不断进行改进和优化。根据实际情况和反馈，及时调整数据监测和分析的方法和工具，以提高数据的质量和有效性。同时，也需要持续改进品牌战略和调整计划，以适应市场的变化和需求。

通过建立完善的数据监测和分析体系，可以更好地监控和评估品牌战略的执行效果，为家族企业品牌的发展和提升提供有力的支持。

以社交媒体对家族企业品牌可能带来的影响为例，如今我们正面临着传播策略的革命，因为社交媒体的出现为品牌活动引入了新的范式。社交媒体被认为是推广品牌的绝佳机会，因为它们为消费者提供了持续更新的信息来源，并为品牌提供了高曝光率。在社交媒体上直接与消费者进行对话的能力使消费者与品牌的关系更加亲密。然而，社交媒体可以成为丑闻的放大器，对于使用社交媒体的家庭成员来说，可能会模糊职业和个人背景之间的界限。出于这个原因，家族企业应仔细计划企业和个人社交媒体渠道的使用，并应定期监控内容的发布和对它们的反应，以限制丑闻的爆发。

除了通过数据监测和分析体系这种定量的方式去监控和评估品牌战略的执行效果，家族企业还可以使用定性的评价体系。评价指标包括企业的行业地位、客户和社会生活中的企业形象、产品组合的市场占有率、企业员工的综合素质和社会形象、企业是否具有良好的信誉度、企业的品牌价值如何等。相比数据监测与分析体系，评价体系的优点在于信息处理便捷、省时省力、所处的角度更为宏观，缺点则是较为粗略、不够直观、更多地依靠主观评价。

**2. 随时调整和修正战略，以适应市场变化**

对于家族企业，最大的挑战也许是要学会随时调整和修正战略，以适应市场变化，以有效的方式向前发展。而问题在于，家族企业的强大之处（如传统、独特的理念，家族成员的个人参与）也在某种程度上导致了它的故步自封。就情感上而言，家族企业品牌经常担负着继承家族传统的使命，并与之关系错综复杂。因此，有些决策是出于感情考虑，缺乏动机指导（如有些决策对家族的名誉而非企业品牌有益），或者有时候，决策根本就没有做到因时制宜。

荷兰啤酒酿造商 Bavaria 是一家成立于 1719 年的家族企业，之前这个家族品牌更新了其品牌识别。家族成员皮尔·斯文科斯（Peer Swinkels）曾在访谈中提到这次品牌识别的更换："我们的优势显而易见，我们不是一个上市公司，着眼于长期的业务发展，因此较少受到经济周期的影响。由于其他公司暂时瘫痪，这对我们是一个绝佳的机会，家族的商业心态可以让我们按可持续发展的基础来制定规划。这次换新品牌可以让我们的品牌成功迈向未来。"他还说，"这是目前为止我们作为一个家族进行的最大投资，也是我们做出的最重要的决策之一，我们花了不短的时间才做出这一决策"。

Bavaria 勇敢的步伐值得我们为它鼓掌。市场环境的变化是不可避免的，只有不断适应市场变化，才能保持竞争优势和持续发展。家族企业通常过于保守，该变不变，失去时机，尤其涉及品牌。因此，家族企业要及时倾听顾客和市场的声音，随时调整和修正品牌战略，时刻准备适应市场变化甚至引领市场，这能够帮助一个品牌调整姿态，迎接未来更好的发展。

## 7.4 家族企业品牌战略的总结与展望

### 7.4.1 家族企业品牌战略的重要性再强调

家族企业是指由一个或几个家族成员拥有和经营的企业，是最早的企业组织形式之一，在全球范围内都非常常见，是世界各国经济的重要组成部分。家族企业具有与竞争对手区分开来的内在潜力。当消费者面临购买情况，对所展示的品牌和产品的信息了解有限时，家庭信号作为判断相关的属性，显著增加他们的品牌信任度，进而影响购买决策。这种家族企业信任推断为消费者和品牌之间的长期和忠诚关系奠定了富有成效的基础。研究家族企业的品牌战略对于了解家族企业如何在家族和企业这两个特殊系统的交叉点进行沟通至关重要。对于家族企业来说，品牌战略的重要性不可忽视。在经济发展、社会进步、科技变革、文化创新的时代背景下，着重关注家族企业品牌战略，对于提高家族企业的环境适应性进而提升企业竞争力具有重要意义。

品牌是组织差异化的来源。对于在家族和企业两个系统的交叉点上开发的家族企业品牌来说尤其如此。企业品牌是指目标客户及社会公众对于某一特定企业综合性的心理认知和价值肯定。家族企业品牌则被认为是表现出更多的内部和外部的企业社会责任行为。品牌是能给拥有者带来溢价、产生增值的一种无形资产，实施品牌战略可以提升企业科学化、规范化水平，可以显著增强企业的整体竞争力。研究发现，品牌重要性与企业收入呈正相关且显著相关。当家族认同公司时，品牌重要性与公司收入之间的正相关关系更大。此外，只有当品牌重要性足够高时，身份重叠才会发挥重要作用。随着全球化市场经济发展的日趋深化，以品牌为核心进行文化建设和产品营销已成为众多知名家族企业在市场竞争中立于不败之地的法宝。研究结果表明，家族企业的发展和品牌战略的不同阶段之间有显著关系，品牌战略似乎是家族企业在市场上生存并成功传递给下一代的适当方法。

从宁波方太厨具有限公司的第二次创业可以看出,他们摆脱了第一次创业时粗放的经营方式,脱颖而出,仅 6 年时间从无到有,由 200 多家吸油烟机的最后一名做成了中国厨具行业的第一品牌,在宏观经济紧缩,市场疲软的情况下,销售达 5 亿元,同时,顺利地完成了父子交接班。这个"父子兵"式的家族企业,冒着倾家荡产的危险,在强手如林的情况下,挣脱一般民营企业发展的瓶颈,实现了从原始积累到依靠品牌和实力突破的大转变。由此可见,品牌战略对家族企业发展的重要性不言而喻。

本书在本章第一节已经与读者分别从企业与社会的角度探讨了家族企业品牌战略的意义,为了更好地让读者理解家族企业品牌战略的重要性,下面将重点从家族企业自身的角度出发,与各位共同探讨家族企业品牌战略给企业带来的巨大力量。

首先,家族企业品牌战略可以帮助企业建立独特的市场地位,从而维持一定的市场份额。在竞争激烈的市场环境中,家族企业需要通过明确的品牌定位和差异化策略脱颖而出。家族企业通常具有独特的历史、传承和价值观等特点,这些特点可以为其品牌赋予情感和认同感。通过差异化的品牌战略,家族企业可以在消费者心中建立起与竞争对手不同的印象,提高品牌的认知度和吸引力,从而占据一定的市场份额。

其次,家族企业品牌战略有利于增强消费者的品牌忠诚度,产生口碑效应。家族企业的品牌往往承载着家族的价值观和文化传承。这种情感和认同感可以促使消费者对品牌产生强烈的忠诚度。通过建立合适有效的品牌战略,家族企业可以增强消费者对品牌的忠诚度,形成品牌口碑效应。忠诚的消费者往往会选择继续购买家族企业的产品或服务,并愿意向他人推荐该品牌,从而进一步扩大品牌的影响力和市场份额。

此外,家族企业品牌战略有助于提升品牌价值和品牌资产。品牌是企业最重要的资产之一,对于家族企业来说更是尤为重要。通过建立品牌战略,家族企业可以提升品牌的价值和知名度。品牌的价值也会反映在企业的资产价值上,带动市场份额和销售收入的增加,从而为家族企业的长期发展提供支持。研究表明,通过以客户为中心的导向建立家族品牌形象,间接地对企业绩效(增长和盈利能力)产生积极影响。

最后,家族企业品牌战略有利于传承家族企业的价值观和文化。家族企业的品牌往往承载着家族的价值观和文化传承。通过品牌战略的制定和执行,家族企业可以将这些价值观和文化传递给消费者和员工,增强企业的凝聚力和认同感。这种内在的文化传承和价值观的传递可以为企业的长期发展奠定基础,并进一步巩固品牌在市场中的地位。

综上所述,家族企业品牌战略的重要性在于帮助企业建立独特的市场地位,增强品牌忠诚度，提升品牌价值和品牌资产以及传承家族企业的价值观和文化。家族企业应该认识到品牌战略的重要性，并积极制定和执行相应的品牌战略，以实现企业长期可持续发展。

通过以上讨论，我们再次强调了家族企业品牌战略的重要性。家族企业的品牌是企业的核心竞争力之一，有效的品牌战略可以帮助企业在竞争激烈的市场中脱颖而出，赢得消费者的认可和信任。

### 7.4.2 对未来家族企业品牌战略的展望

如何把家族企业建成百年老店是世界学术界和产业界共同关注的一个问题。有学者在总结了近40年的商业竞争后，得出了这样的结论：20世纪80年代靠质量，90年代靠价格，21世纪靠的是品牌的竞争力。

家族企业要树立品牌意识，顺应"呼唤品牌，走品牌之路"的呼声，使有特色的家族文化与品牌有机地结合起来。品牌是企业最有价值、抽象但又非常重要的无形资产，是竞争的一个重要环节，也是广泛使用的一种竞争手段。品牌也是产品的价值体现和文化品位的体现，内涵十分丰富，其中包括服务、产品质量、营销策划、形象设计、广告宣传等多个方面。

随着社会经济的发展和行业竞争的加剧，家族企业品牌战略的重要性愈发凸显。可以预见的是，未来，家族企业品牌战略将面临更多的挑战和机遇。以下是对未来家族企业品牌战略的展望。

（1）强调创新和变革。展望未来，家族企业在制定和执行品牌战略时或需更加注重创新和变革。在快速变化的市场环境中，消费者的需求也在不断变化，家族企业需要不断创新和适应变化，提供具有差异化竞争优势的产品和服务，以满足消费者的需求，从而保持竞争优势。家族企业可以通过引入新的技术、产品和服务创新来提升品牌的竞争力。同时，家族企业也需要敢于面对变革，调整企业结构和战略定位，以适应市场的需求和变化。

（2）促进数字化转型。未来，数字化转型或将成为家族企业品牌战略的关键。随着科技的快速发展，数字化已经成为企业竞争的核心要素。家族企业应积极利用互联网和社交媒体等新兴技术，拓展品牌的影响力和覆盖范围。家族企业可以利用数字技术来提高运营效率、优化客户体验，并与消费者建立更紧密的联系。通过与消费者的互动和参与，家族企业可以更好地了解消费者的需求和偏好，并根据这些信息调整和优化品牌战略。通过建立强大的数字化平台和渠道，家族企业还可以更好地传递品牌价值和故事，提高品牌的认知度和影响力。

（3）注重品牌体验。未来，家族企业品牌战略或将更加注重品牌体验。消费者对于品牌的期望不再仅仅停留在产品或服务本身，而是更加关注与产品、服务、品牌相关的情感和体验。家族企业需要通过创新的方式来提供独特的品牌体验，与消费者建立更加紧密的联系。通过创造独特的购物体验、提供个性化的服务和建立互动性的品牌活动，家族企业可以增强消费者对品牌的认同感和忠诚度。

（4）加强品牌管理。未来，家族企业品牌战略需要更加注重品牌管理。家族企业需要建立专业的品牌管理团队，制定明确的品牌战略和执行计划。同时，家族企业也需要加强内部沟通和协作，确保品牌战略的一致性和有效性。家族企业还可以通过建立合作伙伴关系和品牌联盟来扩大品牌的影响力和市场份额。此外，可以让家族成员参与企业管理。研究发现，当家族成员参与企业管理时，企业的资源得到了有效的管理，而当家族成员将其参与管理与旨在将家族作为企业品牌进行传播的、适当的、精心策划的品牌战略相结合时，企业也显示出更高的销售增长率。

（5）关注社会责任。未来，家族企业品牌战略或将更加注重社会责任。消费者对于企业的社会责任感和可持续发展的关注度越来越高。家族企业需要通过积极参与社会公益事业、推动环境保护和社会公正等方式来展示企业的社会责任。通过强调社会责任，家族企业可以赢得消费者的认可和支持，提升品牌的形象和声誉。

总之，在未来，家族企业需要积极关注市场的变化，积极应对可能的机遇和挑战，制定适应未来发展的品牌战略，以保持竞争优势并实现企业长期可持续发展。

# 参 考 文 献

方宇. 2006. 中国家族企业发展中存在的问题及对策研究. 北京: 北京交通大学.
高振, 江若尘. 2020. 消费情景、感知质量对产品溢价的影响: 基于自动售货机业态的实证研究. 北京工商大学学报(社会科学版), 35(6): 15-27.
何佳讯, 吴漪. 2015. 品牌价值观: 中国国家品牌与企业品牌的联系及战略含义. 华东师范大学学报(哲学社会科学版), 47(5): 150-166, 223-224.
胡旭阳, 张佳楠. 2018. "夫妻搭档"治理与家族企业竞争优势: 基于倾向得分匹配法. 经济与管理研究, 39(9): 125-135.
贾文红. 2005. 事业单位绩效评估机制研究. 上海: 同济大学.
蒋蓉. 2013. 基于动态能力构建的家族企业可持续发展研究. 企业经济, 32(2): 61-64.
李欣. 2018. 家族企业的绩效优势从何而来?——基于长期导向韧性的探索. 经济管理, 40(5): 54-72.
梁爽. 2017. WL 车用润滑油企业品牌战略研究. 南宁: 广西大学.
马骏. 2023. 中国家族企业公司治理转型研究. 北京: 中国社会科学出版社.
聂晓梅. 2015. 不同生命周期的品牌形象设计策略. 包装工程, 36(20): 12-16.
斯太尔. 2010. 家族企业的品牌长青术. 21 世纪商业评论, (4): 76-79.

滕海丽, 李园园. 2021. 企业文化对品牌价值影响的实证研究: 企业家精神和 CSR 的调节作用. 管理现代化, 41(2): 92-97.

王德发, 邓威廉. 2022. 家族文化、社会责任与公司价值: 来自我国上市家族企业的经验证据. 会计之友, (11): 55-62.

吴锦峰, 常亚平, 侯德林. 2017. 传统零售商的线上品牌延伸: 追求"线上—线下"还是"线上—原型"一致性. 南开管理评论, 20(2): 144-154.

杨荣. 2022. QB 湖羊品牌战略研究. 长春: 吉林大学.

张吉洁. 2023. 同仁堂企业顺利发展数百年的影响因素研究: 基于扎根理论. 老字号品牌营销, (19): 3-6.

张玲. 2005. 中国珠宝首饰家族企业发展研究. 北京: 中国地质大学(北京).

Arregle J, Hitt M A, Sirmon D G, et al. 2007. The development of organizational social capital: attributes of family firms. Journal of Management Studies, 44(1): 73-95.

Binz Astrachan C, Botero I, Astrachan J H, et al. 2018. Branding the family firm: a review, integrative framework proposal, and research agenda. Journal of Family Business Strategy, 9(1): 3-15.

Binz Astrachan C, Prügl R, Hair J F, et al. 2019. Marketing and branding in family business: assessing the landscape and charting a path forward. Journal of Family Business Strategy, 10(1): 3-7.

Block J. 2010. Family management, family ownership, and downsizing: evidence from S&P 500 firms. Family Business Review, 23(2): 109-130.

Block J H, Wagner M. 2014. The effect of family ownership on different dimensions of corporate social responsibility: evidence from large US firms. Business Strategy and the Environment, 23(7): 475-492.

Boulding K E. 1956. The Image: Knowledge in Life and Society. Ann Arbor: University of Michigan Press.

Carney M. 2005. Corporate governance and competitive advantage in family-controlled firms. Entrepreneurship Theory and Practice, 29(3): 249-265.

Craig J B, Dibrell C, Davis P S. 2008. Leveraging family-based brand identity to enhance firm competitiveness and performance in family businesses. Journal of Small Business Management, 46(3): 351-371.

Crimmins J C. 2000. Better measurement and management of brand value. Journal of Advertising Research, 40(6): 136-144.

Danes S M, Loy J T C, Stafford K. 2008. Business planning practices of family-owned firms within a quality framework. Journal of Small Business Management, 46(3): 395-421.

Deephouse D L, Jaskiewicz P. 2013. Do family firms have better reputations than non-family firms? An integration of socioemotional wealth and social identity theories. Journal of Management Studies, 50(3): 337-360.

Dyer W G, Jr, Whetten D A. 2006. Family firms and social responsibility: preliminary evidence from the S&P 500. Entrepreneurship Theory and Practice, 30(6): 785-802.

Gallucci C, Santulli R, Calabrò A. 2015. Does family involvement foster or hinder firm performance? The missing role of family-based branding strategies. Journal of Family Business Strategy, 6(3): 155-165.

Habbershon T G, Williams M L. 1999. A resource-based framework for assessing the strategic advantages of family firms. Family Business Review, 12(1): 1-25.

Kotler P. 2003. Marketing Management: Analysis, Planning and Control. 11th ed. Upper Saddle River: Prentice Hall.

le Breton-Miller I, Miller D. 2006. Why do some family businesses out-compete? Governance, long-term orientations, and sustainable capability. Entrepreneurship Theory and Practice, 30(6): 731-746.

Lude M, Prügl R. 2018. Why the family business brand matters: brand authenticity and the family firm trust inference. Journal of Business Research, 89: 121-134.

Micelotta E R, Raynard M. 2011. Concealing or revealing the family?——Corporate brand identity strategies in family firms . Family Business Review, 24(3): 197-216.

Parasuraman A, Zeithaml V A, Berry L L. 1985. A conceptual model of service quality and its implications for future research. Journal of Marketing, 49(4): 41-50.

Rondi E, Benedetti C, Bettinelli C, et al. 2023. Falling from grace: family-based brands amidst scandals. Journal of Business Research, 157: 113637.

Rovelli P, Benedetti C, Fronzetti Colladon A, et al. 2022. As long as you talk about me: the importance of family firm brands and the contingent role of family-firm identity. Journal of Business Research, 139: 692-700.

Salvato C, Melin L. 2008. Creating value across generations in family-controlled businesses: the role of family social capital. Family Business Review, 21(3): 259-276.

Samanta I. 2022. Examining relationship marketing and strategic branding in b2b Greek SMEs: a family business development. Innovative Marketing, 18(3): 110-120.

Schellong M, Kraiczy N D, Malär L, et al. 2019. Family firm brands, perceptions of doing good, and consumer happiness. Entrepreneurship Theory and Practice, 43(5): 921-946.

Sorenson R L, Goodpaster K E, Hedberg P R, et al. 2009. The family point of view, family social capital, and firm performance. Family Business Review, 22(3): 239-253.

Torelli C J, Özsomer A, Carvalho S W, et al. 2012. Brand concepts as representations of human values: do cultural congruity and compatibility between values matter?. Journal of Marketing, 76(4): 92-108.

Zellweger T M, Kellermanns F W, Eddleston K A, et al. 2012. Building a family firm image: how family firms capitalize on their family ties. Journal of Family Business Strategy, 3(4): 239-250.

# 第 8 章　时代新篇：品牌故事的作用

吴媛媛[①]

## 8.1　品牌故事基本概念辨析

### 8.1.1　品牌故事概念

现如今很多企业已经将品牌故事作为一种明确的标识确立下来，并且大多都会有一个或者多个代表的品牌故事，向大众介绍自己的品牌、讲故事已经成为塑造品牌的有效手段。比如，德芙背后凄美的爱情，海尔的砸冰箱事件，百达翡丽的代代相传等。近些年来学者渐渐开始重视对品牌故事的研究。深挖其背后的内涵，品牌故事的价值共创、共毁；品牌故事的构建与传播；对消费者的影响等课题。

对于品牌故事的理解不应该只局限于营销和品牌研究领域，品牌故事是一个多元化的概念。"故事"是现实生活的构造，如果人们向他们或自己说明某种需要时，可以通过讲故事的方式来表达（Douglas，2006）。故事是一种沟通行为，提供一整套信息传递元素，使人们能够快速融入信息、了解信息，并且创造出意义（Silverman，2004）。故事是一种传播复杂思想的很有说服力的方法，相对于抽象和无趣的事实、简要概括和政策条文，故事的效果会更好。不同学者对于故事有不同的理解。但可以发现其中共同的规律：故事会使用有趣的方式向人们传达一种思想，这种方式生动形象、富有含义。故事能够更好地传递以往表达的思想、情感，并令接受者轻松、愉快地获取信息。

品牌故事是故事在品牌传播中的拓展和运用。汪涛等（2011）认为，品牌故事是用故事这种最古老、最有力的沟通形式向消费者巧妙地传递品牌背景、品牌核心价值理念和品牌情感，可等同于品牌叙事。李琼（2009）提出，品牌故事是品牌在发展过程中将其优秀的方面梳理、总结出来，形成一种清晰、容易记忆又令人浮想联翩的传导思想。杨大筠（2007）认为，品牌故事是另一种形式的广告，是品牌发展过程中与消费者之间成功的情感传递。袁绍根（2005）指出，品牌故事就是企业借助相关的广告、新闻软文、公关活动以及文化传播活动，通过讲故

---

[①] 吴媛媛：博士，副教授，硕士研究生导师，九三学社社员。
　　研究方向：品牌管理、消费者行为、案例研究、旅游管理。

事的形式传达品牌内涵；它也是产品和服务的利益诉求点、品牌的背景文化以及价值理念的形象化体现。本书认为品牌故事以生动形象且富有含义的方式向接受者传达企业的思想和文化，表达品牌的内涵。

## 8.1.2 品牌叙事

关于品牌故事的构成要素国外学者认为，一则好的故事中具有六个连续的组成部分或步骤：背景（setting）、建构（build-up）、问题产生（trouble's coming）、危机或高潮（crisis or climax）、启示（learning）、新的行为或认识（new behaviour or awareness）（Morgan 和 Dennehy，1997）。关于品牌故事的内容要素，故事包含四个元素：情节（plot）、人物角色（character）、主题（subject）和美学（aestheties）（Vincent，2002）。Fog 等（2005）结合故事营销的实践经验，归纳出故事的四大元素：寓意或讯息（message）、冲突点（conflict）、人物角色（character）和情节（plot）。与国外学者观点相比，国内学者对品牌故事的构成要素观点更加贴合国内品牌故事的实际背景，黄光玉将品牌故事划分为七大元素：人物角色、事件、常出现的物件、冲突点、讯息、叙事结构以及叙事特色。汪涛等（2011）认为故事主题和故事内容是构建品牌故事的两大要素，而故事内容应具备真实、情感、共识和承诺四个特征。

故事是故事讲述者的作品，是讲述故事时，故事的讲述者对一个事件或一系列事件的叙述。叙事（narratives）是叙事者带着既有的观点讲述故事的过程，故事的主题就是叙事者所持有的观点；是消费者根据自己的先验知识、注意力和个性来解读的故事（维森特，2004）。也就是说故事的主旨在于描述事件发生过程，而叙事更在于表达故事中隐含的观点。叙事可以解释为一种消费行为，通过这种行为，故事被转化为叙事。例如，消费者更喜欢哪些描述品牌如何通过坚持不懈的努力，从弱势到最终取得成功的传记故事，这是因为消费者在理解故事的过程中加入了自己的主观色彩，与故事的主人公达成共情。

叙事是构建和更新大脑中的认知模式的过程（Herman，2003）。人们是通过叙事来构建思考和组织资讯的（Arnould and Wallendorf，1994）。消费者和心理学文献的研究表明，叙事格式的信息非常适合影响消费者的信念，因为叙事处理抑制了消费者对要表达观点的反驳，并且为消费者所喜爱。它是一种独特的交流形式，它以时间顺序和因果联系的事件为特征，包括"有动机的演员、事件序列和具有物理、社会和时间成分的背景"（Padgett and Allen，1997）。叙事传输理论揭示了故事说服人们的机制。当人们被传输到一个故事中时，他们的认知、态度或意图会根据故事发生改变。当消费者沉浸在一个故事中，消费者的注意、感受和想象在内的所有心理系统都会聚焦在故事的事件上（Bruner，1990）。人们对叙述的处理不那么挑剔（Adaval and Wyer，1998；Escalas，2007），并根据连贯性或真实性来评估叙事。相反，当人们处理基于论点的信息时，他们会考虑明确的、合乎逻辑的论点，并进行批判性审查和以论点为中心的阐述（Petty and Cacioppo，1986）。叙事传输理论（narrative transportation theory）指出，个体"沉浸"故事的过程是整合了注意、情感和意象的独特心理过程（Green and Brock，2000）。其中，故事所引发的情感反应是故事效果的核心成分（Oatley，2002）。

## 8.2 品牌叙事的故事呈现

### 8.2.1 品牌故事的类型

营销领域的品牌故事的分类，Hopkinson 和 Hogarth-Scott（2001）从故事来源的角度对品牌故事进行分类：经理人的知识、消费者的消费经验、员工的工作经历、记者对新产品报道、竞争策略、企业信息。Silverman（2004）从故事性质的角度将品牌故事划分为专业故事、个人故事和组织成功故事。

在国外文献中故事管理学派品牌故事属于认同型故事，目的在于告诉消费者：我是谁？我来自哪里？我的未来方向在何处？（Denning，2005）。麦克·洛伯特概括了三种故事类型：我是谁？我们是谁？我们要往哪里去？第一种故事"我是谁？"告知消费者品牌是什么样；第二种故事"我来自哪里？"让消费者了解品牌的来源，如品牌诞生、创始人、历史渊源等（Chehadeh et al.，2005）。

国内文献中，著名品牌战略专家李光斗（2015）根据故事主题对品牌故事进行分类，包括爱情故事、生命故事、美德故事、尊重故事、个性故事。台湾学者黄光玉（2006）把品牌故事分为三大方面：企业的故事；商品或服务的故事；人的故事，包括企业内部和外部的人。从品牌管理的角度出发，品牌故事类型包括10种：①品牌诞生的故事；②企业组织的故事；③品牌愿景的故事；④品牌沿革与创新的故事；⑤品牌利益与价值的故事；⑥品牌代言人的故事；⑦品牌与消费者的故事；⑧品牌成功事迹的故事；⑨品牌形象的故事；⑩品牌与社会关系的故事。

### 8.2.2 品牌故事的功能

品牌故事的目的是向消费者传达企业的思想及文化，使消费者加深对企业的了解和认识。其最终目的是发挥其功能影响消费者。

**1. 品牌故事的教育功能**

品牌故事在传播的过程中本身是对消费者进行教育的过程，这种功能是品牌故事自身所固有的。在婴儿的早教过程中，父母也会采用讲故事的方式让婴儿渐渐对外界事物产生基本认知，逐渐形成三观。讲故事可以作为一种教育方法，现有的研究发现讲故事在教育学中有着很重要的地位。在学习的过程中，教师可以通过讲故事的方式加深学生对于知识点的理解。同样，品牌故事可以使消费者加深对于品牌的理解，具有说服消费者的作用。通过语言文字的描述在消费者的脑中产生联想，可以使品牌的思想和文化在消费者脑中长久储存。原有的生涩的企业愿景、企业思想也可以通过故事的方式转化为消费者脑中通俗易懂的图像化语言得以储存。

**2. 品牌故事对消费者情感的影响**

品牌故事可以建立并且强化品牌与消费者的情感联系，通过媒介的故事传播过程更是能够强化情感，产生积极的品牌态度，激发购买欲望（Granitz and Forman，2015）。汪涛等（2011）提出品牌故事既能体现品牌的核心价值理念，又能增进与消费者的情感交流与心灵共鸣，还能形象巧妙地传递品牌信息。杨兴国（2008）提出品牌故事往往能够带给顾客消费之外的情感体验，这种情感体验会加强品牌联想并且令消费者产生对品牌的认同感。

吸引力强的品牌故事比吸引力弱的品牌故事更受消费者的欢迎，因为品牌故事具有共鸣性和感染力，品牌故事与消费者的自我意识、自我概念、以往经验有相似之处。品牌故事与消费者的这些构念相互认可，当消费者接收到品牌故事传达的信息后，会产生相同的想法，从而产生与品牌的心理链接。感染力是指品牌故事可以打动消费者的情感，能够使消费者产生相同的思想感情的力量，这种情感体验会加强品牌联想。消费者如果能够被品牌故事打动，就会增强对品牌的认同感，产生品牌依恋。

## 8.2.3 品牌故事对消费者品牌关系的作用

消费者研究领域和其他领域的相关研究，证明了叙事可以对个人信任和态度方面产生影响（Escalas，2004；Escalas，2009）。其中包括提高消费者的认同感和引起他们的情感反应（Adaval and Wyer，1998；Deighton et al.，1989；Escalas，2004）。相对于演讲这种形式的传达，叙事更加能够使消费者产生积极的情绪反应（Adaval and Wyer，1998）。这表明服务的益处更加显著，并且叙事增强了消费者与品牌的自我联系（Escalas，2004）。

## 8.2.4 品牌故事对消费者忠诚的影响

品牌故事可以有效地和消费者建立心理连接，拉近消费者与品牌的关系。这些都会间接地影响到消费者对品牌的忠诚度，也会对品牌的其他相关要素产生积极作用。通过建立心理连接可以使消费者第一时间更多地了解到企业、品牌、产品的信息。这种连接能让顾客感知到品牌的高水平顾客导向，使其产生亲近品牌的态度，从而能够拉近消费者与品牌间的心理距离。Mathews 和 Wacker（2008）指出说故事的目的在于两点：其一，与听故事的人产生联系；其二，与听故事的人结盟。黄光玉（2006）指出，让消费者认识到品牌，并进一步地认同品牌理念，可以借助讲故事与故事的接受者结盟，从而形成品牌与接受者的稳定关系。这种稳固的关系有助于加强消费者对品牌的忠诚。

## 8.3  品牌互动叙事

品牌故事可以帮助企业在叙事的过程中传达企业的思想与文化，但在传播的过程中仍需要接受者积极配合，理解企业故事中所表达的含义，这无疑是营销者提出了一个有待解决的问题，怎样让接受者更好地理解品牌故事？在互动营销的背景下，诞生了一个概念"价值共创"，在价值共创的基础上我们提出了"品牌故事的价值共创"，让故事的接受者参与故事的写作过程，深入了解企业的背景，与企业一同描绘品牌故事。共创是一个互动的过程，在这个过程中企业或消费者可能会因为单方或双方的失误从而对品牌产生消极的态度，导致品牌故事的价值共毁。

### 8.3.1  品牌故事价值共创

"品牌故事价值共创"一词植根于价值共创概念之中，价值共创是品牌故事价值共创的基础。梳理国内有关价值共创的研究发现，已有文献主要从顾客与企业的二元关系视角展开价值共创的概念、影响因素和结果的探讨。关于价值共创的概念，学者普遍认为，价值共创是一种合作行为，价值由企业和顾客共同生产，产生于顾客和企业的互动过程中（简兆权等，2016）。价值共创主要表现为企业与顾客之间进行持续的动态交流，通过维持顾客的情感参与和认知参与，将顾客转化为生产和销售过程各个步骤中的积极参与者（孙永波等，2018）。

关于价值共创的影响前因和后果研究，王玖河和刘琳（2017）通过实证研究验证了感知价值、控制欲、个性化需求和组织支持是顾客参与价值共创的影响因素。万文海和王新新（2016）将企业员工与顾客的共创价值活动分为情景活化、人际互动和仪式互动三个维度，影响企业员工组织承诺。此外，价值共创有助于增加消费者的情感体验，促进对产品和品牌的忠诚（王新新和万文海，2012），有利于品牌绩效和品牌资产（李朝辉，2014）的提升。

品牌故事的价值共创（brand story co-creation）现如今成为一种被广泛使用的营销策略（Fog et al.，2005）。消费者生成的内容为企业提供了共同创造故事的机会，企业可以在故事的写作过程中征求消费者的意见，创造一个社区共享平台收集消费者的意见，与消费者共同塑造品牌形象。本书将品牌故事价值的共创定义为"基于品牌故事传递企业价值观，从而产生的价值共创"。研究发现，相对于一件没有共创声明的产品，有共创声明符号的品牌，能够让顾客第一时间更多地了解到企业、品牌、产品的信息，顾客会感知到共创品牌的高水平顾客导向，有亲近的品牌态度，从而能够拉近消费者与品牌间的心理距离。品牌故事的价值共创能够让消费者更加深入地了解品牌，提升对品牌故事内涵的解读。

### 8.3.2 品牌故事价值共毁

研究证明价值共创是来自多方（企业、顾客、供应商、合作者、竞争者、行业组织等）资源的整合过程，通过多方互动达到共创目的。整合不同行为者的资源达到价值共创的目标并非易事，而当今社会行为者的多样性和复杂性更增加了协调和合作的难度，因此价值共创的初衷并不总能得到积极的结果。在价值形成过程中，资源整合出现问题，则会走向价值共创的对立面：价值共毁。

在第一篇关于价值共毁的研究中，Plé 等（2010）认为，价值共毁是指在价值创造的相互影响的过程中，参与者滥用资源而造成的企业和消费者中至少一方福祉的减少。此定义说明价值共毁发生在价值共创过程，资源滥用是主要原因，福祉减少是标志，福祉减少指至少一方价值没有达到期望水平。Echeverri 和 Skalén（2011）认为二元互动实践要么产生价值共创，要么导致价值共毁。价值共毁是指在互动过程中服务提供者和顾客所造成的价值的协同破坏或削减。Smith 等（2013）从顾客的角度出发，将价值共毁定义为企业未能履行其价值主张而造成顾客资源的意外损失。Vafeas 等（2016）将价值共毁定义为一个或多个进行互动的行为者的资源不足或资源滥用而使得互动双方感到并未实现应有的价值，甚至产生价值减少或次优的现象。所有行为者或多或少都是价值减少的受害者。价值共毁的内涵可以归结于以下三点：①价值共毁造成至少一个行为者的福祉未达到最优，可能是次优状态，可能是福祉遭受损失；②价值共毁发生在行为者之间进行互动，或者行为者及其网络与其他行为者及其网络之间进行互动的过程中，可能是直接互动，也可能是间接互动；③价值共毁不是具体的可观测行为，而是一种状态（关新华和谢礼珊，2019）。

品牌故事的价值共毁是指，在企业同消费者的品牌故事共创活动中，企业或消费者的资源整合出现问题，导致至少一方的福祉下降。这些协同破坏具体指，企业不采纳消费者提供的意见、擅自对消费者的意见进行修改、消费者的不正当言论或对企业的负面评价如"这是一个卑鄙的地方""可怕的地方"等，从而导致企业不采纳消费者提供的建议或将消费者的建议碎片化（一部分采纳一部分不采纳），消费者的自我实现价值、参与感、品牌忠诚度下降。

### 8.3.3 价值恢复

价值共创或共毁并不总是一成不变的，可能随着时间的推移和情境的变化而发生变化，甚至有可能交替出现企业通过调整资源节点和资源整合方式，使资源配置朝着更合理的方向发展，从而使价值共毁转化为价值共创。这样的行为被称为价值恢复。价值恢复（value recovery）是指在互动过程中，服务系统发生价值共毁后，其中一方行为者为了缓解和修复系统中自身或其他行为者所受到的价值损失而采取的解决方法和补救措施。

价值恢复的实施和执行可以由任何一方或几方成员共同完成价值恢复，并且可以分为三类：企业单独进行价值恢复、企业与顾客共同进行价值恢复以及顾客单独进行价值恢复。其中，顾客单独恢复价值措施常见于虚拟网络社区，用户在没有得到企业及时反馈的情形下，通过用户之间的有效交流，自行解决了困难或问题。在定制化服务情境中，由于服务生产和消费的同时性，价值共毁一旦发生，生产和消费的界限很难清晰地划分，因此价值的恢复往往需要企业提供支持，顾客难以接受价值恢复的任务由自己独自完成，也往往无法实现在服务系统中单独进行价值恢复。价值恢复的背景是价值共毁，引发价值共毁发生的责任方可能是企业、顾客甚至其他参与者。价值恢复强调针对服务系统价值感知不平衡的一方进行修复调整，其终极目的是通过有效的恢复措施将服务过程转化到价值共创的过程中去（谢礼珊，2020）。

## 8.4 你的团队需要一个会讲故事的人

故事可以感动人，一个好的品牌故事，往往能够使消费者对品牌具有更多的想象和期待（Granitz and Forman, 2015；Lundqvist et al., 2013），或许是因为好奇尝试，或许是受到故事触动，品牌故事在其中，可以帮助消费者产生更积极的品牌态度，刺激消费者产生购买欲望。许多现有的研究表明，品牌故事对于建立强大的品牌和品牌忠诚度是有用的，因为这种方式不仅能够说服消费者，还能在消费者心中深刻留下品牌的独特印记，因此，讲故事可能是一种极具效力的营销手段。当然，由谁来讲，讲什么内容，如何讲，是品牌故事能否达到预期效用的关键因素。

### 8.4.1 品牌故事的主体

品牌故事的核心目标是"设计超越单纯产品和价格点的品牌体验"，品牌故事可以由企业或消费者创造，它们对品牌态度有不同的影响。目前的研究区分了由企业产生的品牌故事和消费者的品牌故事讲述。

**1. 企业**

企业作为品牌故事的建构者并不罕见，例如，苹果创始人乔布斯"活着，为了改变世界"的传奇人生，以自身的事迹赋予企业灵魂，让苹果成为顶尖高科技公司；香奈儿的故事从自己悲惨的童年开始，苦难赋予她坚韧的意志力，基于此，世界知名奢侈品品牌以小帽子店起家，以一段艰辛的故事，概述了香奈儿的经历并使其延续至今，成为国际大牌的意志来源；迪士尼则从一个怀才不遇的小画家开始，经历了无数的坎坎坷坷，磨难却没有使他放弃理想和希望，在遇到一只小老鼠后，他的人生因此改变，也由此告诉消费者坚定理想，始终要抱有希望的正能量哲理；再比如途虎十周年系列广告片以"真实铸就品牌千钧之力"，奔驰的新春短片《心之所向》，从细微的角度谈论了人与人之间的爱与情，小米的短片《商战》中，小米作为帮助主角化险为夷的关键频频出现……在以上的品牌故事中，可以很好发现，故事中的主角正是创始人或者产品，而企业也正是构建品牌故事的主体之一。

在企业为主体构建的品牌故事中，创始人作为品牌故事的主角是多数公司选择的一种方式，他们将创始人创立品牌，带领品牌发展历程中的艰辛与苦难展示在消费者面前，将战胜挫折与困难的精神与斗志融入企业价值观层面，这种以劣势为主旋律，传播勇气与奋斗的品牌故事，往往更能得到消费者的认同。当然，在许多企业的宣传短片当中，主角换成了公司的主营产品，例如，很多知名车企和手机品牌，在他们的宣传视频中，产品会出现在各种场景，以故事的形式将产品信息巧妙植入到受众心智中，增强了产品记忆点。

在企业构建的品牌故事中，企业往往会将品牌价值观（brand values）、理念主张及意义定位等信息整合起来，让消费者能够从中体会到品牌的价值，从而建立起与品牌的情感关系（Paharia et al.，2011），将品牌故事作为企业品牌形象和品牌定位的重要载体，给企业带来区别于其他企业的竞争优势。例如，迪士尼公司有着悠久的历史，能够讲述每一个产品令人愉快和鼓舞人心的故事，它讲故事的能力甚至已经成为国际公司的核心价值，增加了其相对竞争对手的独特性。但不可否认的是，以企业为主体的品牌故事，会加大企业与消费者的心理距离，影响消费者的品牌感知，而这种机制下对不同产品的影响也不同，例如，对日常消费品而言，消费者可能无法对品牌故事进行共情，但是对于奢侈品来说，这种对于品牌的崇敬型认同可能使消费者对于品牌产品的质量和品质更加信任。

**2. 消费者**

当前，越来越多的企业以消费者为主角构建品牌故事，让消费者自己成为故事主角。例如，奥利奥的新春短片《三仙归洞》，以传统戏法"三仙归洞"为核心，刻画了一对尴尬而又矛盾的爷孙关系，向观众献上了一部浓浓中国味的团圆大片；支付宝品牌广告"生活好，支付宝"讲述了普通消费者日常生活中使用支付宝的故事，勾勒出有了支付宝，生活更美好的景象；雷克萨斯通过描述普通夫妻婚姻中的情感故事引发共鸣，将"平淡生活里，有你才灿烂无比"的价值观传递给受众……我们不难发现，以消费者为主体的品牌故事似乎并没有特意强调品牌与产品，而是让产品出现在关键剧情的转折点上，达到让消费者有一种没有感受到特意强调品牌的突兀，但的确产生了较为深刻的品牌记忆。

消费者的品牌故事是由消费者根据他们对品牌的体验产生、阐述和分享的。他们的故事由情节、人物、因果关系和年表组成。因此，消费者的品牌故事讲述不同于口碑，后者包括与产品相关的所有类型的非正式沟通，如消费者评论，"种草"时的宣传等。

以往的研究表明，消费者对不同类型的品牌故事持有不同的态度（张燕，2022）。例如，当消费者意识到故事是由其他消费者的真实体验产生时，他们倾向于积极地分享故事，并积极地感知品牌，有更高的动机去讲述和倾听消费者关于品牌的故事，更投入和参与到故事和品牌中，呈现更深的认知加工，以及更多的经验，帮助唤起消费者丰富的积极情绪，从而增加有利的品牌态度。同时当他们阅读消费者的品牌故事时，相比公司创建的品牌故事，消费者的品牌故事有助于人们更好地想象与品牌相关的事件，使品牌信息更加有形，并在受众的脑海中创造认知记忆，最终导致长期记忆。然而，一旦他们意识到品牌故事是由公司作为广告和销售工具创建和传播的，他们就不那么参与了。

消费者是品牌故事主要的代理人，通过消费者的品牌故事分享他们自己的品牌经验，不像企业产生的品牌故事，消费者是被动的接受者。因此，消费者的品牌故事不仅能唤起积极的情绪，还能唤起认知过程，从而形成积极的品牌态度（Berger，2014；Pera and Viglia，2016；Lund et al.，2020）。随着消费者的影响力越来越大，他们越来越多地通过社交媒体参与品牌故事的讲述，消费者可以在提高品牌知名度、形象和忠诚度方面发挥重要作用。

### 8.4.2 品牌故事的建构

#### 1. 品牌故事的内容

品牌故事的内容主要由哪些元素构成？关于这个问题，学者提出了不同的观点。Vincent（2002）认为，故事包含四个元素：情节、人物角色、主题和美学。Fog 等（2005）结合故事营销的实践经验，归纳出故事的四大元素：寓意或讯息、冲突点、人物角色和情节。通过叙事来塑造品牌（van Laer et al.，2014），首先要创造一个让消费者难以忘怀的故事本身，而故事的内容则在很大程度上影响着品牌故事能否吸引到消费者，使受众产生与之共鸣的欲望。本书从品牌故事的主角，情节和要素三个方面进行概括归纳。

首先，每一个故事都有主角，无论是以企业为主体还是以消费者为主体，品牌故事的主角都会指向品牌本身，虽然每个故事都是独特的，故事在内容和风格上差异很大，但它们都有一个重复出现的原型元素的基础，称为原型。原型是卡尔·荣格提出的概念，他认为这些故事中主角的相似形象就是人们心目中的故事"原型"（Jung，1916）。原型可能是个人身上源自潜意识的产物，也可能是具有集体本质的、通过神话或传奇等形式出现在世界各国人们心目中的人物形象，也就是不仅仅是以创始人或者消费者为主角，还有一些虚拟的人物，比如，一些由童话故事和神话传说改编而来的趣味性品牌故事中，就存在虚拟的人物形象。当然，无论是虚拟还是真实的人物，主角往往都是品牌价值取向的反映，是品牌精神与文化的象征。

其次，一个好的品牌故事，也必须具备好的故事情节，才能让受众得到美感的体验和对品牌的认同。品牌故事的情节结构往往是由导入情境、错综复杂的困难和解决难题等三个情节组成的，先是围绕困难和问题的出现，接着展开解决困难的过程和发展，通过一系列事件和紧张气氛的渲染，问题最终得到解决。在情节展开的同时，品牌故事也需要注重故事反映的主题，既需要传达品牌的核心价值观，体现品牌的价值，同时也需要透过消费者的洞察，反映消费者的价值观，提供现实消费的意义框架。

最后是故事内容的要素，一个好的品牌故事在内容上最基本的要求是具备真实、情感、共识和承诺四大要素。首先是真实，故事的真实性对品牌形象有显著影响，高真实性的品牌故事更能产生正向的品牌形象知觉，影响着消费者的认知，只有当消费者对故事信以为真时，品牌故事才会发挥影响力；其次是情感，相较于单纯的事实陈述，往往带有感情色彩的故事更能得到消费者的认同，使其体会到故事蕴含的思想与意识；再次是共识，品牌故事应该讲述大众认可的常识或者社会规范，保证消费者可以互相交流与传播，甚至有效力的品牌故事会形同社会契约，让听故事的人可以从中学习到品牌目标群体的行为规范（Park et al.，2007）；最后是承诺，好的品牌故事要提供一种改变的"承诺"，以给消费者提供生活需要的理想，解决他们生活中最烦恼的问题。这种承诺实质上是以内隐方式向消费者保证：一旦购买或使用故事中的品牌，就能像故事中的主角一样获得某种改变。这种隐喻改变的信息附于清楚明白的故事表面之下，如果能被消费者发现并且把它转变为自身信息的话，故事就起到了说服的作用。

**2. 品牌故事的结构**

故事结构是故事作品的形式要素，是指故事各部分之间的内部组织构造和外在表现形态。品牌故事根据不同的表现需求，采用不同的故事结构来进行品牌故事的构建。以下是品牌故事中常见的几种结构形式。

（1）线性结构，就是各个情节按时间的自然顺序、事件的因果关系顺序连接起来，呈线状延展，由始而终，由头至尾，由开端到结局，一步步向前发展，分为单线式与复线式，虽然有时倒叙、插叙和补叙，但并不改变整个情节的线式格局。许多讲述创始人事迹的品牌故事就是按照时间和事件的进程线性展开，这也是最常见的一种故事结构，例如，奔驰与王家卫推出的《心之所向》宣传片，就以三条并行的故事线叙述了三种不同的情感，有情侣间的分分合合，有家人久别的团聚，也有父女矛盾的化解。

（2）网状结构，以人物的心灵为中心点，以人物的意识、心理活动为辐射线构成情节，其结构如蛛网般。这种结构的构建方式多见于品牌广告当中，主角往往是以画外音的形式推动故事情节。

（3）画面结构，以景物、场面为主体的画面式情节单元的组合，即画面结构。这种结构在品牌故事建构中通常是将其与其他结构结合在一起，以此增强画面感与情感渲染力。

（4）象征结构，即象征性情节结构，指全部情节单元紧紧围绕着某个形而上的抽象理念——意识、观点、思想、感觉而展开和进行，品牌理念是情节的内核，是情节片段之间的连接线索。

（5）写实结构，是"新写实"小说所采用的情节结构，在非虚拟角色的品牌故事中也会采用此结构，增强故事的真实性，获得消费者在共识方面的认同。

（6）"散文"结构，即散文化情节结构，其特点如下。一是故事情节呈现为散文的片段，就如同散文的叙事是片段事件的连缀，而不是有头有尾的连贯故事一样。二是形散而神不散，即通过片段事件的叙述和自然景物以及社会风情的描绘，创造出生动的意境，表达特定的主体情思。例如，天猫的宣传短片《第一个吃螃蟹的人》，就在历史与现实，黑白与彩色间不停切换交织，以无厘头的创意内容和丰富的镜头语言成功抓住了人们的眼球。短片结尾，以"生活总会奖赏那些乐于尝新的人"将人们拉回现实，并通过一支小短片引入正题，向大众呈现618的多重"新"。

### 8.4.3 品牌故事的视角

故事是人来创造的，也是由人来讲述，当然，不同的人讲故事肯定带给听众的感受不同。当一个故事是由说书人来讲，你应该能感受到剧情的跌宕起伏，人物的栩栩如生，爱恨情仇的精彩演绎让你如痴如醉，而当严肃的父母想通过同样的故事，讲述其中蕴含的哲理教育身处叛逆期的你时，相信你会瞬间失去兴趣。这是因为说书人知道听众想听到什么，而父母则可能更倾向于自己想表达什么。换到营销领域，当品牌故事由不同的人讲述，讲故事的出发点与视角不同时，消费者感知也会大不相同（Robson and Mills，2022）。

消费者以自己的视角讲述品牌故事，叙述自己与品牌的联系，对于品牌产品的体验等，这种第一人称视角往往更能够增加可信度，拉近与消费者的心理距离（Duck et al.，1995）。由于新通信技术的出现，社交媒体和全球化的影响，消费者现在能够比以前更容易地传播和分享他们的品牌故事，同时，消费者有更强的动机去讲述和倾听消费者关于品牌的故事。与传统渠道相比，消费者通过社交媒体进行的品牌故事讲述更具影响力，并且可用于在消费者和品牌之间建立联系。同样，企业也有将产品拟人化，或者直接以创始人的第一视角来进行品牌故事的搭建。

评论作为当前消费者购买决策的参考之一，随着网上购物的迅速发展，重要性与价值也愈发突显出来。在很多购物网站上，企业鼓励消费者去讲述自己与品牌的小故事，让消费者在产品评论区自行交流感受与体会，逐渐发展出了一种以第一视角描述品牌故事的新模式——评论式品牌故事，消费者评论被认为比营销驱动的沟通更相关和信息量更大，并影响企业的销售。评论可以以描述一个详细的、连续的经历的方式来写，这与人类在故事中交流的偏好是一致的。卖家和消费者评论网站可以通过促使评论者以叙述的形式（"告诉我们你的经历……"）来增加评论的影响力。除了使用叙事作为说服工具，公司可以使用叙事来加深消费者与其品牌的联系，并鼓励客户与其他消费者分享他们的品牌故事，近年来许多公司会通过举办竞赛来应用这种方法，消费者可以在相关网站上发布他们的产品相关故事，并取得了较好的反馈。

与此相对的，更多的还是以第三人称，以上帝视角更客观、更全面地去讲述品牌故事。在先前举例的品牌故事当中，消费者更多的还是以旁观者的角度参与到其中，当然，在一些情节也会引发消费者的共鸣，此时消费者也会将自己带入到故事中。例如，故事发生在家庭、职场、饭桌等场景时，消费者可能会因为故事与现实有相似的情节产生，增强品牌感知。

其实按照品牌故事的构建来看，也可以分为消费者视角和企业视角，企业视角是"诉我想诉"，更趋向于理性，讲述自身的发展与传达正能量哲理，同时较为直接地向消费者传递企业的价值观。而以消费者视角则是"思你所想"，更趋向于感性，以消费者的视角去解读这个世界，将企业的核心价值观更为隐晦地布置在故事讲述的每一个角落，以一种更富有温情的方式形成消费者独特的品牌记忆。

## 8.5 示弱还是示强？品牌故事类型影响消费者品牌态度的双重路径模型

品牌故事以选择性建构的叙事方式记录品牌的起源、经历和随着时间推移的演变，将品牌个性的静态建构转化为企业动态的自主创作的意义叙事。讲好中国品牌故事越来越受到企业与政府的关注。企业通过品牌故事建立与消费者深度沟通的桥梁，向消费者传递品牌信息，提高消费者对品牌形象的感知。《国务院办公厅关于发挥品牌引领作用推动供需结构升级的意见》中强调"大力宣传知名自主品牌，讲好中国品牌故事，提高自主品牌的影响力和认知度"。在注意力稀缺时代，品牌故事成为品牌差异化突围的绝佳选择。

根据品牌故事的叙事风格，品牌故事可分为示弱型（underdog biography）品牌故事和示强型（top dog biography）品牌故事。在现实生活中，谷歌、微软、褚橙等企业采用"示弱"方式，在其品牌故事中突出了公司卑微的出身，创始人坚定的激情和梦想，以及在艰难中不屈不挠的奋斗经历；广汽本田、小罐茶、CoCo都可等，则通过"示强"方式，在品牌故事中体现品牌资源优裕、销量领先、经营规模庞大、研发实力雄厚等优胜之处。面对这两类的品牌故事，消费者是否会产生不同的品牌感知和品牌态度呢？

以往研究学者多集中于品牌故事的构成要素，如故事的典型性、故事的人物类型、故事的语言或视觉呈现形式等；也有诸多成果关注品牌故事对企业和消费者的影响，例如，品牌故事对品牌形象、品牌态度、购买意愿、品牌忠诚度等的影响。对于品牌故事的叙事风格的研究，已有成果较多关注示弱类型的品牌故事，认为相比于示强的一方，示弱的一方更可能在竞争中得到人们的支持，产生劣势者效应，从而使得示弱型品牌故事对消费者产生积极影响，而对于示强型品牌故事的积极影响及其作用机制关注较少。同时，社会心理学领域的研究显示个体更愿意与优胜者联系在一起，消费者行为学领域的研究也发现，示弱型品牌故事并不总能获得消费者的青睐。那么，为了发挥品牌故事的最佳效用，企业到底应该讲述哪种类型的品牌故事呢？

聚焦上述问题，本章首先深入探讨示弱型品牌故事和示强型品牌故事通过感知激励和感知能力对消费者品牌态度的双重路径影响机制，明晰了品牌故事的作用机理和相对作用，丰富和补充了品牌故事的相关研究内容；其次，本书进一步关注了消费者个体特质（发展取向 vs. 固定取向）和品牌历史因素（长 vs. 短）的调节作用，探讨了品牌故事影响消费者品牌态度的边界条件，丰富和补充了品牌故事领域的研究内容，增加了关于品牌故事类型影响消费者反应的过程和作用边界的新见解，并为企业管理者设计有效的品牌故事营销策略提供一定借鉴。

### 8.5.1 文献回顾与假设推导

#### 1. 品牌故事

品牌故事是一种有效的品牌传播手段，选择性构建的故事记录品牌的起源、发展的历程和经营的演变。再通过商业广告、产品植入、官方网站和产品包装等多种叙事方式来传播品牌故事。有研究表明，品牌故事能够唤起消费者的情感、评价和行为反应，促使消费者将品牌信息与个人的体验联系起来。品牌故事为人们创造了一种有意义的联想和体验，能有效地吸引消费者的注意力，影响消费者对品牌的感知。

Paharia 等（2011）定义区分示弱型品牌故事和示强型品牌故事的维度为外部劣势和激情决心。外部劣势指的是企业在创业早期缺乏资金、人脉等外部资源，在市场上处于劣势地位；激情决心则描述品牌或品牌创始人满怀激情、充满希望，拥有奋斗的精神和坚定的信念。企业在品牌故事中，描述早期的外部劣势大、创始人的激情决心高的故事为示弱型品牌故事，两者程度都低的故事为示强型品牌故事。

一些学者基于劣势者效应，认为示弱型品牌故事更能引起消费者的认同感、共鸣、同情等，从而对消费者产生积极影响，带来积极效果，如增强消费者的购买意愿、减弱品牌的负面影响、加强消费者-品牌关系、提升品牌忠诚度等。但值得注意的是，来自社会心理学领域的研究显示个体更愿意与优胜者联系在一起，当他们需要从竞争者中做出选择时，往往站在优胜者一边，如选择实力雄厚、产品性能更好的品牌，或者投票给宣称"我是领先者"的候选人。消费者行为学领域的研究也发现，示弱型品牌故事并不能获得消费者的普遍青睐，消费者对示弱型品牌形象的支持是有条件的，例如，对于道德缺失的品牌或与社会地位相关的品牌，示弱型品牌故事反而会产生消极的效果。消费者的共情体验倾向、希望、认知负荷等个人特征也会影响消费者对示弱型品牌故事的反应，所以对于示强型品牌故事的积极影响及其作用机制还需要进一步深入探讨。与此同时，少有学者关注到示弱型品牌故事和示强型品牌故事对消费者感知的影响到底有何不同。为了解决这些问题，本章拟探讨不同类型品牌故事的相对作用，以及它们影响消费者品牌态度的作用过程和边界条件。

**2. 品牌故事类型对消费者感知的影响**

从叙事传输的角度来看，品牌故事通过让消费者沉浸其中，建立与品牌的同一性。当人们解读品牌故事时，会被带入品牌的世界，在认知上、情感上和想象上感受与品牌相关的意义，从而接受品牌故事描绘和传递的企业信念和价值观。显然，品牌故事能够建立并加强品牌与消费者的感知联系。

激励是一种动机状态，可以由个体对刺激对象内在价值的评价所唤起。示弱型品牌故事不仅强调品牌在资源或市场地位方面处于劣势，更强调品牌拥有在目标方面的奋斗精神以及永不言弃的信念。对长期目标的激情和决心已被证明是高成就获得的重要预测因素，通常被视为一种内在价值品质。与示强型品牌故事相比，示弱型品牌故事体现的激情和决心程度更高，更令人印象深刻，因此，示弱型品牌故事在传达企业或创始人克服外部劣势时所展现出来的激情和决心，更加能够启发消费者的感知激励。在McGinnis等（2017）进行的焦点小组中，受访者也表示，感知到的激励是人们支持劣势者的一个重要原因。

示强型品牌故事则往往将品牌描述为拥有丰富的资源和处于优势地位，这些信息在一定程度上体现了产品和品牌的高质量和可靠性，而品牌的可靠性、专业性等可以被概括为品牌的能力属性。采用示强型品牌故事的企业向消费者发出的信号是，他们更有能力提供高质量的产品。相比之下，示弱型品牌故事描述了品牌资源有限、市场地位薄弱等信息，在这种情况下，可能会导致消费者对产品性能的评价较差，从而影响其对品牌的能力感知。此外，示弱型品牌的口碑传播可能给人一种不稳定的印象，对于口碑接受者来说是一个风险更大的选择，而且它也可能传达出一种竞争力较低的联想。根据上述分析，本书提出如下假设。

H1：品牌故事类型对消费者感知会产生不同的影响。

H1a：相比于示强型品牌故事，示弱型品牌故事更能增强消费者对品牌的感知激励。

H1b：相比于示弱型品牌故事，示强型品牌故事更能增强消费者对品牌的感知能力。

**3. 消费者内隐人格的调节作用**

内隐人格理论涉及对人的基本特质，如智力、品德和人格特质以及周围事物是否具有可变性的基本观点。根据人的性格特质是固定不变的还是变化可塑的，消费者内隐人格可分为发展取向（growth mindset）和固定取向（fixed mindset）两种。发展取向的个体认为人类特质，如智力、个性、技能以及成就皆可改变，这种信念意味着个体通过不断地学习、努力和经验的获取可以显著地发展和改变自己的行为方式。相反，固定取向的个体认为人的特质、技能以及能力是固定不可改变的，一个人不可能通过努力来改变自己的行为方式。

内隐人格理论在心理学领域有着悠久的历史，但近年来，内隐人格理论与研究才被学者引入消费者行为领域，特别是应用于品牌研究领域。已有研究显示，消费者的内隐人格可以影响消费者的行为决策。例如，相比于固定取向的消费者，发展取向的消费者对拟人化品牌犯错的包容度更高。相比于发展取向的消费者，固定取向的消费者更喜爱有助于展现自我的产品。当个体处于自我威胁情境中，固定取向的消费者更倾向于通过地位消费来弥补控制感的缺失，发展取向的消费者则更希望通过努力来提升自我价值，进而改变这种威胁情境。在广告宣传信息框架的研究中，Jain等（2009）发现当广告分别以得、失框架呈现给参与者时，固定取向的消费者不会受到广告框架的影响，而发展取向的消费者对广告的接受程度会受到广告框架的影响。发展取向的消费者更喜欢以改善自我为宣传点的广告，固定取向的消费者则更喜欢以表现自我为宣传点的广告。

因此，有理由推论，内隐人格两种取向之间的差异也会影响消费者对不同类型品牌故事的反应。具体而言，发展取向的消费者具有学习导向，更容易受到学习目标的激励，他们认为现在并不代表未来，即使处于劣势，也可以通过自己的努力获得发展。他们甚至把失败、劣势和困难视为学习下一次如何成功的宝贵机会。发展取向的个体高度重视努力，认为太容易获得的成功不具备吸引力，因为这不能为他们提供发展自己和实现自己全部潜力的机会。相反，固定取向的消费者具有表现导向，希望不断证明自己，获得别人对他们价值和能力的赞赏。他们认为能力是天生的且无法改变的，需要向他人展示。因此，固定取向的个体寻求即时成功来证明自己的价值和能力。对他们而言，高水平的努力意味着能力的缺乏，毫不费力的成功才是最有益的。

示弱型品牌故事叙述的是品牌创建历经的艰难曲折以及不懈奋斗的故事，这一拼搏者的品牌形象与发展取向个体的信念更加一致。这类品牌故事展现出了对目标和成功的巨大激情与决心，对发展取向的消费者更具有吸引力，使他们受到更大的激励。激励作为一种强烈的内在动机，能够引发个体的自主行为。Liang等（2016）研究表明，呼吁捐赠的广告强调目标对象的奋斗，可以激发消费者的感知激励，进而更有效地说服人们捐赠。因此，对发展取向的消费者而言，示弱型品牌故事能够通过增强消费者的感知激励，引发消费者更积极的品牌态度。示强型品牌故事展现了品牌拥有优越资源或占据市场支配地位，这一与生俱来的能力者形象与固定取向个体的信念更加一致。这类品牌故事往往凸显品牌的价值和能力，对固定取向的消费者更具有吸引力，增强了他们对品牌的感知能力。研究表明，能力感知是消费者行为反应的重要预测因素。对固定取向的消费者而言，示强型品牌故事能够通过增强消费者的感知能力，产生更积极的品牌态度。据此，本书做出如下假设。

H2：消费者的内隐人格调节品牌故事类型对消费者品牌态度的影响。

H2a：对发展取向的消费者而言，相比于示强型品牌故事，示弱型品牌故事更能激发消费者感知激励，从而导致其更好的品牌态度。

H2b：对固定取向的消费者而言，相比于示弱型品牌故事，示强型品牌故事更能激发消费者感知能力，从而导致其更好的品牌态度。

**4. 品牌历史的调节作用**

品牌历史可以通过品牌的创始年份来体现其差异。历史长的品牌，是该行业的先行者，被消费者普遍认知为更传统和悠久的品牌；历史短的品牌，是该行业的后入者，被消费者普遍认知为新兴的企业品牌。品牌历史的长短会影响消费者对品牌的认知和行为决策，品牌历史不同，消费者在观看不同的广告后，产生的品牌态度和购买意愿也不同。

品牌故事是创建和传播品牌历史的有效手段。当历史更长的品牌被消费者认知表征为传统品牌时，意味着该品牌更加契合历史传承，具有社会和文化价值。也就是说，历史悠久的品牌拥有更高水平的品牌价值传承。示弱型品牌故事在强调品牌战胜困难的激情和决心的同时，也传达了令人向往的核心价值——不畏强敌、不惧风险、敢于斗争、勇于胜利等。这些核心价值对于品牌在最初的挑战中生存下来至关重要，传递了企业对品牌延续性的高度承诺。它们嵌入品牌故事中，一方面唤起和加强了消费者对品牌价值传承的认知，另一方面也符合消费者对历史悠久的品牌的价值预期，而且一旦建立品牌价值传承认知，还会起到积极作用，共同促进消费者对品牌的感知激励。因此，历史悠久的品牌与示弱型品牌故事结合在一起，可以创造出一种消费者认知图示模式上的高度匹配，通过影响消费者的感知激励，最终有效提升消费者的品牌态度。当历史短暂的品牌被消费者认知表征为新兴品牌时，意味着该品牌代表了对已有企业品牌的差异化，以及对该行业品牌发展现状的部分打破和更多不同的选择，承载着人们所看重的价值和能力，这与示强型品牌故事强调的内涵相一致，共同促进了消费者对品牌的能力感知。同时，历史短暂的品牌与创造力和新颖性联系在一起，与示强型品牌故事在消费者认知图示模式上得到了高度匹配，通过影响消费者的感知能力，最终有效提升了消费者的品牌态度。综上所述，本书提出以下假设。

H3：品牌历史的长短调节了品牌故事类型对消费者品牌态度的影响。

H3a：当品牌历史长时，相比于示强型品牌故事，示弱型品牌故事更能激发消费者感知激励，从而导致其更好的品牌态度。

H3b：当品牌历史短时，相比于示弱型品牌故事，示强型品牌故事更能激发消费者感知能力，从而导致其更好的品牌态度。

## 8.5.2 研究方法与过程

为了验证以上的假设，本书通过三个实验展开研究。实验一旨在探索品牌故事类型对消费者感知的影响，即证明 H1（H1a 和 H1b）；实验二加入品牌态度作为结果变量，同时引入消费者内隐人格作为调节变量，探索在不同的内隐人格下，品牌故事类型对消费者品牌态度的影响，并验证消费者感知在其中的中介作用，即证明 H2（H2a 和 H2b）；实验三在实验二的基础之上，拓展到企业层面，引入品牌历史作为调节变量，探索在不同的历史文化下，品牌故事类型对消费者品牌态度的影响，同时验证消费者感知的中介作用，即证明 H3（H3a 和 H3b）。所有的实验均采用虚拟品牌进行研究，以避免真实品牌可能带来的干扰因素的影响。

## 1. 实验一

实验一是为了探究品牌故事类型（示弱型和示强型）对消费者感知的影响，验证H1（H1a和H1b）。

### 1）预实验

在正式实验前，先对正式实验中涉及的不同品牌故事类型（示弱型和示强型）进行预实验，旨在检验品牌故事类型操纵的有效性。预实验招募了30名被试参与实验，被试被随机分为两组，让他们阅读两种不同的虚拟的"Caravel"服装品牌故事的一种。品牌故事类型的操纵参考了Paharia等（2011）的实验材料，包括外部劣势和激情决心两个维度以及结合企业真实的品牌故事进行改编，其他内容包括品牌名称、产品类别等保持统一。被试阅读完毕后，要求被试回答"我认为这个品牌拥有丰富的资源（"反向编码"）""我认为这个品牌拥有强烈的创业激情和梦想"两个问题，对两类品牌故事的外部劣势和激情决心进行7级评分。结果表明：在外部劣势方面，示弱型品牌故事高于示强型品牌故事（$M_{示弱型}=4.00$，$SD=2.07$；$M_{示强型}=1.53$，$SD=0.74$；$t=4.34$，$p<0.001$）；在激情决心方面，示弱型品牌故事高于示强型品牌故事（$M_{示弱型}=6.53$，$SD=1.06$；$M_{示强型}=5.87$，$SD=0.64$；$t=2.09$，$p<0.05$）。显然，此次研究在操纵品牌故事类型方面是成功的。因此，将这两则材料用于正式实验中。

### 2）正式实验

实验一目的是验证H1，并且采取了单因素（品牌故事类型：示弱型和示强型）组间实验设计。实验一招募了120名被试参与实验（$Mage=28.59$，$SD=6.54$；63.33%为女性）。实验一采用情境模拟法，所有被试被随机分配到两种品牌故事类型条件中的一种中，即示弱型品牌故事组或示强型品牌故事组，使用的是预实验确定的实验材料。被试有时间可以充分阅读品牌故事，同时为了加深被试的记忆，还设置了"请根据您的理解，用一句话总结上述内容"这一问题。被试阅读完实验情境材料后，被要求回答关于感知激励、感知能力以及品牌故事类型操纵检验的量表，最后填写相关人口统计信息。

本书中的问卷题项均采用利克特七分制量表，1表示"非常不同意"，7表示"非常同意"。为确保测量题项的信度和效度，所有量表均来源于已发表论文中的成熟量表，并且结合现有研究情境，对量表进行了适当的修正。感知激励的测量借鉴了Thrash和Elliot（2003）开发的量表，包括"这个品牌鼓舞了我""这个品牌激励了我""我很敬佩这个品牌"等5个题项（Cronbach's $\alpha=0.85$）。感知能力的测量借鉴了Fiske等（2002）的量表，包括"这是一个有能力的品牌""这是一个具有高技术标准的品牌""这是一个专业的品牌"等5个题项（Cronbach's

$\alpha=0.83$）。

3）实验结果

最后使用的有效问卷为 119 份，此次研究所有数据均采用 SPSS 26.0 软件进行分析。

A. 操纵检验

在外部劣势方面，示弱型品牌故事高于示强型品牌故事（$M_{示弱型}=5.02$，$SD=1.48$；$M_{示强型}=1.61$，$SD=0.76$；$t=15.69$，$p<0.001$）[①]；在激情决心方面，示弱型品牌故事高于示强型品牌故事（$M_{示弱型}=6.29$，$SD=0.75$；$M_{示强型}=5.90$，$SD=0.94$；$t=2.50$，$p<0.05$）。这表明品牌故事类型的操纵是成功的。

B. 假设检验

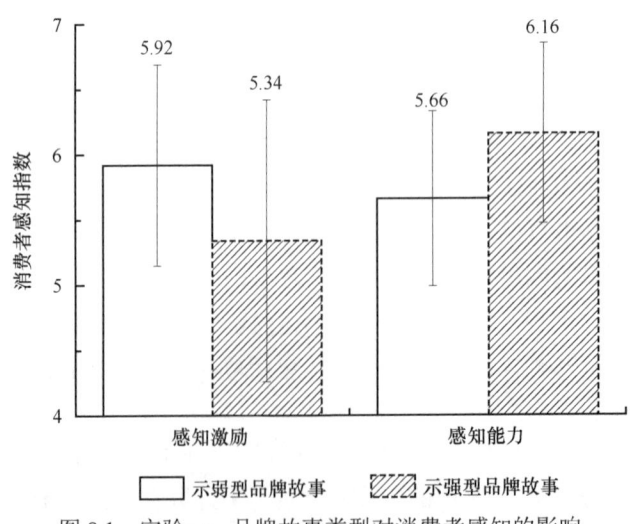

独立样本 $t$ 检验显示，示弱型品牌故事组的消费者感知激励显著大于示强型品牌故事组（$M_{示弱型}=5.92$，$SD=0.77$；$M_{示强型}=5.34$，$SD=1.08$；$t=3.40$，$p=0.001$）；示强型品牌故事组的消费者感知能力显著大于示弱型品牌故事组（$M_{示强型}=6.16$，$SD=0.69$；$M_{示弱型}=5.66$，$SD=0.67$；$t=3.40$，$p<0.001$）。该结果支持 H1，即与示强型品牌故事相比，示弱型品牌故事更能增强消费者对品牌的感知激励（H1a）；与示弱型品牌故事相比，示强型品牌故事更能增强消费者对品牌的感知能力（H1b）。结果见图 8.1。

图 8.1 实验一：品牌故事类型对消费者感知的影响

消费者感知是侧重于消费者心理层面的影响因素，同时消费者对品牌的感知能够导致消费者的行为和情感反应。而品牌态度正是侧重于消费者行为层面的一

---

[①] $M$ 表示均值；SD 表示标准差；$t$ 应用于假设检验，用来判断两组数据的均值是否存在显著差异；$p$ 表示在假设检验中，观察到当前数据结果的概率，$p$ 越小，表示观察到当前数据结果的可能性越小。

个重要影响因素。那么品牌故事类型在影响消费者感知的过程中，是否会进一步影响消费者的品牌态度呢？因此，接下来的实验二将探讨对于不同的消费者内隐人格，两类品牌故事（示弱型和示强型）对品牌态度的影响有何不同？并验证消费者感知在品牌故事类型影响品牌态度过程中起到的中介作用。

**2. 实验二**

实验二在实验一的基础上，探究品牌故事类型（示弱型和示强型）对消费者品牌态度的影响。证明品牌故事类型（示弱型和示强型）对消费者品牌态度的影响受到消费者内隐人格的调节作用且这一过程是通过消费者感知来实现的，验证H2（H2a 和 H2b）。

1）预实验

实验一使用了服装这一非耐用品作为实验刺激物，为了使实验结果更具有稳健性和普适性，实验二选择了相机来检验耐用品的情况，依据现实构建了虚拟相机品牌"Elson"作为实验刺激物。

尽管人们的内隐人格会长期地倾向于某一种，但在一定的情境下也可以被暂时激活或者改变。已有研究表明，可以通过阅读文章、观看广告宣传、观看视频等操纵人们的内隐人格。为了确保内隐人格操纵材料的有效性，研究招募了30名被试进行预实验。将被试随机分为两组，让他们阅读一篇与发展取向或者固定取向一致的文章，该文章的设计参考了 Park 等（2008）的研究。之后让被试回答关于发展取向和固定取向的测量问卷。发展取向的测量，包括"我们可以改变自己的性格，哪怕是最基本的性格特征""每个人，无论是谁，都可以显著地改变自己的基本性格特征""我们可以在很大程度上改变自己是什么样的人""无论我是什么样的人，我总是可以改变自己"4个题项。固定取向的测量，包括"每个人都是特定的一类人，我们不能改变这一点""我是什么样的人，是我最基本的特质，是不可能改变太多的""我们可以用不同的方式做事，但我们的基本性格特征是无法改变的""我们无法真正改变自己最深的特质"4个题项。实验结果表明，发展取向组的发展取向得分显著高于固定取向组（$M_{发展取向}$=5.57，SD=0.56；$M_{固定取向}$=2.25，SD=0.79；$t$=13.24，$p<0.001$）；固定取向组的固定取向得分显著高于发展取向组（$M_{固定取向}$=5.95，SD=0.72；$M_{发展取向}$=3.15，SD=1.16；$t$=7.92，$p<0.001$）。结果说明两种内隐人格的操控有效。因此，将这两则材料用于正式实验中。

品牌故事类型的预实验过程与实验一基本一致。实验结果显示，被试认为示弱型相机品牌故事的外部劣势高于示强型相机品牌故事（$M_{示弱型}$=5.73，SD=1.49；$M_{示强型}$=2.07，SD=1.03；$t$=7.85，$p<0.001$）；示弱型相机品牌故事的激情决心高于示强型相机品牌故事（$M_{示弱型}$=6.73，SD=0.46；$M_{示强型}$=5.00，SD=1.13；$t$=5.49，$p<0.001$）。这表明品牌故事类型操纵是成功的。

2）正式实验

实验二目的是验证 H2，采取了 2（品牌故事类型：示弱型和示强型）×2（内隐人格：发展取向和固定取向）双因素组间实验设计。实验二招募了 240 名被试参与实验（Mage=28.17，SD=5.62；63.33%为女性）。实验二采用情境模拟法，所有被试被随机分配到四组实验情境的一种。首先，对被试进行内隐人格的操纵，让被试阅读预先测试的发展取向或者固定取向的文章，随后让他们概括一下这份报告的观点，目的是加深他们对文章的理解和记忆，再让被试写下支持这份报告的观点的理由。被试阅读完文章后，被要求根据他们支持的观点，完成发展取向和固定取向的测量量表。接着给被试呈现一段示弱型或示强型相机品牌故事的描述。被试有时间可以充分阅读品牌故事，同时为了加深被试的记忆，还设置了"请根据您的理解，用一句话总结上述内容"这一问题。被试阅读完毕后，被要求回答关于感知激励、感知能力、品牌态度以及品牌故事类型操纵检验的量表，最后填写相关人口统计信息。实验二对感知激励和感知能力的测量题项同实验一。在此基础上，实验二增加了对品牌态度的测量，主要来源于 Perkins 和 Forehand（2012）的研究，包括"这是一个好品牌""这是一个令人满意的品牌""我对这个品牌抱有好感"等 5 个题项（Cronbach's $\alpha = 0.82$）。

3）实验结果

最后共有 227 份问卷数据被纳入分析。

A. 操纵检验

对于品牌故事类型操纵检验，在外部劣势方面，示弱型品牌故事高于示强型品牌故事（$M_{示弱型}$=5.10，SD=1.62；$M_{示强型}$=1.95，SD=0.86；$t$=18.01，$p<0.001$）；在激情决心方面，示弱型品牌故事高于示强型品牌故事（$M_{示弱型}$=6.32，SD=0.78；$M_{示强型}$=5.57，SD=1.16；$t$=5.77，$p<0.001$）。因此，此次研究对品牌故事类型的操纵是成功的。

对于内隐人格操纵检验，发展取向组的发展取向得分显著高于固定取向组（$M_{发展取向}$=5.30，SD=0.92；$M_{固定取向}$=2.93，SD=1.38；$t$=14.98，$p<0.001$）；固定取向组的固定取向得分显著高于发展取向组（$M_{固定取向}$=5.49，SD=1.17；$M_{发展取向}$=3.05，SD=1.30；$t$=14.88，$p<0.001$）。因此，此次研究对消费者内隐人格的操纵是成功的。

B. 品牌态度

以品牌态度为因变量，以品牌故事类型和消费者内隐人格为自变量，进行双因素方差分析。结果显示，品牌故事类型与消费者内隐人格的交互效应显著[$F(1,223)=27.21$，$p<0.001$]，同时品牌故事类型的主效应不显著[$F(1,223)=1.61$，$p>0.1$]，消费者内隐人格的主效应不显著[$F(1,223)=0.21$，$p>0.1$]。对于发展取向组而言，示弱型品牌故事比示强型品牌故事更能增强消费者的品牌态度[$M_{示弱型}$=

6.24，$M_{示强型}$=5.66，$F(1,223)$=1.52，$p<0.001$]；对于固定取向组而言，示强型品牌故事比示弱型品牌故事更能增强消费者的品牌态度[$M_{示弱型}$=5.82，$M_{示强型}$=6.17，$F(1,223)$=2.10，$p<0.01$]，即消费者内隐人格调节品牌故事类型对品牌态度的影响。结果见图8.2。

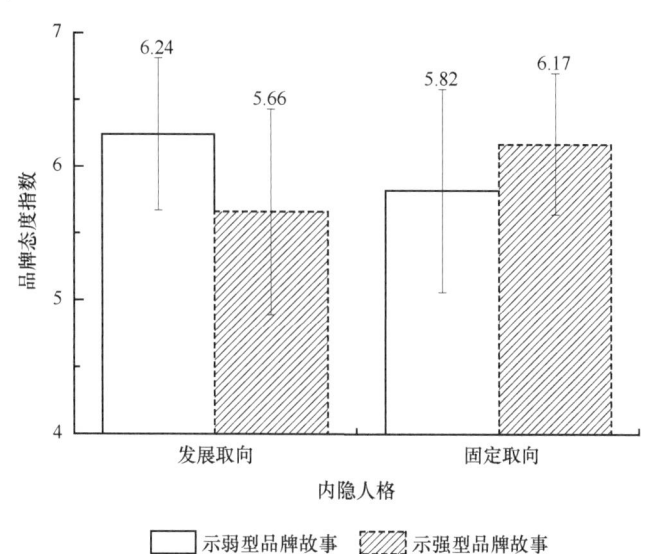

图8.2 实验二：品牌故事类型与内隐人格对消费者品牌态度的交互作用

C. 感知激励和感知能力

以感知激励为因变量，以品牌故事类型和消费者内隐人格为自变量，进行双因素方差分析。结果显示，品牌故事类型与消费者内隐人格的交互效应显著[$F(1,223)$=12.68，$p<0.001$]，同时品牌故事类型的主效应显著[$F(1,223)$=39.03，$p<0.001$]，消费者内隐人格的主效应不显著[$F(1,223)$=0.69，$p>0.1$]。对于发展取向组而言，示弱型品牌故事比示强型品牌故事更能激发消费者的感知激励[$M_{示弱型}$=6.26，$M_{示强型}$=5.32，$F=(1,223)$=5.21，$p<0.001$]；对于固定取向组而言，示强型品牌故事与示弱型品牌故事的感知激励无显著差异[$M_{示弱型}$=6.00，$M_{示强型}$=5.74，$F(1,223)$=5.84，$p>0.05$]。

以感知能力为因变量，以品牌故事类型和消费者内隐人格为自变量，进行双因素方差分析。结果显示，品牌故事类型与消费者内隐人格的交互效应显著[$F(1,223)$=12.07，$p=0.001$]，同时品牌故事类型的主效应显著[$F(1,223)$=7.54，$p<0.01$]，消费者内隐人格的主效应不显著[$F(1,223)$=1.15，$p>0.1$]。对于固定取向组而言，示强型品牌故事比示弱型品牌故事更能激发消费者的感知能力[$M_{示弱型}$=5.73，$M_{示强型}$=6.23，$F(1,223)$=9.06，$p<0.001$]；对于发展取向组而言，示弱型品牌故事与示强型品牌故事的感知能力无显著差异[$M_{示弱型}$=5.93，$M_{示强型}$=5.87，$F(1,223)$=0.50，$p>0.05$]。

D. 中介效应检验

根据假设，此次研究认为感知激励和感知能力会中介品牌故事类型与消费者内隐人格对品牌态度的交互影响。因此，按照 Zhao 等（2010）提出的中介效应分析程序，借助 Hayes（2013）提出的 Bootstrap（自展法），利用 SPSS 26.0 中的 PROCESS 插件，来检验中介效应。在实际操作中，选择模型 7，样本量为 5000，置信区间为 95%进行分析。以品牌态度作为因变量，品牌故事类型作为自变量，消费者内隐人格为调节变量，感知激励和感知能力作为中介变量。数据分析结果显示，将感知激励作为中介变量进行有调节的中介效应分析结果显著（index=0.3111，95%CI，LLCI=0.1253，ULCI=0.5397）[①]。具体而言，当消费者内隐人格为发展取向时，品牌故事类型与消费者内隐人格的交互项通过感知激励对品牌态度的间接效应显著（effect=−0.4285，95%CI，LLCI=−0.6073，ULCI=−0.2726，不包含 0）；而当消费者内隐人格为固定取向时，间接效应不显著（effect=−0.1174，95%CI，LLCI=−0.2334，ULCI=0.0055，包含 0）。将感知能力作为中介变量进行有调节的中介效应分析结果显著（index=0.2182，95%CI，LLCI=0.0719，ULCI=0.4193）。具体而言，当消费者内隐人格为固定取向时，品牌故事类型与消费者内隐人格的交互项通过感知能力对品牌态度的间接效应显著（effect=0.1952，95%CI，LLCI=0.0787，ULCI=0.3457，不包含 0）；而当消费者内隐人格为发展取向时，间接效应不显著（effect=−0.0229，95%CI，LLCI=−0.1192，ULCI=0.0537，包含 0）。

总的来说，以上结果支持了 H2a 和 H2b。对发展取向的消费者而言，示弱型品牌故事（vs.示强型品牌故事）所激发的感知激励更强，进而导致更好的消费者品牌态度。对固定取向的消费者而言，示强型品牌故事（vs.示弱型品牌故事）所激发的感知能力更强，进而导致更好的消费者品牌态度。实验二探索了消费者个体特质因素作为品牌故事类型对品牌态度影响的边界条件。然而企业自身因素是否也具有调节这一效应的作用呢？因此，实验三将从品牌层面探讨品牌故事类型影响消费者品牌态度的不同边界条件：品牌历史，同时验证消费者感知的中介作用。

3. 实验三

实验三旨在进一步探索品牌故事类型（示弱型和示强型）对消费者品牌态度的影响。证明品牌故事类型（示弱型和示强型）对消费者品牌态度的影响受到品牌历史的调节作用且这一过程是通过消费者感知来实现的，验证 H3（H3a 和 H3b）。

1）预实验

实验三目的是验证品牌历史的调节作用，因此选择了糕点这一具有浓厚历史

---

① CI 表示置信区间；LLCI 表示置信区间下限；ULCI 表示置信区间上限。

文化气息的产品作为实验刺激物。依据现实构建了虚拟糕点品牌"陶醉"。预实验招募了 30 名被试参与实验。被试被随机分为两组，让他们阅读两种不同的虚拟的"陶醉"糕点品牌故事的一种。品牌历史的操纵通过品牌创始年份来体现其差异，其他内容包括品牌名称、产品类别等保持统一。在品牌历史长的条件下，品牌被描述为"于 1913 年创建，成立已有百余年，是我国历史悠久的糕点品牌之一"；在品牌历史短的条件下，品牌被描述为"于 2017 年创建，成立已有四年，是我国近年新兴的糕点品牌之一"。阅读完毕后，被试被要求回答"我认为这个品牌拥有悠久的历史"问题。实验结果表明，在品牌历史长的条件下，参与者更加认同"陶醉"品牌拥有悠久的历史（$M_{长}$=6.33，SD=1.11；$M_{短}$=2.80，SD=2.27，$t$=5.41，$p$<0.001）。结果说明品牌历史的操纵成功。因此，将这两则材料用于正式实验中。

品牌故事类型的预实验过程同实验一和实验二。实验结果显示，被试认为示弱型糕点品牌故事的外部劣势高于示强型糕点品牌故事（$M_{示弱型}$=5.67，SD=1.54；$M_{示强型}$=1.53，SD=0.74；$t$=9.35，$p$<0.001）；示弱型相机品牌故事的激情决心高于示强型相机品牌故事（$M_{示弱型}$=6.40，SD=0.63；$M_{示强型}$=4.27，SD=2.15；$t$=3.68，$p$=0.002）。表明此次研究的品牌故事类型操纵成功。

2）正式实验

实验三采取了 2（品牌故事类型：示弱型和示强型）×2（品牌历史：长和短）双因素组间实验设计。实验三招募了 240 名被试参与实验（Mage=29.30，SD=6.63；54.58%为女性）。将示弱型品牌故事、示强型品牌故事的材料分别与品牌历史长、品牌历史短的材料相结合，形成四组实验情境。实验三采用情境模拟法，所有被试随机分配到这四组实验情境中的一种。被试有时间可以充分阅读实验材料，同时为了加深被试的记忆，还设置了"请根据您的理解，用一句话总结上述内容"这一问题。被试阅读完实验情景材料后，被要求回答关于感知激励、感知能力、品牌态度以及品牌故事类型和品牌历史操纵检验的量表，最后填写相关人口统计信息。实验三对感知激励、感知能力和品牌态度的测量，将继续沿用实验二的量表。

3）实验结果

最后共有 226 份问卷数据被纳入分析。

A. 操纵检验

对于品牌故事类型操纵检验，在外部劣势方面，示弱型品牌故事高于示强型品牌故事（$M_{示弱型}$=4.39，SD=1.95；$M_{示强型}$=1.89，SD=0.78；$t$=12.69，$p$<0.001）；在激情决心方面，示弱型品牌故事高于示强型品牌故事（$M_{示弱型}$=6.25，SD=0.84；$M_{示强型}$=5.44，SD=1.43；$t$=5.19，$p$<0.001）。因此，对品牌故事类型的操纵成功。

对于品牌历史操纵检验，品牌历史长条件下的参与者更认同这个品牌拥有悠久的历史（$M_{长}$=6.02，SD=0.97；$M_{短}$=3.71，SD=1.77；$t$=11.75，$p$<0.001）。因

此，对品牌历史的操纵成功。

B. 品牌态度

以品牌态度为因变量，以品牌故事类型和品牌历史为自变量，进行双因素方差分析。结果显示，品牌故事类型与品牌历史的交互效应显著[$F(1,222)=12.13$, $p=0.001$]，同时品牌故事类型的主效应不显著[$F(1,222)=0.00$, $p>0.1$]，品牌历史的主效应不显著[$F(1,222)=1.35$, $p>0.1$]。当品牌历史长时，示弱型品牌故事比示强型品牌故事更能增强消费者的品牌态度[$M_{示弱型}=6.21$, $M_{示强型}=5.95$, $F(1,222)=1.95$, $p<0.01$]；当品牌历史短时，示强型品牌故事比示弱型品牌故事更能增强消费者的品牌态度[$M_{示弱型}=5.87$, $M_{示强型}=6.12$, $F(1,222)=2.67$, $p<0.05$]，即消费者内隐人格调节品牌故事类型对品牌态度的影响，结果见图8.3。

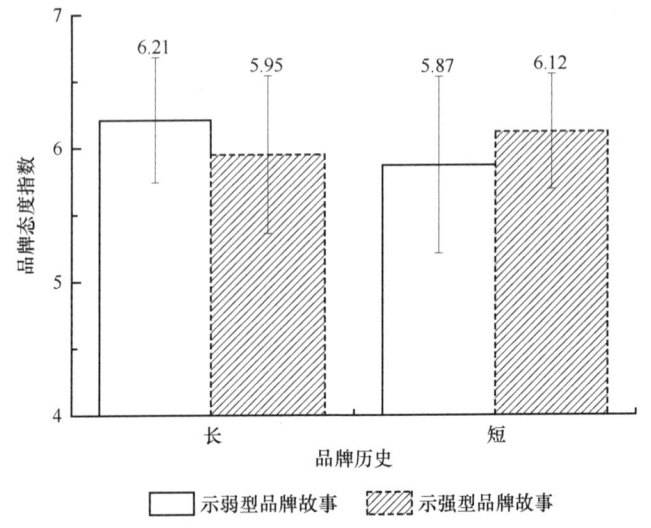

图8.3 实验三：品牌故事类型与品牌历史对消费者品牌态度的交互作用

C. 感知激励和感知能力

以感知激励为因变量，以品牌故事类型和品牌历史为自变量，进行双因素方差分析。结果显示，品牌故事类型与品牌历史的交互效应显著[$F(1,222)=4.41$, $p<0.05$]，同时品牌故事类型的主效应显著[$F(1,222)=26.39$, $p<0.001$]，品牌历史的主效应不显著[$F(1,222)=0.11$, $p>0.05$]。当品牌历史长时，示弱型品牌故事比示强型品牌故事更能激发消费者的感知激励[$M_{示弱型}=6.15$, $M_{示强型}=5.39$, $F(1,222)=9.35$, $p<0.001$]；当品牌历史短时，示弱型品牌故事与示强型品牌故事的感知激励无显著差异[$M_{示弱型}=5.96$, $M_{示强型}=5.64$, $F(1,222)=0.46$, $p>0.05$]。

以感知能力为因变量，以品牌故事类型和品牌历史为自变量，进行双因素方差分析。结果显示，品牌故事类型与品牌历史的交互效应显著[$F(1,222)=18.57$, $p<0.001$]，同时品牌故事类型的主效应显著[$F(1,222)=8.16$, $p<0.01$]，品牌历

史的主效应显著[$F(1,222)=5.51$, $p=0.02$]。当品牌历史短时，示强型品牌故事比示弱型品牌故事更能激发消费者的感知能力[$M_{示弱型}=5.54$, $M_{示强型}=6.09$, $F(1,222)=4.38$, $p<0.001$]；当品牌历史长时，示强型品牌故事与示弱型品牌故事的感知能力无显著差异[$M_{示弱型}=6.05$, $M_{示强型}=5.94$, $F(1,222)=0.61$, $p>0.1$]。

D. 中介效应检验

此次研究认为感知激励和感知能力在品牌故事类型和品牌历史对品牌态度的交互影响中起到中介作用。因此，采用同实验二的 Bootstrap 方法检验感知激励和感知能力的中介效应。数据分析结果显示，将感知激励作为中介变量进行有调节的中介效应分析结果显著（index=0.1307, 95%CI, LLCI=0.0042, ULCI=0.3141）。具体而言，当品牌历史长时，品牌故事类型与品牌历史的交互项通过感知激励对品牌态度的间接效应显著（effect= –0.2252, 95%CI, LLCI= –0.3761, ULCI= –0.1080，不包含 0）；而当品牌历史短时，间接效应不显著（effect= –0.0945, 95%CI, LLCI= –0.1854, ULCI=0.0042，包含 0）。将感知能力作为中介变量进行有调节的中介效应分析结果显著（index=0.2802, 95%CI, LLCI=0.1089, ULCI=0.4908）。具体而言，当品牌历史短时，品牌故事类型与品牌历史的交互项通过感知能力对品牌态度的间接效应显著（effect=0.2329, 95%CI, LLCI=0.1025, ULCI=0.3984，不包含 0）；而当品牌历史长时，间接效应不显著（effect= –0.0473, 95%CI, LLCI= –0.1493, ULCI=0.0269，包含 0）。

综上，H3a 和 H3b 得到验证。在品牌历史长的条件下，示弱型品牌故事比示强型品牌故事所激发的感知激励更强，进而导致更好的消费者品牌态度。而在品牌历史短的条件下，示强型品牌故事比示弱型品牌故事所激发的感知能力更强，进而导致更好的消费者品牌态度。

## 8.6 研究结论与启示

在日益激烈的市场竞争中，品牌故事日益成为一种获得消费者积极反应的有效营销工具。本书通过三项实验研究表明，示弱型品牌故事和示强型品牌故事能够使消费者产生不同的品牌感知，继而影响消费者品牌态度。这种效应受到消费者内隐人格和品牌历史的调节。具体而言：实验一验证了品牌故事类型对消费者感知的影响，研究发现，与示强型品牌故事相比，示弱型品牌故事会增强消费者的感知激励，而与示弱型品牌故事相比，示强型品牌故事会增强消费者的感知能力。实验二验证了品牌故事类型影响消费者品牌态度的一个边界条件：消费者内隐人格，和消费者感知在这一过程中所起的介导作用。研究发现，对发展取向的消费者而言，示弱型品牌故事更能增强消费者的感知激励，从而导致更好的品牌态度；对固定取向的消费者而言，示强型品牌故事更能增强消费者的感知能力，从而导致更好的品牌态度。实验三验证了品牌故事类型影响消费者品牌态度的另一个边界条件：品牌历史和消费者感知在这一过程中所起的介导作用。研究发现，在品牌历史长的条件下，示弱型品牌故事更能增强消费者的感知激励，从而导致更好的品牌态度；在品牌历史短的条件下，示强型品牌故事更能增强消费者的感知能力，从而导致更好的品牌态度。

### 8.6.1 理论贡献

此次研究的理论贡献主要体现在以下三个方面。

第一，研究探讨并验证了两类品牌故事对消费者感知的不同路径，丰富了品牌故事的相关理论。以往的文献主要着眼于示弱型品牌故事对消费者的积极影响，而对示强型品牌故事产生的积极影响关注较少。此次研究探索了示弱型和示强型品牌故事对消费者感知（感知激励 vs.感知能力）的影响差异，进一步拓展了品牌故事的相关研究。另外，虽然有研究表明消费者对"示弱"和"示强"的态度都可能是积极的，但品牌故事的相关文献大多针对示弱型品牌故事影响消费者品牌态度的作用过程进行探究，将消费者对示弱型品牌故事的支持主要归因于共情，而并没有检验示强型品牌故事影响消费者品牌态度的作用机理。另外，研究验证了感知激励和感知能力在品牌故事类型与消费者品牌态度中的中介作用，搭建了品牌故事类型（示弱型 vs.示强型）与消费者品牌态度的双路径关系模型，弥补了以往研究中的单路径局限，加深了对驱动消费者对不同类型品牌故事积极反应的心理机制的理解。

第二，研究从消费者个体特质层面，识别了内隐人格在品牌故事类型与消费者品牌态度中的调节作用，丰富了内隐人格理论在消费领域的应用研究。最近的研究表明，故事接收者在故事的有效性中起着关键作用，因为他们的个人属性决定了他们如何处理故事信息，同时，内隐人格分为发展取向和固定取向，是一个创新分类，最近才应用于品牌文献，所以，研究引入消费者内隐人格这一个体变量。另外，研究证明了示弱型品牌故事和示强型品牌故事对消费者品牌态度的影响受内隐人格差异的调节。这一发现不仅扩大了影响品牌故事类型结果的个体特征的文献，还补充了内隐人格理论在消费者行为领域的研究。

第三，研究从品牌层面，识别了品牌历史在品牌故事类型与消费者品牌态度中的调节作用，拓宽了品牌故事的适用情境。已有研究从品牌来源国、品牌地位、产品类型等视角探讨了品牌故事类型的作用边界，此次研究则从一个新视角，即品牌历史出发，探究了品牌历史对品牌故事类型影响品牌态度的调节作用，丰富了品牌历史和企业营销方面的相关研究。

## 8.6.2 实践启示

此次研究为企业营销者提供了一定的实践指导。

首先，研究表明，基于品牌故事的类型，消费者会产生不同的感知，从而影响他们对品牌的态度。这一点明确了品牌故事需要精心设计，以使其能够产生品牌希望给消费者带来的特定印象，具体而言：示弱型品牌故事带来激励感知，强调企业的励志、梦想等；示强型品牌故事带来能力感知，强调企业的价值、竞争力等。因此，企业应该注意战略性地使用不同类型的品牌故事来定位自己的品牌，以便更好地向消费者传播品牌。

其次，消费者内隐人格的调节作用表明，示弱型和示强型品牌故事并不是对所有人都同样有效。因此，管理者在细分市场和定位品牌时，了解消费者的个人特征是十分重要的。企业营销者可利用现有的文本挖掘工具分析社交媒体数据，洞察消费者的内隐人格取向，然后调整营销策略，为目标受众定制他们的品牌或产品信息，以产生更好的品牌态度。Mathur 等（2013）提出可以根据观看电视的习惯识别不同的内隐人格取向，来定制品牌故事策略，那些喜欢观看暗示变化过程的电视节目的人可能拥有发展取向，而那些喜欢观看展示自己天赋的比赛的人可能拥有固定取向。此外，营销者还可以利用广告信息暂时激活消费者的内隐人格取向，与企业的品牌故事类型相结合，以提高消费者的品牌态度。

最后，研究还表明，企业在利用品牌故事进行宣传或推广时，应考虑品牌的创始年份，根据品牌历史的长短，设计不同类型的品牌故事，从而使消费者产生更好的品牌态度。对于历史悠久的老字号品牌，营销人员可以构建示弱型品牌故事，而对于新兴的品牌，营销人员应构建示强型品牌故事，满足消费者的不同心理需求。

## 8.6.3 研究局限与展望

此次研究还存在一定的不足。首先，本书三个研究均采用实验的方法，未来可以使用二手数据或者现场实验的方法，进一步提高研究结果的外部效度。其次，未来的研究可以探索除消费者内隐人格之外，其他消费者个体变量的调节作用。例如，权力描述的是一个人影响他人的能力。低权力的消费者往往通过向他人展示优势来获得权力，因此他们可能更喜欢示强型品牌故事。最后，未来的研究还可以探索和比较不同的传播渠道下，如社交网站或者官方网站，品牌故事类型对消费者品牌态度的影响。特别地，在此次研究中，我们只关注了消费者的品牌态度，未来的研究可以进一步探究品牌故事类型对消费者实际购买行为的影响。

# 参 考 文 献

陈香, 郭锐, Wang C L, 等. 2019. 残缺的力量: 励志品牌故事人设健全性对消费者品牌偏好的影响. 南开管理评论, 22(6): 4-15.

关新华, 谢礼珊. 2019. 价值共毁: 内涵、研究议题与展望. 南开管理评论, 22(6): 88-98.

黄光玉. 2006. 说故事打造品牌: 一個分析的架构. 广告学研究, (26): 1-26.

简兆权, 令狐克睿, 李雷. 2016. 价值共创研究的演进与展望. 外国经济与管理, 38(9): 3-20.

金晓彤, 姚凤, 徐尉, 等. 2020. 自我威胁情境消费者地位消费行为研究: 基于内隐人格的调节作用. 南开管理评论, 23(6): 111-123.

柯佳宁, 王良燕. 2021. 跨品类延伸对老字号品牌和新兴品牌的影响差异研究. 南开管理评论, 24(2): 4-14.

李爱梅, 刘楠, 孙海龙, 等. 2016. "内隐人格理论"与消费者决策研究述评. 外国经济与管理, 38(9): 38-50.

李朝辉. 2014. 虚拟品牌社区环境下顾客参与价值共创对品牌体验的影响. 财经论丛, 183(7): 75.

李光斗. 2015. 故事营销: 移动互联时代的品牌模式. 北京: 电子工业出版社.

李琼. 2009. 品牌故事与品牌的可持续性发展. 衡阳师范学院学报, 30(1): 155-157.

刘天娇, 谢辰欣. 2022. 品牌故事类型对消费者品牌态度的影响研究. 经营与管理, (2):49-54.

洛伯特. 2005. 故事, 让愿景鲜活: 最有魅力的领导方式. 吴信如, 译. 台北: 商周出版社.

沈正舜, 李怀斌. 2019. 示弱还是示强?品牌传记与消费者品牌态度: 移情的中介作用. 外国经济与管理, 41(6): 138-152.

孙永波, 丁沂昕, 王勇. 2018. 价值共创互动行为对品牌权益的作用研究. 外国经济与管理, 40(4): 125-139,152.

万文海, 王新新. 2016. 企业与顾客共创价值对员工组织承诺作用研究. 华东经济管理, 30(1): 112-120.

汪涛, 周玲, 彭传新, 等. 2011. 讲故事 塑品牌: 建构和传播故事的品牌叙事理论: 基于达芙妮品牌的案例研究. 管理世界, (3): 112-123.

王玖河, 刘琳. 2017. 顾客参与价值共创机理研究: 基于结构方程模型的量化分析. 企业经济, 36(2): 73-81.

王墨耘, 傅小兰. 2003. 内隐人格理论的实体论: 渐变论维度研究述评. 心理科学进展, (2): 153-159.

王新惠. 2022. 论品牌叙事主体的运行机制与叙事动能: 以北京老字号品牌故事为例. 现代传播(中国传媒大学学报), 44(3): 108-116.

王新新, 万文海. 2012. 消费领域共创价值的机理及对品牌忠诚的作用研究. 管理科学, 25(5): 52-65.

维森特. 2004. 传奇品牌: 诠释叙事魅力, 打造 致胜市场战略. 钱勇, 张超群, 译. 杭州: 浙江人民出版社.

谢礼珊, 刘欣, 郭伊琪, 等. 2020. 如何从共毁走向共生?——定制化旅游价值共毁和价值恢复对口碑传播的影响. 旅游学刊, 35(2): 13-25.

杨晨, 王海忠, 钟科. 2013. "示弱"品牌传记在"蛇吞象"跨国并购中的正面效应. 中国工业经济, (2): 143-155.

杨大筠. 2007. 将品牌故事化. 中国品牌, (2): 125.

杨海龙, 郭国庆, 陈凤超. 2018. 根脉传播诉求对集群品牌购买意愿的影响: 品牌真实性的中介作用. 管理评论, 30(3): 102-113.

杨兴国. 2008. 经典故事为品牌说话. 企业文化, (1): 54-55.

袁绍根. 2005. 品牌叙事: 提升品牌价值的有效途径. 日用化学品科学, (7): 25-30

张慧. 2022. 品牌故事主体类型对消费者品牌态度影响的双重路径研究. 无锡: 江南大学.

张燕, 秦梅, 沙毓沧, 等. 2022. 云南省魔芋产业绿色发展对策研究. 楚雄师范学院学报, 37(3): 121.

朱丽叶, 袁登华, 张红明. 2018. 顾客参与品牌共创如何提升品牌忠诚? 外国经济与管理, 40(5): 84-98.

Aaker J L. 2000. Accessibility or diagnosticity? Disentangling the influence of culture on persuasion processes and attitudes. Journal of Consumer Research, 26(4): 340-357.

Aaker J, Vohs K D, Mogilner C. 2010. Nonprofits are seen as warm and for-profits as competent: firm stereotypes matter. Journal of Consumer Research, 37(2): 224-237.

Adaval R, Wyer Jr R S. 1998. The role of narratives in consumer information processing. Journal of Consumer Psychology, 7(3): 207-245.

Al-Omoush K S. 2017. The adoption drivers of web-based B2B systems: a comparison between durable and nondurable goods-producing industries. Journal of Organizational and End User Computing, 29(2): 67-81.

Arnould E J, Wallendorf M. 1994. Market-oriented ethnography: interpretation building and marketing strategy formulation. Journal of Marketing Research, 31(4): 484-504.

Avery J, Paharia N, Keinan A, et al. 2010. The strategic use of brand biographies. Research in Consumer Behavior, 12: 213-229.

Berger J. 2014. Word of mouth and interpersonal communication: a review and directions for future research. Journal of Consumer Psychology, 24(4): 586-607.

Brakus J J, Schmitt B H, Zarantonello L. 2009. Brand experience: what is it? How is it measured? Does it affect loyalty?. Journal of Marketing, 73(3): 52-68.

Bruner J. 1990. Acts of Meaning. Cambridge: Harvard University Press.

Carnevale M, Yucel-Aybat O, Kachersky L. 2018. Meaningful stories and attitudes toward the brand: the moderating role of consumers' implicit mindsets. Journal of Consumer Behaviour, 17(1): e78-e79.

Chang C T, Tung M H. 2015. Intergenerational appeal in advertising: impacts of brand-gender extension and brand history. International Journal of Advertising, 35(2): 345-361.

Chehadeh W, Lobert P E, Sauter P, et al. 2005. Viral protein VP4 is a target of human antibodies enhancing coxsackievirus B4-and B3-induced synthesis of alpha interferon. Journal of Virology, 79(22): 13882-13891.

Cislak A, Cichocka A, Wojcik A D, et al. 2018. Power corrupts, but control does not: what stands behind the effects of holding high positions. Personality and Social Psychology Bulletin, 44(6): 944-957.

Deighton J, Romer D, McQueen J. 1989. Using drama to persuade. Journal of Consumer Research,

16(3): 335-343.

Delgado-Ballester E, Fernández-Sabiote E. 2016. "Once upon a brand": storytelling practices by spanish brands. Spanish Journal of Marketing-ESIC, 20(2): 115-131.

Delgado-Ballester E. 2021. Effect of underdog (vs topdog) brand storytelling on brand identification: exploring multiple mediation mechanisms. Journal of Product & Brand Management, 30(4): 626-638.

Denning S. 2005. The Leader's Guide to Storytelling: Mastering the Art and Discipline of Business Narrative. SanFrancisco: Jossey-Bass.

Dessart L, Pitardi V. 2019. How stories generate consumer engagement: an exploratory study. Journal of Business Research, 104: 183-195.

Dessart L. 2018. Do ads that tell a story always perform better? The role of character identification and character type in storytelling ads. International Journal of Research in Marketing, 35(2): 289-304.

Douglas K. 2006. The Power of the Story. Campaign, 12(4): 23.

Duck J M, Terry D J, Hogg M A. 1995. The perceived influence of AIDS advertising: third-person effects in the context of positive media content. Basic and Applied Social Psychology, 17(3): 305-325.

Duckworth A L, Peterson C, Matthews M D, et al. 2007. Grit: perseverance and passion for long-term goals. Journal of Personality and Social Psychology, 92(6): 1087-1101.

Dweck C S, Leggett E L. 1988. A social-cognitive approach to motivation and personality. Psychological Review, 95(2): 256-273.

Echeverri P, Skålén P. 2011. Co-creation and co-destruction: a practice-theory based study of interactive value formation. Marketing Theory, 11(3): 351-373.

End C M, Dietz-Uhler B, Harrick E A, et al. 2002. Identifying with winners: a reexamination of sport fans' tendency to BIRG1. Journal of Applied Social Psychology, 32(5): 1017-1030.

Escalas J E, Bettman J R. 2009. Connecting with celebrities: celebrity endorsement, brand meaning, and self-brand connections. Journal of Marketing Research, 13(3): 339-348.

Escalas J E. 2004. Narrative processing: building consumer connections to brands. Journal of Consumer Psychology, 14(1-2): 168-180.

Escalas J E. 2007. Self-referencing and persuasion: narrative transportation versus analytical elaboration. Journal of Consumer Research, 33(4): 421-429.

Fiske S T, Cuddy A J C, Glick P, et al. 2002. A model of (often mixed) stereotype content: competence and warmth respectively follow from perceived status and competition. Journal of Personality and Social Psychology, 82(6): 878-902.

Fog K, Budtz C, Yakaboylu B. 2005. Storytelling: Branding in Practic. Berlin: Springer.

Granitz N, Forman H. 2015. Building self-brand connections: exploring brand stories through a transmedia perspective. Journal of Brand Management, 22: 38-59.

Green M C, Brock T C. 2000. The role of transportation in the persuasiveness of public narratives. Journal of Personality and Social Psychology, 79(5): 701-721.

Hamby A, Daniloski K, Brinberg D. 2015. How consumer reviews persuade through narratives.

Journal of Business Research, 68(6): 1242-1250.

Harris J, Kim Barnes B. 2006. Leadership storytelling. Industrial and Commercial Training, 38(7): 350-353.

Hayes A F. 2013. Introduction to Mediation, Moderation, and Conditional Process Analysis: A Regression-based Approach. New York: The Guilford Press.

He Y, You Y, Chen Q M. 2020. Our conditional love for the underdog: the effect of brand positioning and the lay theory of achievement on WOM. Journal of Business Research, 118: 210-222.

Herman D. 2003. Narrative Theory and the Cognitive Sciences. Stanford: Center for the Study of Language and Information.

Hollenbeck C R, Peters C, Zinkhan G M. 2008. Retail spectacles and brand meaning: insights from a brand museum case study. Journal of Retailing, 84(3): 334-353.

Hong J J, Yang J, Wooldridge B R, et al. 2022. Sharing consumers' brand storytelling: influence of consumers' storytelling on brand attitude via emotions and cognitions. Journal of Product & Brand Management, 31(2): 265-278.

Hopkinson G C, Hogarth-Scott S. 2001. "What happened was…" Broadening the Agenda for Storied Research. Journal of Marketing Management, 17(1/2): 27-47.

Hsieh Y C, Chiu H C, Tang Y C, et al. 2018. Understanding the influences of story elements in service businesses. Service Business, 12(3): 601-619.

Jain S P, Mathur P, Maheswaran D. 2009. The influence of consumers' lay theories on approach/avoidance motivation. Journal of Marketing Research, 46(1): 56-65.

John D R, Park J K. 2016. Mindsets matter: implications for branding research and practice. Journal of Consumer Psychology, 26(1): 153-160.

Jun S, Sung J, Gentry J W, et al. 2015. Effects of underdog (vs.top dog) positioning advertising. International Journal of Advertising, 34(3): 495-514.

Jung C G. 1916. Analytical psychology. Moffat: Yard.

Kang J A, Hong S, Hubbard G T. 2020. The role of storytelling in advertising: consumer emotion, narrative engagement level, and word-of-mouth intention. Journal of Consumer Behaviour, 19(1): 47-56.

Kang M, Schuett M A. 2013. Determinants of sharing travel experiences in social media. Journal of Travel & Tourism Marketing, 30(1-2): 93-107.

Kao D T, Wu P H. 2019. The impact of affective orientation on bank preference as moderated by cognitive load and brand story style. International Journal of Bank Marketing, 37(5): 1334-1349.

Kim J E, Lloyd S, Cervellon M C. 2016. Narrative-transportation storylines in luxury brand advertising: motivating consumer engagement. Journal of Business Research, 69(1): 304-313.

Kirmani A, Hamilton R W, Thompson D V, et al. 2017. Doing well versus doing good: the differential effect of underdog positioning on moral and competent service providers. Journal of Marketing, 81(1): 103-117.

LaTour K, LaTour M S, Zinkhan G M. 2010. Coke is it: how stories in childhood memories illuminate an icon. Journal of Business Research, 63(3): 328-336.

Li Y L, Zhao M. 2018. Must the underdog win? The moderation effect of product type in the underdog effect of brand stories. Asian Journal of Psychology, 21(4): 237-245.

Liang J P, Chen Z X, Lei J. 2016. Inspire me to donate: the use of strength emotion in donation appeals. Journal of Consumer Psychology, 26(2): 283-288.

Lien N H, Chen Y L. 2013. Narrative ads: the effect of argument strength and story format. Journal of Business Research, 66(4): 516-522.

Lin C H, Chen M Y. 2015. "Being hooked" by a brand story: a view of regulatory focus. European Journal of Marketing, 49(5/6): 692-712.

Lund N F, Scarles C, Cohen S A. 2020. The brand value continuum: countering co-destruction of destination branding in social media through storytelling. Journal of Travel Research, 59(8): 1506-1521.

Lundqvist A, Liljander V, Gummerus J, et al. 2013. The impact of storytelling on the consumer brand experience: the case of a firm-originated story. Journal of Brand Management, 20: 283-297.

Mathews R, Wacker W. 2008.What's your story? Storytelling to move markets, audiences, people, and brands. New York: Financial Times Press.

Mathur P, Chun H H, Maheswaran D. 2016. Consumer mindsets and self-enhancement: signaling versus learning. Journal of Consumer Psychology, 26(1): 142-152.

Mathur P, Jain S P, Hsieh M H, et al. 2013. The influence of implicit theories and message frame on the persuasiveness of disease prevention and detection advocacies. Organizational Behavior and Human Decision Processes, 122(2): 141-151.

Mattila A S. 2002. The use of narrative appeals in promoting restaurant experiences. Journal of Hospitality & Tourism Research, 26(4): 379-395.

McGinnis L P, Gao T, Jun S, et al. 2017. Motivational bases for consumers' underdog affection in commerce. Journal of Service Management, 28(3): 563-592.

McGinnis L P, Gentry J W. 2009. Underdog consumption: an exploration into meanings and motives. Journal of Business Research, 62(2): 191-199.

Morgan S, Dennehy R F. 1997. The power of organizational storytelling: a management development perspective. Journal of Management Development, 16(7): 494-501.

Murphy M C, Dweck C S. 2016. Mindsets shape consumer behavior. Journal of Consumer Psychology, 26(1): 127-136.

Nagar K. 2019. Support for the underdog brand biography: effects on consumer attitude and behavior. Journal of Marketing Communications, 25(5): 477-493.

Oatley K. 2002. Emotions and the story worlds of fiction. Narrative impact:social and cognitive foundations, 39: 69.

Padgett D, Allen D. 1997. Communicating experiences: a narrative approach to creating service brand image. Journal of Advertising, 26(4): 49-62.

Paharia N, Keinan A, Avery J, et al. 2011. The underdog effect: the marketing of disadvantage and determination through brand biography. Journal of Consumer Research, 37(5): 775-790.

Park D H, Lee J, Han I. 2007. The effect of on-line consumer reviews on consumer purchasing intention: the moderating role of involvement. International Journal of Electronic Commerce, 11(4): 125-148.

Park H, Kim Y K. 2014. The role of social network websites in the consumer-brand relationship. Journal of Retailing and Consumer Services, 21(4): 460-467.

Park J K, John D R. 2018. Judging a book by its cover: the influence of implicit self-theories on brand user perceptions. Journal of Consumer Psychology, 28(1): 56-76.

Park J K, John D R. 2010. Got to get you into my life: do brand personalities rub off on consumers?. Journal of Consumer Research, 37(4): 655-669.

Park J K, John D R. 2012. Capitalizing on brand personalities in advertising: the influence of implicit self-theories on ad appeal effectiveness. Journal of Consumer Psychology, 22(3): 424-432.

Pera R, Viglia G. 2016. Exploring how video digital storytelling builds relationship experiences. Psychology & Marketing, 33(12): 1142-1150.

Perkins A W, Forehand M R. 2012. Implicit self-referencing: the effect of nonvolitional self-association on brand and product attitude. Journal of Consumer Research, 39(1): 142-156.

Petty R E, Cacioppo J T. 1986. The elaboration likelihood model of persuasion//Petty R E, Cacioppo J T. Communication and Persuasion. New York: Springer: 1-24.

Plé L, Chumpitaz Cáceres R. 2010. Not always co-creation: introducing interactional co-destruction of value in service-dominant logic. Journal of Services Marketing, 24(6): 430-437.

Puzakova M, Kwak H, Rocereto J F. 2013. When humanizing brands goes wrong: the detrimental effect of brand anthropomorphization amid product wrongdoings. Journal of Marketing, 77(3): 81-100.

Rashid M, Chattaraman V. 2019. Do consumers react differently to sweatshop allegations on luxury and non-luxury brands? A brand entitativity-based account. Journal of Fashion Marketing and Management, 23(1): 138-155.

Robson K, Mills A J. 2022. Teaching, fast and slow: student perceptions of emergency remote education. Journal of Marketing Education, 44(2): 203-216.

Ryu K, Lehto X Y, Gordon S E, et al. 2019. Effect of a brand story structure on narrative transportation and perceived brand image of luxury hotels. Tourism Management, 71: 348-363.

Sanders J, van Krieken K. 2018. Exploring narrative structure and hero enactment in brand stories. Frontiers in Psychology, 9: 1645.

Shankaran V, Ikeda H, Bruce A T, et al. 2001. IFNγ and lymphocytes prevent primary tumour development and shape tumour immunogenicity. Nature, 410(6832): 1107-1111.

Silverman L L. 2004. Strategic Storytelling. https://www.siq.se/wp-content/uploads/2021/11/ Strategic-Storytelling-Association-Management-Magazine-Publications-and-Resources-ASAE-The-Center-for-Association-Leadership.pdf[2022-05-05].

Simon H A. 1954. Bandwagon and underdog effects and the possibility of election predictions. Public Opinion Quarterly, 18(3): 245-253.

Smith A M. 2013. The value co-destruction process: a customer resource perspective. European Journal of Marketing, 47(11/12): 1889-1909.

Solja E, Liljander V, Söderlund M. 2018. Short brand stories on packaging: an examination of consumer responses. Psychology & Marketing, 35(4): 294-306.

Staton M, Paharia N, Oveis C. 2012. Emotional marketing: how pride and compassion impact preferences for underdog and top dog brands. Association for Consumer Research (U.S.), 40: 1045-1046.

Thompson D V, Paharia N. 2014. When underdog narratives backfire: the effect of perceived market advantage on brand status. Advances in Consumer Research, 42: 17-21.

Thrash T M, Elliot A J. 2003. Inspiration as a psychological construct. Journal of Personality and Social Psychology, 84(4): 871-889.

Thrash T M, Moldovan E G, Oleynick V C, et al. 2014. The psychology of inspiration. Social and Personality Psychology Compass, 8(9): 495-510.

Üçok Hughes M, Bendoni W K, Pehlivan E. 2016. Storygiving as a co-creation tool for luxury brands in the age of the Internet: a love story by Tiffany and thousands of lovers. Journal of Product & Brand Management, 25(4): 357-364.

Vafeas M, Hughes T, Hilton T. 2016. Antecedents to value diminution. Marketing Theory, 16(4): 469-491.

van Laer T, de Ruyter K, Visconti L M, et al. 2014. The extended transportation-imagery model: a meta-analysis of the antecedents and consequences of consumers' narrative transportation. Journal of Consumer Research, 40(5): 797-817.

Vincent L. 2002. Legendary Brands: Uuleashing the Power of Storytelling to Create a Winning Market Strategy. Chicago: Dearborn Trade.

Xie Y H. 2008. Consumer innovativeness and consumer acceptance of brand extensions. Journal of Product & Brand Management, 17(4): 235-243.

Yorkston E A, Nunes J C, Matta S. 2010. The malleable brand: the role of implicit theories in evaluating brand extensions. Journal of Marketing, 74(1): 80-93.

Zhao X S, Lynch J G, Chen Q M. 2010. Reconsidering baron and Kenny: myths and truths about mediation analysis. Journal of Consumer Research, 37(2): 197-206.

# 第9章 转型升级必修课：社交网络与意见领袖

张红红[①]

## 9.1 意见领袖

### 9.1.1 意见领袖的内涵

意见领袖是社会学、传播学和市场营销领域中的一个概念，用来描述在特定领域或社交群体中拥有影响力和权威性的个体。意见领袖会对他人的各种消费决策过程产生显著影响（Katz and Lazarsfeld，1955；Rogers，2003）。Rogers（2003）将意见领袖定义为"一个人能够在非正式的情况下，以相对频繁的某种方式影响其他个体的态度或公开行为的程度"。同样，Ruvio 和 Shoham（2007）指出意见领袖是"其他人在购买决策过程中会向其寻求信息或建议的人"。理论视角下的意见领袖研究包括以下方面。

（1）两阶段传播模型（two-step flow model）：由社会学家拉扎斯菲尔德和卡茨提出的这一理论模型，认为信息传播过程并不是直接从媒体到个体，而是经过意见领袖这一媒介。媒体影响意见领袖，再经由意见领袖将信息传播给广大受众。这个模型强调了意见领袖在塑造公众观点和行为中的重要作用。

（2）社会影响理论（social influence theory）：这一理论视角强调社会关系对于意见形成和决策的影响。根据这一理论，人们往往更容易受到他们信任或尊重的他人的意见影响，而不是广告或媒体。意见领袖在社交网络中扮演了关键角色，因为他们的意见和建议对其社交圈子的成员具有更高的影响力。

（3）市场传播模型（market communication model）：这一模型将意见领袖视为市场营销中的关键要素。根据这一模型，品牌和企业可以通过与具有良好声誉和知名度的意见领袖合作，借助他们的影响力来推广产品或服务，同时也可以借助意见领袖的反馈来改进产品或服务。

（4）创新传播理论（diffusion of innovation theory）：在创新传播理论中，意见领袖被认为是在创新传播过程中起到关键作用的个体。他们通常是最早接受并

---

[①] 张红红，女，江南大学商学院副教授；中国矿业大学管理学学士、管理学硕士，惠灵顿维多利亚大学市场营销学博士。
主要研究方向：包括消费者行为、新产品采用、社会网络和社交媒体营销等。

采用新产品、新观念或新技术的人,然后通过他们的影响力鼓励其他人跟随。这一理论强调了意见领袖在新产品或观念推广中的作用。

(5)社会网络理论(social network theory):社会网络理论强调了人际关系和联结的重要性。意见领袖通常在社交网络中具有高度联结性,他们通过这些联结来传播信息、观点和建议,从而影响其他人。

总之,从理论视角来看,意见领袖是具有社会影响力和权威性的个体,他们在信息传播、意见形成和决策过程中起到关键作用。意见领袖是社交影响力形成过程中的关键角色,他们能够通过社交互动、信息传播和信任建立来影响其他人的态度、观点和行为。意见领袖也是社会学、传播学和市场营销研究中的关键主题,因为他们能够对社会、文化和市场产生深远的影响。这些理论视角有助于解释为什么意见领袖在传播和市场营销领域如此重要,以及他们如何在社交网络中发挥作用。同时,品牌可以利用这些理论来更好地理解和利用意见领袖的影响力。

## 9.1.2 意见领袖的特征和作用

意见领袖具备了能使他们与追随者区分开来的独有特征(Rogers,2003)。具体来说,作为有影响力的人,意见领袖主要有三个显著特征(Goldenberg et al.,2009)。第一,意见领袖的人格化特征体现在其令人信服的能力或有说服力的社会定位。第二,与新产品的专业知识有关,意见领袖往往比他们的追随者更了解某些新产品。第三,与个人在社交网络中的地位有关,即意见领袖更有可能在社交网络中拥有大量的社会联系。此外,意见领袖所拥有的社交能力也是一种社会资本。因此,社交能力强的人更有可能影响他人的决定。在以往的扩散研究中,意见领袖的上述三个显著特征都得到了证实。从市场营销实践视角,意见领袖的特征和作用包括以下几点。

(1)具有专业知识和经验,从而具有较高的可信度。意见领袖通常在特定领域拥有深厚的专业知识和经验,他们的意见和建议基于自身的实际经验和研究,因此具有高度的可信度,他们的观点和建议更容易受到消费者的信任。

(2)能够进行内容创造。意见领袖通常会制作各种类型的内容,如博客文章、视频、社交媒体帖子等,以分享他们的经验和见解。这些内容可以用来展示品牌或产品的优势,并激发消费者的兴趣。

(3)更加具有真实性和亲和力。意见领袖创作的内容通常更真实和亲切,因为他们与他们的受众有更紧密的联系。这种真实性可以帮助品牌建立更深层次的情感联结。

(4)具有社交媒体影响力,可以扩大品牌知名度。意见领袖通常在社交媒体平台上有大量的粉丝或追随者。这使得他们能够将品牌或产品的信息传播给广大的受众,从而增加品牌知名度。

(5)进行品牌合作与推广,促进品牌口碑传播。许多品牌愿意与意见领袖合作,邀请他们参与产品或服务的评价、推广或提供赞助。这种合作可以帮助品牌获得更多曝光和信任,从而提高销售和市场份额。

(6)影响消费者的购买决策。意见领袖的推荐和评论可以影响消费者的购买决策。如果一个意见领袖推荐某个产品或服务,许多消费者可能会受到启发并购买该产品或服务。人们往往更愿意相信那些他们认为是权威和可信的声音,而不仅仅是品牌自身的宣传。

总之,在市场营销实践中,意见领袖是企业的重要资源,因为他们能够帮助品牌建立信任、扩大受众群体,并影响购买决策。然而,在选择与哪些意见领袖合作时,品牌需要考虑受众的特点、品牌价值观和合作目标,以确保合作的成功。

### 9.1.3　意见领袖的识别

从市场营销实践的角度来看,意见领袖是在特定领域或行业中具有高度影响力和可信度的个人或组织,他们对于产品、服务或特定话题具有深入的了解,并在社交媒体、博客、行业会议、演讲、书籍等平台上分享他们的见解和经验,吸引了一大批追随者和信任者,并能够影响他们的购买决策和行为。因此意见领袖的角色在市场营销中变得越来越重要,因为他们可以通过与品牌合作来传播品牌、产品或服务的信息,从而吸引更多的消费者。因此,企业识别和选择合适的意见领袖非常重要。创新扩散相关研究提出了四种衡量和识别意见领袖的主要方法(Rogers,2003;Valente and Pumpuang,2007)。具体方法如下。

(1)社会计量法,即通过询问受访者从谁那里获得有关特定产品的建议或信息,从而确定被提名者是否为信息源的个体。这种方法是通过追随者的感知来确定意见领袖的社会网络分析。社会计量法是衡量意见领袖的有效方法之一,因为该方法基于追随者的感知进行衡量,因此当只接触总人口中的一小部分样本时,该方法可能不适用(Rogers,2003)。

(2)自我报告法(也称为自我指定法),即询问受访者他们认为自己属于意见领袖的程度。因此,得分最高的人被选为意见领袖。如果无法使用社会计量法,则该方法更为适用。自我指定法的局限性在于它主要取决于受访者是否能够准确地评估并报告他们对自我意见领袖能力的认知。

(3)知情者评级法,即向特别了解特定社交网络或人际网络的某些关键知情者询问其他人常寻求信息和建议的意见领袖。这种方法类似于社会计量法,但成本更低且更节省时间。它的局限性在于所选的知情者需要充分熟悉整个网络。

（4）观察法，即调查者识别并记录社交网络中所发生的沟通行为。观察法的优点是数据通常具有很强的有效性，但同时它也可能是一种非常具有干扰性的数据收集技术，需要观察者非常有耐心。因此，这种技术很少被用来衡量意见领袖，一般只在非常小的系统内使用。

在传播研究中，自我报告和社会计量两种技术是识别意见领袖最常用的技术。自我报告法在市场营销研究人员中最受欢迎，社会计量法在社会网络分析人员中更受欢迎。以前的实证研究已经证实了这两种技术的有效性。然而，基于社会网络数据的相关研究发现基于社会计量和基于自我报告的意见领袖测量标准可能测量的是不同的意见领袖概念，因为这两种意见领袖类型呈弱相关并且与不同类型的采用相关行为有关（Iyengar et al.，2011）。

社交媒体和移动通信技术的飞速发展极大地促进了消费者之间的互动。消费者在社交网络上的互动信息组成的海量数据，为企业利用社交网络大数据识别网络中的关键人物如意见领袖提供了依据。此外，社交媒体影响者这一群体越来越成为企业关注的意见领袖群体。有影响力的社交媒体意见领袖识别和运用成为企业营销的重要方向。

## 9.2 社交媒体中的意见领袖

### 9.2.1 社交媒体影响者的内涵与特征

社交媒体意见领袖（social media influencer）也被称为社交媒体影响者，他们是在社交媒体平台上具有一定影响力和知名度的个人或组织。数据显示，截至2022年6月，中国互联网用户规模已达10.51亿，互联网普及率超过74.4%。在此时代背景下，社交媒体逐渐成为品牌方塑造其形象、提高知名度以及和消费者建立联系的重要渠道。与此同时，一批社交媒体用户凭借分享自己的专业知识、兴趣爱好等，创造了具有吸引力的内容并收获了大量忠实粉丝，成为社交媒体影响者（social media influencers，SMIs），也称为"网红""网络名人"。社交媒体影响者以其潜在的影响力为核心特征，通过创造影响者生成内容来塑造其追随者的态度（Wies et al.，2023）。

影响者营销的兴起给众多品牌带来了营销灵感，品牌认为影响者特质赋予了其天然的营销优势，并借助他们的影响力发布品牌及产品信息进行品牌推广，能够有效挖掘潜在市场。因此，影响者营销已经成为一种高效的新型营销手段，越来越多的品牌使用社交媒体影响者来推广产品（Leung et al.，2022a）。Influencer Marketing Hub 发布的《2023年影响者营销基准报告》指出，从全球范围来看，

2022年影响者营销市场规模达到约164亿美元。

以往对社交媒体影响者的研究将其界定为一种通过博客、推特和其他社交媒体平台影响受众态度的新型独立第三方代言人（Freberg et al.，2011）；或者是社交媒体内容生成者，强调其在特定领域具有专业知识，通过定期在社交媒体上发布有价值的内容，并影响对品牌具有营销价值的追随者（Lou and Yuan，2019）；社交媒体影响者会对追随者和用户决策产生重要影响（Ki and Kim，2019）。不同于传统名人，社交媒体影响者多为普通互联网用户，他们常常通过网络与追随者进行互动交流，以此建立情感联系，赢得了追随者的信任并被认为是专业的、可靠的、具有亲和力的。有学者表明，相比于名人，追随者更加认同社交媒体影响者，由此带来的直接效果是追随者更愿意购买影响者推荐的产品，而不是名人代言的产品。大量社交媒体影响者是在社交媒体上分享原创内容的普通用户，他们分享自己的日常生活，围绕其擅长的领域创作特定的内容，并与平台用户积极互动，他们所表现出的真实性、专业性、可靠性吸引了大量粉丝，进而产生影响力成为一名社交媒体影响者。在企业的营销实践中，社交媒体影响者通常在以下方面，展示他们的优势和影响力。

（1）粉丝数量：社交媒体影响者通常拥有大量的粉丝或追随者，这些粉丝可能会定期关注他们的发布内容。

（2）粉丝忠诚度：社交媒体影响者通常有一批忠实的粉丝，这些粉丝可能会因为他们的意见而选择购买某种产品或服务。

（3）内容质量：他们的内容通常具有高质量，包括独特的观点、吸引人的图片或视频、深度的信息和吸引人的叙述风格。

（4）互动率：社交媒体影响者通常会与他们的追随者保持互动，回复评论、点赞和分享其他用户的内容。

（5）专业知识：一些社交媒体影响者在特定领域内具有专业知识，他们可以分享自己的经验、见解和建议。

（6）品牌合作：许多社交媒体影响者与品牌合作，代表品牌推广产品或服务，并通过推荐、评论或演示来帮助品牌扩大影响力。

## 9.2.2 虚拟影响者的内涵与特征

**1. 虚拟影响者的内涵**

随着人工智能和虚拟现实技术的蓬勃发展、元宇宙概念在年轻群体间热度的升高，以及偶像失德等事件的频发导致品牌对代言人的信任危机提升，越来越多的品牌开始转变营销策略，由真人代言转向虚拟人物代言，国内的虚拟数字人数量进入井喷式增长阶段，虚拟偶像、虚拟网红等逐渐走进消费者视野。虚拟数字人的应用场景得到了极大的扩展，尤其在品牌和广告代言方面表现出极大的商业价值。艾媒咨询《2023年中国虚拟人产业发展与商业趋势研究报告》指出，2022年中国虚拟人的核心市场规模和带动的周边市场规模分别是120.8亿元和1866.1亿元，报告预测在2025年将分别达到480.6亿元和6402.7亿元，预计到2030年，我国虚拟人整体市场规模将达到2700亿元。

由雅马哈（Yamaha）公司推出的虚拟偶像洛天依、推特上走红的虚拟网红Miquela、为SKII代言的虚拟模特Imma等在全球范围内收获了大量的关注。这些国外的虚拟偶像或网红如Lil Miquela、Lu do Magalu、Imma等仿真虚拟数字人，这些虚拟人以个人身份建立了自己的社交账号，并通过社交媒体积累了大量的粉丝和追随者，在网络世界中对年轻群体产生了巨大的影响力，因此被称为"虚拟影响者"（virtual influencer）。虚拟影响者也被称为虚拟网红、虚拟偶像、虚拟代言人和虚拟化身等。例如，Lil Miquela是国外最有影响力的虚拟影响者之一，她合作代言的品牌包括香奈儿、苏博瑞、芬迪、普拉达等诸多高奢时尚品牌。近年来，在国内也出现了AYAYI和柳夜熙等现象级的虚拟影响者，合作代言的品牌包括香奈儿、苏博瑞、芬迪、普拉达、迪奥、海尔、广汽本田、小鹏汽车、vivo等诸多品牌，她们凭借着高颜值和成熟的运营模式，一经推出就吸引了年轻人的关注，成为元宇宙时代的新兴网红。AYAYI作为国内首个超写实数字人，不仅入职阿里，还解锁了NFT（non-fungible token，非同质化代币）艺术家、潮牌主理人等各种身份；国风虚拟人翎与戏剧相结合的形象呈现出中国东方古典美，也与百年润发签约作为品牌最新代言人；柳夜熙在抖音上发布第一条视频后一夜爆红收获150万个粉丝。

虚拟人的高人气也为品牌利用虚拟代言人进行营销提供了新的思路，越来越多的品牌开始选择通过借助CGI（common gateway interface，通用网关接口）与人工智能技术打造独属于自身品牌的代言人，如花西子的同名虚拟代言人、屈臣氏的屈晨曦、欧莱雅的M姐、雀巢Zoe等。品牌建立了品牌专属的虚拟形象，并借助品牌自身的知名度把其打造成具备品牌特色的数字形象代言人，这类虚拟形象也被称为"品牌自创虚拟代言人"。与名人代言相比，虚拟影响者更具可塑性和品牌适应性。在技术运营团队的支持下，这些虚拟影响者甚至可以利用全息投影技术参与到直播、展会、广告中。这些品牌利用设计一个全新的虚拟代言人形象，赋予其"人"的特征和个性，通过结合全息投影技术实现"虚拟+现实"交互融合，使其进入特定场景，向消费者展示自身的品牌形象，传递品牌个性、文化、价值观。虚拟影响者因其在形象上的可塑性、"永不塌房"的稳定性、生成内容的可控性，以及对年轻一代的吸引力，成为企业在元宇宙时代进行品牌营销的新风向。表9.1展示了虚拟影响者的基本类型。

表 9.1　虚拟影响者分类

| 虚拟影响者 | | 技术 | 代表 |
| --- | --- | --- | --- |
| 虚拟代言人 | 虚拟网红 | CGI 图像捕捉合成技术 | Imma<br>翎<br>AYAYI |
| | 品牌自创虚拟代言人 | CGI 图像捕捉合成技术+人工智能技术 | M 姐（欧莱雅）<br>屈晨曦（屈臣氏）<br>花西子（花西子）<br>Zoe（雀巢） |
| | 虚拟偶像 | 动作捕捉技术+增强现实技术+音乐合成技术+3D 建模技术 | 洛天依<br>东方梔子 |
| 数字化身 | 虚拟助手 | CGI 图像捕捉合成技术+人工智能技术 | Amelia（IPSoft）<br>度晓晓（百度） |
| | 数字化身 | 艺术化与结构化的 3D 模型，真实人类的复制品，视频渲染 | Travis Scott<br>千喵（易烊千玺）<br>Aspea |

作为影响者营销的一个新的细分领域和方向，虚拟影响者近年来得到企业界以及学术界的广泛关注。国内学者对虚拟影响者的研究指出，虚拟影响者可以从游戏、动漫、音乐和营销领域演化而来，他们借助虚拟的呈现方式来影响大众。有关真人和虚拟影响者的客观脸部特征对消费者关注行为的影响差异研究发现，影响者和虚拟影响者的客观脸部特征能较为准确地解释和预测消费者的在线关注行为。当虚拟影响者的脸和真人的一样时，二者的客观脸部特征对消费者关注行为的影响没有显著差异（徐婕和周影辉，2023）。此外，贾微微和别永越（2021）指出虚拟影响者是品牌方或第三方公司利用计算机技术创造的虚拟形象，他们和真人影响者一样，能在社交媒体上向受众表达自己的个性和观点，并且在积累到一定的粉丝后实现自身的商业价值。从这个角度来看，他们的行为表现和真人相比并不存在较大的差异。国外学者认为影响者可以是个人或群体，甚至是在社交媒体上拥有了大量粉丝的虚拟化身。Yang 等（2023）则认为作为由电脑图形制成的虚拟化身，他们的外形精致甚至与真人难以区分，虽然只存在于网络世界中，但拥有众多的追随者。Sands 等（2022）认为虚拟影响者的外形不必和人类一样，并把其定义为由人工智能自主控制的身份，他们在数字环境中被可视化地呈现为一个交互式的、实时呈现的实体。

**2. 虚拟影响者的特征**

研究指出虚拟影响者具有定制化、灵活性、所有权和自主性等特征。这些特征促进了虚拟影响者营销的成功，并推动消费者的参与，同时也为品牌利用虚拟影响者营销提出了机会和挑战（Mouritzen et al.，2024）。

（1）定制化：虚拟影响者是数字化的，因此品牌或管理者可以对虚拟影响者进行个性化的改造，使其符合自身品牌形象或价值观。并且随着时间的推移，虚拟影响者的视觉外观和行为可以根据市场趋势的变化和不断变化的消费者偏好进行修改。然而，定制化也会产生负面影响，如果消费者难以区分虚拟影响者和人类影响者，那么虚拟影响者所表现出的与社会审美标准不符的、不切实际的外观形象，包括完美无瑕的皮肤和苗条的身体形象，会使消费者对自己的外表感到焦虑。同时，虚拟影响者也可能会对道德立场、价值观产生误导。

（2）灵活性：由于虚拟影响者的数字性质，其在时间和空间上不像现实中的影响者那样受到限制。一方面，虚拟影响者不受空间的限制，他们可以在不同平台上无缝衔接，不仅仅局限在现实中的媒体平台。另一方面，他们也可以突破时间上的局限，不同的消费者可以同时与虚拟影响者进行互动交流。高度的灵活性也会带来负面影响，因为虚拟影响者可以随时随地去任何地方，他们所表现出来的超现实可能带来不切实际的感知。例如，当虚拟影响者频繁地出现在不同的活动中或者表现出超过人类的灵活性，可能会使虚拟影响者看起来更像机器人，而不是意见领袖，虚拟影响者不那么真实时可能会对营销活动产生负面影响。

（3）所有权：虚拟影响者通常由人工智能机构、媒体机构以及精通人工智能和计算机图形学的个人或组织创建。一旦创建了虚拟影响者，它们就可以归原始创作者或品牌所有。虚拟影响者往往只与几个或特定品牌合作，并且品牌对影响者有较强的控制权，以确保这些影响者的形象、立场和行为代表品牌的价值观和形象。虽然虚拟影响者产生负面影响或不道德行为的可能性较小，但其所有者可能做出不道德行为，从而影响虚拟影响者以及品牌声誉。如果所有者与虚拟影响者的行为或形象不匹配，则虚拟影响者的推荐真实性会受到怀疑。

（4）自动性：虚拟影响者执行的任务（如发布内容和回复粉丝的评论）通常由他们的专业管理团队执行，甚至在人工智能的帮助下自动执行。目前，大多数虚拟影响者主要由人类团队管理。尽管大多数这样的互动仍然是基于文本的，但技术进步使虚拟影响者和消费者之间的交流逐渐转向基于语音和视频的交流。依靠人工智能技术的虚拟影响者也可以帮助品牌收集有关消费者行为的信息，他们可以进一步利用收集到的数据为处理不同的消费者咨询提供解决方案，甚至帮助设计品牌传播。当利用人工智能技术从社交媒体参与中收集消费者数据时，虚拟影响者的所有者可能会干预消费者隐私，并利用它来说服消费者购买产品和服务。另外，人工智能驱动的虚拟影响者可能被有意设计或欺骗（如通过不真实或低质量的在线数据）传播错误信息和其他不道德的信息，这不仅会伤害消费者，还会损害虚拟影响者所有者和相关品牌的声誉。

**3. 虚拟影响者的重要性**

社交媒体上的虚拟影响者对于提高品牌认知度、与目标消费者建立联系、提高互动性和参与度、降低成本和风险等方面都有着重要的作用。随着技术的发展和消费者需求的变化,虚拟影响者在品牌营销中扮演着重要而独特的角色,对于品牌营销的成功具有多方面的重要性,体现在以下方面。

(1)增强品牌形象:虚拟影响者可以通过他们独特的声音、形象和互动方式来增强品牌的形象。与现实中的明星或影响者相比,虚拟影响者可以更好地代表和传达品牌的价值观和理念,因为它们是专门为品牌打造的。

(2)与年轻人建立联系:虚拟影响者通常被年轻人所接受和喜欢,它们可以帮助品牌与年轻消费者建立更紧密的联系。年轻人对传统广告的抵触心理较强,但对虚拟人物和动漫文化的接受度较高。

(3)提高互动性和参与度:虚拟影响者可以在社交媒体上与消费者进行互动,通过回答问题、分享故事等方式提高消费者的参与度。这种互动性使得品牌更具有吸引力,同时也能更好地了解消费者的需求和反馈。

(4)扩大品牌影响力:虚拟影响者可以通过社交媒体快速传播信息,从而帮助品牌扩大影响力。例如,如果一个虚拟代言人在抖音上有数百万的粉丝,那么它的每一次发声都可能帮助品牌接触到更多的潜在消费者。

(5)降低风险和成本:虚拟影响者相对于现实中的明星或影响者来说,成本更低,风险也更小。一方面,虚拟影响者的创建和维护成本相对较低。另一方面,由于虚拟影响者不存在个人形象风险或道德问题,所以品牌不必担心这些问题对自身形象的影响。

(6)提供个性化的体验:虚拟影响者可以根据品牌的需求和目标消费者的喜好进行定制,提供更加个性化的体验。例如,如果一个品牌的目标消费者是年轻人,那么它可能会选择一个具有活力和个性的虚拟人物作为代言人。

(7)全天候可用性:与真实的代言人不同,虚拟影响者可以随时随地提供信息和互动,不受时间和地点的限制。这对于全球品牌和不同时区的受众非常有利。

(8)数据分析和追踪:品牌可以通过监测虚拟影响者的活动来获取有关受众参与度、互动和转化率的数据。这些数据可以用于评估营销活动的效果,并做出相应的调整。

总之,虚拟影响者在品牌营销中发挥着关键作用,可以帮助品牌实现更广泛的曝光、建立更深的情感联系、推广产品和服务,以及提供有价值的内容和建议。然而,品牌需要谨慎地选择合适的虚拟影响者,以确保他们与品牌的目标受众和价值观相契合,以取得最佳的营销效果。

## 9.3　影响者营销及其对品牌的重要作用

### 9.3.1　影响者营销的内涵

影响者营销早先被界定为通过具有影响力的个体对顾客及潜在顾客制定并实施营销战略和活动的过程,研究同时提出社交媒体能够赋予影响者全新的影响力（Brown and Hayes,2007）。综合以往研究,Leung 等（2022b）将影响者营销界定为：企业通过向影响者提供激励或报酬,借由其独特的资源来影响其追随者,以推广企业的产品或品牌,并最终提高企业绩效的营销方式。影响者营销有三个独特而必要的特征：①企业选择并激励在线影响者；②影响者出于商业目的吸引其追随者；③企业利用影响者的独特资源来推广产品。从理论上讲,这些特征将影响者营销与其他营销策略区分开来,如名人代言、网络种子营销或病毒式营销等,并为该领域的知识开发提供了概念基础　（Leung et al.,2022b）。

### 9.3.2　影响者营销相关研究发现

近年来,学术界围绕影响者营销展开了丰富的研究,主要研究内容分为以下三个方面：影响者的识别和选择、影响者营销效果的影响因素和影响者营销对消费者行为的影响。

**1. 影响者的识别和选择**

社交媒体在品牌口碑传播过程中的重要性日益凸显,故识别并选择合适的影响者是影响者营销取得成功的前提。与传统的意见领袖识别不同,社交媒体影响者是赢得媒体（earned media）和付费媒体（paid media）的结合。影响者的识别研究主要有以下方面。Harrigan 等（2021）利用社交媒体大数据,通过粉丝数、发帖频率及帖子可读性等一系列指标识别特定的社交媒体影响者。另外,影响者的选择是否合适也影响着消费者对推广内容的反应。相关研究发现影响者和品牌的契合度能提升影响者的可信度,并且对广告推广的结果有积极影响（Breves and Liebers,2022）。在推广实用品时,研究表明高真诚度的影响者对消费者品牌态度的作用更为积极（Lee and Eastin,2020）。

在选择在线影响者方面,现有研究提出了四个重要因素　（Ye et al.,2021）。首先,网络影响者的受欢迎程度是识别网络影响者用于广告策略的标准。影响者受欢迎程度的一个重要指标是每个在线影响者拥有的关注者数量。其次,应考虑网络影响者的特征。例如,活跃的思维、权威和可信度是在线影响者潜在影响力的重要指标。再次,网络影响者与社交媒体受众之间的互动也是决定产品/品牌代言人选择的主要因素。在社交媒体中,分享和评论数量等参与度指标用于衡量在线影响者与其受众之间的互动。最后,选择网络影响者作为产品/品牌代言人需要考虑网络影响者与目标消费者之间的准社会关系,即目标消费者对产品/品牌代言人的亲近感会影响影响者广告的有效性。

**2. 影响者营销效果的影响因素**

学术界主要从影响者特征、帖子内容特征以及消费者特征三个层面探讨影响者营销效果的影响因素。

在影响者特征方面,现有研究就影响者与产品的一致性、感知公正性、影响者的专业能力、可靠性以及赞助披露等多方面因素对消费者态度及行为的影响进行分析。例如,对 Instagram 影响者的实验发现影响者的真诚度对消费者的态度有积极的影响(Lee and Eastin,2020);de Veirman 等(2017)发现粉丝数是决定影响者营销效果的重要因素,具有更多追随者的影响者被认为是受欢迎和受人喜欢的人。尽管 Hughes 等(2019)发现博主的专业性能够显著推动博客平台上的用户参与,但这一结论并不适用于 Facebook(脸书)。此外,一项对社交媒体用户的在线调查发现,影响者的典型个性塑造了消费者的感知同质性,进而影响其与品牌的关联强度和紧密性。

从影响者发帖的内容特征方面,以往学者探究了内容的信息价值、娱乐价值和推广激励对消费者购买意愿和行为的影响。例如,研究发现影响者生成内容的信息价值正向影响追随者对影响者的品牌相关发帖的信任,进而影响品牌知名度和购买意愿(Lou and Yuan,2019);对于脸书上的赞助帖子,如果广告意图是增加试用而不是提高品牌认知度,那么包含高度享乐内容的帖子更有效(Hughes et al.,2019)。

在消费者特征层面,研究发现消费者的介入程度、对影响者的羡慕程度、感知相似度以及准社会关系等在影响者营销中具有重要作用;例如,Janssen 等(2022)提出消费者与影响者的感知相似性会强化影响者营销的效果;Balabanis 和 Chatzopoulou(2019)发现消费者的动机和信息处理参与决定了影响者营销效果的强弱。

**3. 影响者营销对消费者行为的影响**

影响者营销对消费者行为的影响主要表现在消费者的品牌态度、用户参与和购买行为三个方面。在品牌态度层面,研究表明影响者营销能够有效提升消费者对品牌的认知态度,改善消费者心目中的品牌形象(Abell and Biswas,2023;Wies et al.,2023);然而,de Veirman 等(2017)指出与拥有大量粉丝数的影响者合作会降低品牌的感知独特性,进而对品牌态度产生负面影响。在用户参与层面,通过二手数据分析，以往研究表明影响者专业性、帖子的享乐性以及产品的推广激励能够促进微博平台的用户参与（Hughes et al.，2019）；此外，Leung 等（2022）发现影响者营销支出与影响者特征、追随者特征及帖子特征的交互作用会显著影响用户参与。在购买行为层面，研究发现影响者生成内容的信息价值、影响者可信度、吸引力和与追随者的相似程度会积极影响追随者的信任，进而增强消费者的购买意愿。此外，影响者的可信度和准社会互动能够提升消费者的购买意愿（Sokolova and Kefi，2020）。

### 9.3.3 影响者营销对品牌的重要性

社交媒体影响者在品牌建设和推广中扮演着关键角色。他们能够为品牌带来大量潜在消费者，并建立信任、影响消费者的购买决策。因此，品牌管理者越来越重视与适合自己品牌价值观和目标受众的社交媒体影响者建立合作关系，以实现市场营销和品牌推广的目的。社交媒体影响者营销对企业的重要作用体现在以下方面。

（1）增加品牌曝光度：社交媒体影响者通常拥有大量的追随者和粉丝，因此他们能够在短时间内将品牌暴露给广大的受众。这有助于品牌提高知名度，吸引更多潜在客户。

（2）吸引目标受众：不同的社交媒体影响者拥有不同的追随者，因此品牌可以选择与其目标受众高度相关的社交媒体影响者合作，从而更精准地吸引目标市场。同时，也能扩大目标受众，社交媒体影响者通常拥有多样化的追随者，这意味着品牌可以通过与不同领域的社交媒体影响者合作来触达不同的目标受众，从而扩大市场份额。

（3）建立信任和可信度：社交媒体影响者通常在特定领域或社交媒体平台上拥有高度可信的声誉。当他们支持或认可一个品牌时，他们的追随者更容易信任这个品牌，因为他们认为社交媒体影响者是独立的、有经验的人，而不受品牌自身广告宣传的影响。因此，社交媒体影响者的支持可以增加品牌的可信度。

（4）内容创作和故事叙述：社交媒体影响者通常是出色的内容创作者，他们制作有趣、有吸引力的内容，能够吸引大量关注。品牌可以与他们合作，以借助他们的创造力和影响力来讲述自己的品牌故事，使其更引人注目。同时，也可以创造用户生成内容，社交媒体影响者的支持和使用可以激发追随者生成或转发与品牌相关的内容，如评论、照片和视频，这些内容可以用于品牌的营销活动。

（5）互动和参与性：社交媒体影响者通常与他们的追随者保持互动，回复评论、提供答疑等。这种互动可以增强用户参与度，并建立更紧密的客户关系。此外，影响者的吸引力会激励追随者参与与该影响者相关的在线活动，而他们这样做的目的是更多地了解这些影响者并与其他人更多地互动,从而促进他们的社区认同。

## 9.4 结论及品牌策略指引

### 9.4.1 加强社交媒体影响者营销

新媒体时代,利用社交媒体影响者营销对于品牌推广有着至关重要的作用。品牌要在社交媒体上做好影响者营销,品牌需要制定战略并采取一系列策略,以确保合作与影响者能够达到预期的目标。以下是一些关键需要考虑的步骤和策略。

(1)明确目标:品牌需要明确其在影响者营销中的目标。这可能包括提高品牌知名度、增加销售量、建立情感联系等。明确的目标将有助于指导整个策略。

(2)选择合适的影响者:选择与品牌和目标受众高度相关的影响者是至关重要的。要考虑影响者的领域、粉丝群体、声誉和价值观是否与品牌相符。并且利用社交媒体工具来研究潜在影响者的受众群体和参与度。

(3)建立互惠关系:与影响者建立互惠关系是成功的关键。品牌需要为影响者提供有吸引力的合作机会,这可能包括报酬、免费产品、独家权益或其他奖励。同时,品牌也应该期望影响者为品牌提供价值,包括高质量的内容和真诚的支持。

(4)制定合作协议:确保与影响者之间的合作有明确的协议和条款,包括发布内容的时间表、内容要求、报酬安排和合作期限等。协议应该清晰明了,以避免后期纠纷。

(5)提供创意自由度:虽然品牌可以提供方向和目标,但也要给予影响者一定的创意自由度,以便他们能够将品牌整合到自己的内容中,并以自己的风格和声音传达品牌信息。

(6)跟踪和分析结果:社交媒体平台提供了详细的数据和分析工具,包括互动、点击率、转化率等指标。这将帮助品牌了解合作的效果,以及是否达到预期的目标。了解互动、点击率和转化率等关键指标,可以帮助品牌监测合作社交媒体影响者的活动效果,进而有效地把控品牌影响者营销的效果。

(7)建立长期关系:建立长期关系比短期合作更有价值。品牌可以考虑与一些影响者建立长期合作关系,这有助于建立更紧密的合作、提高品牌的可信度,并持续吸引受众。

(8)与其他营销策略整合:影响者营销应该与品牌的其他营销策略整合在一起,以确保一致性和协同效应。这包括品牌的内容营销、社交媒体战略、广告活动等。

（9）处理负面情况：在社交媒体上，负面信息可能随时发生。品牌需要准备好处理可能出现的问题和负面反馈，保持专业和冷静，采取适当的措施来处理问题。

总之，社交媒体影响者营销是一项复杂的任务，需要品牌有明确的战略、选择合适的影响者、建立互惠关系、跟踪结果和与其他营销策略整合。当它被执行得当时，它可以成为品牌在社交媒体上扩大影响力和建立更紧密关系的有力工具。

### 9.4.2 有效利用虚拟影响者

**1. 与第三方虚拟影响者加强合作**

1）邀请具有高度真实性的虚拟影响者进行品牌代言合作

虚拟影响者的真实性特征是吸引消费者的重要因素，虚拟影响者的真实性越高，就越能吸引消费者的注意，并且激发他们的积极情绪。由于虚拟影响者是经过第三方公司授权的代言人，品牌方无法改变虚拟影响者的原始形象，因此，品牌方在选择代言人时就要关注虚拟影响者在外貌细节和行为活动上与真人的相似程度，尤其是虚拟影响者在行为举止上表现出来的真实性。

2）邀请在外形气质和个性人设上与品牌调性相符的虚拟影响者进行代言合作

虚拟影响者是活跃在社交媒体中的名人，在所属公司的日常运营中已经形成了独特的个性和人设，并且拥有了身份属性。如虚拟影响者翎的身份是国风虚拟偶像，AYAYI 是数字潮牌主理人，柳夜熙是虚拟美妆博主。品牌方根据品牌个性和产品性质选择合适的虚拟代言人，如国货美妆护理品牌便可以邀请国风虚拟影响者进行品牌代言，在体现出品牌特色的同时借助虚拟影响者的吸引力和影响力来扩大品牌的影响。

3）对虚拟影响者代言广告的制作上，加强对虚拟影响者角色形象和行为表现的真实性塑造以及广告要素与品牌产品的融合匹配

品牌方还可以通过对虚拟影响者代言广告的制作完成形象的二次塑造，同时在视觉上实现虚拟影响者与品牌或产品的匹配。虚拟影响者的品牌代言信息可以通过静态的平面海报图文和动态的视频广告来进行传播。对静态广告的制作突出虚拟影响者在五官、表情、皮肤、头发和穿搭上的细节真实性；在动态广告的制作上，让虚拟影响者的肢体动作更加丰富，可以表现出互动、和受众对话的效果。此外，不论是静态广告还是动态广告，都能通过画面和各种要素的结合呈现一个具体情境，使得虚拟影响者与品牌或产品实现风格的一致性匹配。

**2. 打造品牌专属虚拟代言人**

1）扩大品牌自创虚拟代言人广告范围，提高其知名度

虽然现阶段虚拟人的概念在社交媒体上受到越来越多的人的关注，但与真人代言人相比，消费者对品牌自创虚拟代言人的熟悉度不高、了解较少。品牌想要利用品牌自创虚拟代言人创造更多的影响，需要创新虚拟代言人宣传方式，结合元宇宙的概念提高其在目标消费者中的知名度，引起各方关注。

2）打造独特、高真实性的品牌自创虚拟代言人

一方面，品牌需要丰富品牌自创虚拟代言人故事背景，让虚拟代言人不仅仅是一个图像化的符号，而且是一个有着符合品牌特点的人设，稳定地输出该人设和价值观，从而更好地与消费者产生联系，走进消费者的生活中。另一方面，塑造独特的品牌自创虚拟代言人形象，虚拟人一大优势便是外形具有可塑性，因此品牌需要投入资金与精力，根据品牌形象设计有辨识度和个性化的自创虚拟代言人形象，从细节上丰富自创虚拟代言人形象，加入创新性的设计与品牌和产品之间形成联动，结合先进技术打造受消费者喜爱的虚拟代言人。

3）加强品牌自创虚拟代言人与消费者之间的互动

品牌在推出自创的虚拟代言人时需要加大技术、营销上的投入，挖掘微博、小红书等平台的流量洼地，通过抽奖、科普、分享图片视频等形式与消费者进行高频互动，拉近与消费者的距离，从而形成粉丝社群，并通过衍生产品的营销增强消费者与品牌的关系。此外还可以借助抖音、快手等平台发布视频或直播，加深消费者对品牌自创虚拟代言人的印象，使其与虚拟代言人进行更直接的互动。

# 参 考 文 献

贾微微, 别永越. 2021. 网红经济视域下的影响者营销：研究述评与展望. 外国经济与管理, 43(1): 23-43.

徐婕, 周影辉. 2023. 社交媒体上真人和虚拟影响者的脸部特征对消费者关注行为的影响. 营销科学学报, 3(3): 43-62.

Abell A, Biswas D. 2023. Digital engagement on social media: how food image content influences social media and influencer marketing outcomes. Journal of Interactive Marketing, 58(1): 1-15.

Balabanis G, Chatzopoulou E. 2019. Under the influence of a blogger: the role of information-seeking goals and issue involvement. Psychology & Marketing, 36(4): 342-353.

Breves P, Liebers N. 2022. #Greenfluencing. The impact of parasocial relationships with social media influencers on advertising effectiveness and followers' pro-environmental intentions. Environmental Communication, 16(6): 773-787.

Brown D, Hayes N. 2007. Influencer Marketing: Who Really Influences Your Customers?. London:

Routledge.

de Veirman M, Cauberghe V, Hudders L. 2017. Marketing through Instagram influencers: the impact of number of followers and product divergence on brand attitude. International Journal of Advertising, 36(5): 798-828.

Freberg K, Graham K, McGaughey K, et al. 2011. Who are the social media influencers? A study of public perceptions of personality. Public Relations Review, 37(1): 90-92.

Goldenberg J, Han S M, Lehmann D R, et al. 2009. The role of hubs in the adoption process. Journal of Marketing, 73(2): 1-13.

Harrigan P, Daly T M, Coussement K, et al. 2021. Identifying influencers on social media. International Journal of Information Management, 56: 102246.

Hughes C, Swaminathan V, Brooks G. 2019. Driving brand engagement through online social influencers: an empirical investigation of sponsored blogging campaigns. Journal of Marketing, 83(5): 78-96.

Iyengar R, van den Bulte C, Valente T W. 2011. Opinion leadership and social contagion in new product diffusion. Marketing Science, 30(2): 195-212.

Janssen L, Schouten A P, Croes E A J. 2022. Influencer advertising on Instagram: product-influencer fit and number of followers affect advertising outcomes and influencer evaluations via credibility and identification. International Journal of Advertising, 41(1): 101-127.

Katz E, Lazarsfeld P. 1955. Personal Influence. Glencoe: Free Press.

Ki C W C, Kim Y K. 2019. The mechanism by which social media influencers persuade consumers: the role of consumers' desire to mimic. Psychology & Marketing, 36(10): 905-922.

Lee J A, Eastin M S. 2020. I like what she's #Endorsing: the impact of female social media influencers' perceived sincerity, consumer envy, and product type. Journal of Interactive Advertising, 20(1): 76-91.

Lee J K, Junqué de Fortuny E. 2022. Influencer-generated reference groups. Journal of Consumer Research, 49(1): 25-45.

Leung F F, Gu F F, Li Y W, et al. 2022a. Influencer marketing effectiveness. Journal of Marketing, 86(6): 93-115.

Leung F F, Gu F F, Palmatier R W. 2022b. Online influencer marketing. Journal of the Academy of Marketing Science, 50(2): 226-251.

Lou C, Yuan S P. 2019. Influencer marketing: how message value and credibility affect consumer trust of branded content on social media. Journal of Interactive Advertising, 19(1): 58-73.

Mouritzen S L T, Penttinen V, Pedersen S. 2024. Virtual influencer marketing: the good, the bad and the unreal. European Journal of Marketing, 58(2): 410-440.

Rogers E M. 2003. Diffusion of Innovations. 5th ed. New York: Free Press.

Ruvio A, Shoham A. 2007. Innovativeness, exploratory behavior, market mavenship, and opinion leadership: an empirical examination in the Asian context. Psychology & Marketing, 24(8): 703-722.

Sands S, Campbell C L, Plangger K, et al. 2022. Unreal influence: leveraging AI in influencer marketing. European Journal of Marketing, 56(6): 1721-1747.

Sokolova K, Kefi H. 2020. Instagram and YouTube bloggers promote it, why should I buy? How credibility and parasocial interaction influence purchase intentions. Journal of Retailing and Consumer Services, 53: 101742.

Valente T W, Pumpuang P. 2007. Identifying opinion leaders to promote behavior change. Health Education & Behavior, 34(6): 881-896.

Wies S, Bleier A, Edeling A. 2023. Finding goldilocks influencers: how follower count drives social media engagement. Journal of Marketing, 87(3): 383-405.

Yang J, Chuenterawong P, Lee H, et al. 2023. Human versus virtual influencer: the effect of humanness and interactivity on persuasive CSR messaging. Journal of Interactive Advertising, 23: 275-292.

Ye G Q, Hudders L, De Jans S, et al. 2021. The value of influencer marketing for business: a bibliometric analysis and managerial implications. Journal of Advertising, 50(2): 160-178.

# 第 10 章　触手可及的品牌：移动触控与社交媒体营销

胡玉婷[①]

## 10.1　移动触控媒介使用与品牌营销

### 10.1.1　网络消费设备演进

随着互联网、数字化技术的蓬勃发展，人们使用终端设备与外界交互的频率迅速增长，据中国互联网络信息中心（China Internet Network Information Center，CNNIC）发布的第 47 次《中国互联网络发展状况统计报告》显示，截至 2020 年 12 月，我国网民规模达 9.86 亿，互联网普及率达 70.4%。在社会数字信息化高度发达的时代，人们越发意识到终端设备的重要性。2020 年初新冠疫情席卷全球，在对全球经济增长和社会治理带来冲击的同时，也为推动中国新一轮产业数字化变革提供了特殊的契机——加速推动远程教学、远程办公、网络交易等数字化产业的发展。新闻报道也显示，刷手机看春晚、用终端设备参与春晚互动已成为除夕夜的新年俗。以上数据表明，当代社会各个领域对终端设备的依赖性越来越高，企业与消费者的沟通场所也逐渐从传统的线下大幅度向线上转移，因此，承载着互联网应用的终端设备显得尤为重要。

手机和电脑是人们耳熟能详并且高频使用的两种终端设备。第 47 次《中国互联网络发展状况统计报告》显示，截至 2020 年 12 月，我国网民使用手机上网的比例达 99.7%；使用电视上网的比例为 24.0%；使用台式电脑上网、笔记本电脑上网、平板电脑上网的比例分别为 32.8%、28.2%和 22.9%。报告显示，在 2018 年度全球时尚领域，手机端与包括台式电脑与笔记本在内的传统意义上的电脑端贡献了绝大部分的线上交易收入与访问流量，如手机端线上交易额占比总线上交易额的 46%，电脑端线上交易额占比总线上交易额的 44%，平板电脑等其他渠道仅占比 10%。随着终端设备（手机 vs.电脑）价值的凸显，学者在管理、营销、人际关系、信息技术、青少年教育、社会福祉、医疗健康等诸多领域对终端设备展开研究，并探讨了终端设备对用户人际交往、学习能力、身心健康等方面造成的一系列影响（Pedra et al.，2015；Shen et al.，2016）。

---

[①] 胡玉婷，应用心理学，理学博士，江南大学商学院讲师；
　研究方向：网络心理与行为，网络营销。

## 10.1.2　PC 端网络营销的概念和特点

目前，国内外的一些学者根据网络营销用户使用终端的不同对网络营销进行了区别和划分，但关于 PC 端网络营销的概念存在多种表述方法。而本书也根据这种划分方式，将网络营销分为在 PC 端进行和在移动端进行这两种方式。同时，参考国内外学者对于 PC 端网络营销的描述，将 PC 端网络营销定义为：利用不便移动的台式计算机和有线网络进行的销售活动，包括商品交易和服务交易。作为一种较为固定的网络营销，PC 端网络营销是网络营销的传统模式，因此，它具有传统网络营销的一些特点。

1）普遍性

网络营销这种新型商业模式经过二十余年的发展和推广，其服务的种类不断增多，逐渐成为人们日常生活中重要的一部分，并对人们的消费方式产生了深刻的影响。目前，网络营销已经普遍为人们所接受，成为信息化、网络化、市场化、国际化条件下配置资源的重要途径，成为推动经济发展、社会进步的重要力量。

2）方便性

互联网的出现改变了人们进行商业交易的方式，在网络营销环境中，交易双方能以非常便捷的方式完成在过去看来较为繁杂的商业活动，而不再受到时间和地域的限制。例如，网络银行能够 24 小时提供信息查询、资金存取等服务，提高了企业对客户的服务效率和服务质量。同时，在 PC 上进行的交易数据可以被记录在系统中，便于卖家进行管理，也便于消费者在购买商品时综合考虑，在一定程度上有利于减少因信息不对称而造成的损失。

3）安全性

在网络营销中，安全问题主要体现在交易过程的商业秘密的保护、个人信息的安全、电子通信的安全等几个方面。与传统的商务活动不同，网络营销的交易双方互不谋面，而通过开放的互联网进行，因此，隐私和安全对于网络营销而言至关重要，我们在运用互联网时需要一系列安全解决方案，如加密机制的建立、存取控制、防火墙建设、防病毒保护等安全管理方式。相比于移动端网络营销，传统 PC 端网络营销使用有线网络，连接可靠性较高，各项安全防范性措施（如通信安全、加密技术等）也比较全面。

4）整体性

网络营销能够将人工操作和电子信息进行处理和整合，从而规范事务处理的工作流程。通过网络，将企业与消费者连接起来，减少中间环节，这样既能提高系统运行的严密性和效率，又可以充分利用人力和物力等资源。这不仅是对网络营销系统的各种功能的高度整合，同时也是对网络营销活动的参与主体的有机结合，从而使网络营销成为一个不可分割的整体。

5）协调性

商务活动的开展需要企业与客户间的积极交流和沟通，同时也离不开企业与生产商、批发商、零售商之间的相互协调与配合，其本身是一种不断协调的过程。在网络营销环境中，更需要通信部门、物流部门、技术服务部门与银行等金融机构进行多方面的协作。因此，PC 端的网络营销需要协调各个方面，具有协调性的特点。

### 10.1.3　移动端网络营销的概念和特点

移动端网络营销，是指通过移动互联网、以手机、平板电脑等移动设备为终端进行的网上购物、交易等商务活动。一些学者认为，移动网络营销是网络营销和移动互联网技术相结合而产生的，它是网络购物发展到一定程度的产物，并随着移动网络的不断升级和移动终端设备的不断更新而不断发展。《第 53 次中国互联网络发展状况统计报告》的数据显示，截至 2023 年 12 月，使用手机上网的网民比例达 99.9%，使用台式电脑、笔记本电脑、电视和平板电脑上网的比例分别为 33.9%、30.3%、22.5%和 26.6%。同时，我国手机网络购物用户规模继续处于高速发展的态势，使用移动设备进行网络购物的比例持续提高，人们的网络消费方式正逐渐向移动端转移。移动网络营销与传统 PC 端网络营销关系密切。同时，相比传统网络营销，移动端网络营销表现出一些 PC 端网络营销所不具备的功能与特性，主要有以下四个特点。

1）移动性

近年来，3G/4G 等移动网络的飞速发展和 Wi-Fi 等无线网络的覆盖率不断提高，为移动端网络营销提供了良好的发展条件。用户在使用移动端购物时不受互联网光缆和接入点的限制，可以使用随身携带的手机、平板电脑等移动通信设备进行交易。因此，移动端网络营销的最大优势在于其移动性，打破了交易时间和交易地点的限制，能够实现购物或交易的随时、随地、随身，从而提高了交易效率。

2）灵活性

移动端网络营销可被理解为一种让所有商务活动参与者以灵活的方式进行交易的商务模式，它的灵活性表现在用户能充分利用碎片化的时间进行商务交易活动，而无须占用整块的时间，以提高生活效率。用户可以在日常工作、学习之余，旅行等车途中使用移动设备进行交易,而这些移动设备,无论是手机还是平板电脑,都比台式 PC 或笔记本电脑更便于携带,使交易更加灵活、便捷。

3)娱乐性

移动设备有着 PC 电脑所不具备的一些特性。首先,移动设备可以实现 GPS 定位功能,提供基于位置的服务,帮助用户获取周围的餐饮娱乐、团购优惠、交通路况等服务信息;其次,目前大多数移动设备具有重力感应功能,许多软件应用由此设计了"摇一摇,抢红包"等活动,增加了网络购物的趣味性;再次,移动设备的扫描和拍摄功能可以让用户通过扫描二维码进行商品的搜索、匹配和比价等,满足顾客的个性化需求;最后,语音输入和指纹识别等功能也是移动设备特有的,在用户不方便打字时也可以通过这些功能进行操作,为用户提供了多元化的选择,增强了用户体验。移动设备的这些独特功能使得移动端网络营销不仅仅是一种实现网上交易的手段,更是一种娱乐的方式。

4)交互性

随着智能手机的普及,以微信为代表的移动社交软件逐渐兴起,移动社交网络的快速发展使得网络营销开始与社交网络相结合,以自媒体的形式通过社交圈、网络公众平台等多种渠道进行信息传播,移动网络营销的交互性得以体现。买家用户在完成网上购物后可通过移动端的分享功能,把商品分享至微信朋友圈、QQ 空间等社交平台或直接发送给社交软件中的好友,及时进行意见交互、商品信息共享和评价。卖家用户通过微信、QQ 等社交工具发布新产品的信息并进行商品推广、客户关系管理、品牌传递,从而吸引顾客并与其精准互动。移动网络营销向社交化发展,随着微商的崛起,利用社交数据服务网购行为已经成为移动电商平台实现精准营销的发展战略。

## 10.2 移动触控媒介对消费者的影响

### 10.2.1 对产品信息记忆的影响

在教育心理学领域,已有研究发现,在与其他学习方式相比,通过触屏学习,学习者对知识的记忆效果并不稳定。比如,Lee(2015)研究发现在针对人体心脏的知识学习过程中,iPad 组比计算机组的再认成绩更好。然而,Pedra 等(2015)发现无论交互性高还是低,触屏学习只提高了学习兴趣,却并没有显著提高回忆成绩。

在触屏消费领域,仅有 Chung 的博士论文中略有涉及。Chung(2016)研究发现,与鼠标相比,消费者在使用触摸购买商品,对产品信息(如价格、产品名称、产品颜色）记忆没有显著差异。使用触屏设备购买相机的消费者对于相机品牌回忆准确度不如使用鼠标的消费者。研究者认为产生这种现象的原因是触屏的使用伴随更多视觉和触觉的不一致，消费者需要更多依赖视觉信息，忽略无关的触觉反馈，进而增大消费者认知负荷，有更多的认知需求，不利于其认知表现，如对产品品牌的回忆。但已有教育心理领域研究认为，与身体经验有关的学习能激活感觉运动系统，从而促进信息学习记忆（Kontra et al.，2015），与 Chung（2016）的研究结果不一致，未来研究有待进一步探讨。

### 10.2.2 对消费者消费意愿的影响

近些年，越来越多的研究者关注触屏手机使用对消费者消费意愿的影响，使用的研究方法和数据采集方式也较为多样。既有研究者使用问卷进行研究（肖小平，2016），也有研究者通过网站点击浏览数据展开研究（刘艳彬和袁平，2010）。而较多的研究者使用情境实验方法（Chung et al.，2018；陈晓红和曾平，2016；张美萱等，2018）。

已有研究发现，移动消费平台的便捷性、安全性、信息展示度、服务质量与大学生消费意愿呈显著正相关，移动消费平台的消费成本与大学生消费意愿呈显著负相关（肖小平，2016）。刘艳彬和袁平（2010）通过手机用户网站使用数据研究网站黏性（访问频率、访问持续期和访问深度）与消费量之间的关系。研究结果显示网站访问频率、访问持续期和访问深度与购买量呈显著正相关，即手机用户的网站黏性越好，购买的商品越多。

在实验室研究中，Chung 等（2018）研究发现，在购买相机的模拟在线消费情境中，与使用鼠标的消费者相比，在消费者低卷入的情况下，使用触摸屏浏览产品信息时，消费者的投入度和购买意愿更强，并且使用设备通过投入度的中介作用影响消费者的购买意愿。研究者的解释是，在低卷入的情况下，消费者对完成消费任务的态度没有十分认真，对产品信息加工较少，进而投入更少的认知，进而更多的关注情感层面，如触屏界面带来的愉快体验。

也有研究通过对比电子支付和现金支付的方式发现，与现金支付相比，使用手机支付的被试模拟购买时，购买商品次数和消费金额更高。在使用手机支付时，"抓大放小"效应不显著，即消费者不会对大额金钱的消费进行自我控制，对花大钱和小钱不存在显著差异。此外，研究发现，与支付常规收入相比，手机支付意外收入时，被试消费次数更多，金额更高，并且更倾向于进行享乐型消费（张美萱等，2018）。

陈晓红和曾平（2016）基于 ELM（elaboration likelihood model，详尽可能性模型）理论和认知需求理论，通过线上情境模拟实验，探究在移动购物评价中，在线评价质量、在线评价数目及消费者认知需求对其购买意愿的作用。研究发现，在评价数目不多时，评价质量、评价数目对消费者购买意愿的主效应和交互效应均不显著。但是当评价数目很多时，评价质量和评价数目都会影响消费者的购买意愿。其中在线评价数目对低认知需求消费者的影响更大，而在线评价质量对高认知需求消费者影响更大。

### 10.2.3 对消费时机的影响

在触屏手机消费中，根据消费时机可以分为即时消费（Chung，2016；Chung et al.，2018）和延迟消费（黄敏学和王薇，2019），即消费者立刻做出消费决策，还是经过较长的时间才做出消费决策。关于消费时机的研究，以往研究者主要关注决策任务本身、个体特质或个体情绪对消费时机的影响（Hedgcock et al.，2016）。随着触屏设备的广泛使用，学者也开始研究外在购物场景对在线消费决策的影响。

Chung 等的研究发现，与使用鼠标进行消费，触屏消费更倾向于做出立即购买的消费决策（Chung，2016；Chung et al.，2018）。研究者认为与使用鼠标相比，进行触屏消费的消费者可能更依赖于情感线索，并认为其在线购物体验是有趣、吸引人的，关注消费体验的情感和享乐成分。与依赖认知线索的消费者相比，具有情感动机的消费者更可能不经过更多思索，立即做出消费决策（Chung et al.，2018）。但研究结果未支持假设。

黄敏学和王薇（2019）基于决策双系统理论探究，电脑端和手机端对消费者购物时延迟选择的影响。研究一通过消费者实际购买的数据发现，当购买低价商品时，电脑端购买决策时间显著大于手机端；但当购买高价商品时，电脑端购买决策时间小于手机端。研究二使用情境实验的方法，发现手机端与低价格产品更容易激发消费者经验性思维，倾向于即时消费，而电脑端和高价商品更容易激发消费者的理性思维，更倾向于延迟选择。

### 10.2.4 对消费偏好的影响

人们在使用触屏手机进行消费时，对于商品的购买意愿及实际购买行为会发生变化，但是并不是所有的产品都如此，因此研究者关注使用触屏手机的消费者更偏好哪一类或者具有某些特点的商品（Brasel and Gips，2015；Chung et al.，2018；Shen et al.，2016；Wang et al.，2016；Zhu and Meyer，2017）。

Wang 等（2016）研究不仅发现人们在使用触屏手机进行消费时，购买数量和金额有所增加，而且倾向于购买具有购买历史的惯用商品。在使用触屏手机的情境中，虽然触屏手机具有时间和空间灵活性，但与 PC 相比，触屏手机的屏幕尺寸和功能受到限制（Kleijnen et al., 2007; Okazaki and Mendez, 2013; Scharl et al., 2005），当客户想要实现不需要太多搜索或认知的特定目标或习惯需求时，它们仍能提供便捷的购买途径。触屏手机的便利性会增强购买意愿和行为忠诚度（Jih, 2007; Okazaki and Mendez, 2013; Yang, 2010; Yang and Kim, 2012）。触屏手机是客户与零售商发展习惯性互动的有效平台，触屏手机的便利可以在消费者与企业间建立心理联结。通过触屏手机，将企业的产品和服务融合到人们的日常工作中去。当消费者开始依赖其习惯时，他们就会依靠自动思考并停止考虑替代方案（Fazio et al., 2000; Fujii et al., 2001），进而维持惯性的购买行为。

Brasel 和 Gips（2015）最早关注触屏媒介对消费者消费偏好的影响，研究发现在进行触屏消费时，人们是否购买产品取决于可触摸的属性（如床垫），较少关注不可触摸的属性（如 Wi-Fi 服务）。与使用鼠标的消费者相比，直接触摸界面的消费者有更高的预期满意度，认为产品的有形属性促成了他们最后的消费决策，并认为在选择过程中直觉更重要。而使用鼠标的消费者更加关注无形的属性，并认为用户评论更重要。研究者认为在选择产品时，伸手触摸产品图像的行为比用触摸板或鼠标间接触摸产生更直接的视觉隐喻。触摸屏幕上的物体与在现实世界中触摸物体更相似。以往研究发现想象触摸可以激活图像处理，进而引发目标行为的心理模拟（Schlosser, 2006）。因此，在触屏消费过程中接触商品更加具体的属性特征时，消费者更容易进行心理模拟（Brasel and Gips, 2015）。

近些年，在设备使用对购买偏好的研究中，较多研究者关注触屏手机使用对享乐/实用型产品的购买偏好（Chung et al., 2018; Shen et al., 2016; Zhu and Meyer, 2017）。Shen 等（2016）研究发现，与使用鼠标和使用触控笔相比，用手指进行触屏消费的消费者对享乐产品的购买意愿更强。研究者认为，与实用产品（情感色彩较弱，但认知能力较强）进行互动相比，人们用手指直接触摸屏幕进行消费可以与享乐产品（更具情感色彩）产生更强烈的心理互动，进而增强对享乐产品的购买意愿。Zhu 和 Meyer（2017）设计三个研究了解触屏对消费的影响，研究发现与使用鼠标消费者相比，使用触屏的消费者在享乐性产品的购买意愿得分更高，在对实用性产品的消费意愿得分低。消费者在触屏消费的过程中，会增强经验性思维，进而提升对享乐性产品的购买意愿。Chung 等（2018）在研究中也验证了以往研究，认为与实用性产品相比，消费者在触屏消费时更愿意选择享乐性产品。研究者认为进行触屏消费的消费者会更投入，进而提升其积极情绪，最终增强购买意愿（Chung et al., 2018）。与使用鼠标相比，使用触屏设备浏览商品时，人们对产品的心理所有权更强，这意味着人们对产品的感知联系更强（Hein et al., 2011; Wang and Nelson, 2014）。通过触摸界面接收的信息可能是可信的。因此，与使用非触屏设备时相比，消费者使用触屏设备时会更加投入。以往研究也发现消费者投入感可以增加消费业绩（Neff, 2007）。消费者投入在愉快的消费体验中时，会产生更加积极的情绪，进而可能增强购买意愿（Eroglu et al., 2001；O'Brien and Toms，2010；Shu and Peck，2011）。

触屏手机作为环境因素影响消费者选择偏好，同时其他环境因素交互影响消费者选择偏好，如环境灯光颜色以及手机显示光颜色（Guido et al., 2017）。研究结果发现，在使用白色显示光手机时，与白色环境光相比，蓝色环境光下的消费者对享乐型产品的购买意愿更强。在白色暖光环境下，与使用白光手机背景相比，蓝光手机背景购买享乐型产品的意愿更高。研究者根据 S-O-R（stimulus-organism-response，刺激-有机体-反应）框架，指出环境刺激（如商店里的蓝色灯光）会影响个体的内部评价（如认知和情感反应），进而影响购物行为（Bitner，1992；Wakefield and Baker，1998）。此外，三种情绪状态影响消费者对环境的反应：高兴/不高兴、觉醒/不觉醒和支配/顺从。在低光照强度下，蓝光对支配性和愉悦感有积极的影响，进而增强了对享乐型产品的购买意愿。

### 10.2.5 禀赋效应

禀赋效应是指消费者高估他们认为自己拥有的物品的价值，也就是说人们仅仅因为物品属于自己而使其增值。这一效应也导致人们愿意购买物品的价格与愿意出售商品的价格存在差异（Morewedge and Giblin，2015）。在消费者行为方面，已有研究发现，与鼠标相比，使用触屏界面消费可以增强消费者的心理所有权，进而高估购买产品的价值，产生禀赋效应（Brasel and Gips，2014；de Vries et al., 2018）。已有研究发现触摸和想象触摸都可以增强消费者的心理所有权，影响产品价值评价，进而产生禀赋效应（Peck and Childers，2003；Shu and Peck，2011）。与产品的互动可以增加心理产品意象的生动性（Schlosser，2006），而意象的生动性增加了心理所有权（Brasel and Gips，2014）。与非直接触屏媒体相比，直接触屏手机能表征现实触摸行为，有更强的心理互动性（Brasel and Gips，2015；Shen et al., 2016），进而增强心理所有权，出现禀赋效应。

## 10.3 移动触控端的品牌营销策略

增强现实（AR）已经成为零售商以独特而生动的方式与客户互动的一种新技术（Javornik，2016b；Yim et al., 2017）。AR 旨在将现实世界与虚拟世界联系起来（Rauschnabel et al., 2015）。Azuma（1997）断言，增强现实将计算机生成的对象与现实世界相结合，并为个人提供实时交互。浮士德等将 AR 定义为"虚拟对象（计算机生成的图像、文本、声音等）在用户真实环境上的叠加"。

长期以来，AR 一直受到大型笨重设备的阻碍（Rese et al., 2017）。然而，随着无处不在的智能手机的采用，开发商、零售商和消费者对 AR 的兴趣显著增长，因为许多零售商现在正在将 AR 功能应用到他们的移动应用程序中（Dacko，2017）。丝芙兰、欧莱雅、耐克、阿迪达斯和 Mini 等公司已经实施了 AR 技术，以增强其产品的真实体验。Pantano（2014）和 Javornik（2016b）将增强现实在吸引客户和影响他们购买意愿方面的潜力概念化，而 Rauschnabel 等（2018）认为 AR 功能可以为消费者提供实用和享乐的好处。AR 能够在物理环境上覆盖包括信息和图像在内的虚拟元素，这些元素可以实时与物理环境交互，这为公司向消费者提供了新的内容可能性。反过来，通过 AR 提供的功能有可能改变许多消费者活动，包括产品试用、虚拟试穿和信息搜索和获取（Javornik，2016b）。近些年，一些品牌引入了 AR 功能，以帮助在移动应用程序中搜索客户信息。亚马逊等在其移动应用程序中引入了图像搜索功能，使消费者能够在智能手机上拍摄产品照片，并使用照片在移动应用程序中搜索特定产品。此外，宜家的移动应用程序使消费者能够将家具物品从虚拟世界放置到他们的现实世界中。因此，随着消费者对 AR 的使用增加，我们越来越需要了解该项技术对客户行为的影响，其使用目的及其提供的体验（Javornik，2016b）。

### 10.3.1　AR 影响客户参与度

客户品牌参与（customer brand engagement，CBE）在业界和学术界受到越来越多的关注（Harmeling et al.，2017）。技术进步使组织能够为客户提供与品牌互动的工具，如网站、社交媒体平台和移动应用程序（Dolan et al.，2016；Hollebeek et al.，2014；Osei-Frimpong and McLean，2017）。先前的研究暗示客户参与是消费者对特定人工制品的集中注意力（Chapman et al.，1999），他们的好奇心（Jacques et al.，1995）以及他们的吸引力（Jennings，2000）。虽然现有文献没有提供客户参与度的一致定义，甚至没有提供一组导致用户参与度的属性（Beckers et al.，2018），但通常，用户参与度被认为是一个多维结构，包含了消费者体验的认知、情感和行为（创造性）元素（Hollebeek et al.，2014，2019；Pansari and Kumar，2017）。Hollebeek 等（2014）将消费者品牌参与概念化为"消费者在特定的消费者/品牌互动期间或相关的积极效价认知、情感和行为品牌相关活动"。因此，客户参与包括消费者的奉献和承诺的概念（Osei-Frimpong and McLean，2017）。因此，根据这一讨论，很明显，客户品牌参与涉及"源自动机驱动因素的、包含品牌关注的行为表现"（van Doorn et al.，2010）。因此，这种表现可以导致对品牌的积极或消极的效价（Hollebeek et al.，2014；Alexander et al.，2018；Brodie et al.，2011；van Doorn et al.，2010；Jaakkola and Alexander，2014）。现有文献证实了一些影响在线客户参与的变量（Dolan et al.，2016；Hammedi et al.，2015；Osei-Frimpong and McLean，2017），特别关注社交媒体品牌社区的品牌参与。

### 10.3.2 AR应用增强品牌参与

McLean 和 Wilson（2019）的研究发现 AR 应用能够带来高品牌参与感以及 AR 流畅的技术使用体验，以及这种 AR 支持的品牌参与对体验满意度和品牌使用意图的积极影响，同时确定了享乐或功利使用的调节作用。此外，该研究还说明了 AR 在帮助消费者做决策方面的作用，它消除了使用心理意象来想象产品外观的需要。

McLean 和 Wilson（2019）的研究结果表明，零售商移动应用程序中增强现实设施的互动性和生动性以及通过 AR 显示的内容的新颖性影响 AR 技术的感知易用性。与 Hoffman 和 Novak（2009）一致，我们认为交互性是指技术使用户更容易交互、操作和参与内容的能力。可以说，AR 为客户提供了最具互动性的技术，个人可以在结合现实世界和虚拟世界环境时控制自己的操作。然而，这种高级交互性存在着为消费者提供一组过于复杂的交互的风险，尽管存在这种风险，但这项研究表明，AR 中的交互性积极地增强了消费者对易用性的看法。AR 体验的生动性将真实物体的感官体验与想象物体的非感官体验相结合，在消费者的脑海中创造出清晰的形象。因此，AR 体验能够产生反映产品和体验的心理图像，这是消费者决策过程中的一项重要技能。长期以来，消费者一直试图在购买前将产品的使用可视化，以了解其适用性。相反，有了 AR，消费者不再需要在自己的脑海中创造一个心理形象。并且 AR 体验可以减少消费者在购物时所需的认知处理，因为消费者不需要想象产品的样子，而 AR 体验可以最小的努力向消费者呈现详细清晰的图像，从而使其认为该技术易于使用。此外，通过 AR 技术呈现给消费者的内容的独特性影响了该技术的易用性。AR 为个人提供具体、个性化和独特的内容。例如，一个人可能会把一件家具放在自己家里，或者试穿一双耐克鞋和他们现在的衣服。这种独特的内容应用是任何其他技术无法比拟的；因此，结果发现，这种内容的新颖性影响感知的具有易用性的技术。

因此，如果消费者能够轻松使用 AR 技术会有利于增强品牌的参与度。此外，受内容的新颖性、AR 功能提供的交互性和生动性影响，技术的有用性随后会影响消费者的品牌参与度。因此，个人相信使用 AR 功能可以提高他们的表现，这对零售商的 AR 移动应用程序的品牌参与有重大影响。

AR 技术的新颖性、互动性和生动性的体验会正向影响品牌参与。正如 Venkatesh（2000）和 Venkatesh 等（2012）所概述的那样，主观规范对技术的采用有影响。研究发现，他人对 AR 技术的使用会产生社会压力，对品牌参与者的技术采纳有正向影响。因此，其他人（同龄人、家庭成员、偶像）期望个人使用该技术的看法，会通过零售商移动应用程序中的 AR 功能影响消费者的品牌参与度。

### 10.3.3 对管理者的启示

对于管理者来说，AR 技术的易用性、有用性和令人愉快的体验会积极影响消费者品牌参与，从而影响消费者满意度和品牌使用意愿。迄今为止，许多研究人员已经将 AR 可能带来的好处概念化，这项研究向管理人员强调，AR 不是一种时尚，而是对 AR 的投资会产生有利的结果。

应用程序开发人员和管理人员必须认识到 AR 属性的整体重要性，首先，交互性使客户能够在 3D 中控制和操作产品，并积极参与体验。其次，生动性为顾客提供一个清晰、生动和详细的虚拟世界与现实世界相结合的表现，提供有趣的刺激，影响顾客的认知。再次，新颖性。说明通过 AR，根据客户的偏好和行为，可以显示新颖的个性化刺激，它独特地结合了现实世界和虚拟世界，为个人环境提供了独特的丰富的数字媒体体验。管理人员应该确保应用程序开发人员在为客户开发应用程序时利用 AR 的这三个关键属性。通过为客户提供 AR 体验，使他们能够通过现实世界和虚拟世界的结合来看到产品，而不是让客户依赖于心理意象来产生反映产品和体验的心理形象，从而获得对体验的满意度和对未来品牌的使用意图。

管理人员应该清楚地传达应用程序的 AR 功能提供的这些独特体验，概述客户通过 AR 功能提供的控制水平的价值主张，以便能够主动互动和操纵技术以满足他们自己的个人需求。在决策过程中，消费者在视觉上模拟或想象产品的使用。相反，AR 为管理者提供了在消费者决策过程中帮助他们的可能性，从而消除了想象产品外观的需要。例如，宜家应用程序允许用户将家具物品放在房间中，以获得物品外观的视觉，生动、独特、互动和真实/虚拟世界的表现。反过来，消费者使用这些提供生动、新颖和互动体验的 AR 移动应用程序，会对技术、品牌参与、满意度和品牌使用意图表达积极的看法。AR 为管理者提供了更准确地向消费者提供产品外观的理解的能力，而不是消费者依赖于开发想象的心理形象。

此外，先前的研究暗示了积极参与共同创造体验的重要性。交互性水平通常被认为是促进客户参与的一个重要因素。研究进一步概述了互动性是 AR 技术固有的，这种互动性对技术的感知以及随后增强的品牌参与、满意度和品牌使用意图的有利结果具有积极影响。因此，管理者应该承认 AR 在增强客户交互性方面所起的重要作用，作为他们应用程序体验的一部分。

研究还发现重要他人（如同伴、家庭、偶像）在通过 AR 影响消费者参与方面的重要性。考虑到 AR 支持的品牌参与带来的有利结果，管理者应首先利用重要他人的作用，通过 AR 功能影响消费者的采用和品牌参与。通过在应用程序演示和广告中利用偶像和同伴，零售商可以说明 AR 功能的新颖性、互动性和生动性，作为其移动应用程序中的关键价值主张。另外，管理者应该确保用户能够轻松地与同行分享他们的经验。例如，让顾客分享他们摆放的宜家家具的图片，或者他们虚拟试穿的鞋子或衣服，以寻求同行的反馈。因此，研究结果表明，这种社交分享可以对品牌参与产生积极影响。

因此，应用程序开发人员和管理人员应该确定客户使用应用程序的目的，并在可用性测试中考虑研究中确定的影响客户品牌参与的变量。反过来，这将有助于零售商提供一个成功的手机应用程序，该程序提供满足客户需求的 AR 功能，从而提高品牌参与度、满意度和品牌使用意愿。

## 10.4 社交媒体使用与品牌营销

### 10.4.1 社交媒体的概念与发展

自 2008 年以来，社交媒体一词成为互联网中的热门话题，同时也受到学术界的广泛关注，"社交媒体"一词源于"social media"的翻译，虽然对于这一翻译的准确性在学界仍然存在一定的争议，但随着互联网的发展，这一翻译也逐渐得到了大众的广泛认可。

对于社交媒体的定义，存在着多个版本，虽然表述方式不一，但有着共同的内涵。社交媒体一般是指允许人们撰写、分享、评价、讨论、相互沟通的网站和技术，是彼此之间用来分享意见、见解、经验和观点的工具和平台。人数众多和自发传播是构成社交媒体的两大要素。

"social media"一词最早出现于 2007 年在一本叫作《什么是社会化媒体》（What is Social Media）的电子书中。作者安东尼·梅菲尔德（Antony Mayfield）将社交媒体定义为一种给予用户极大参与空间的新型在线媒体，具有以下几个特征：参与、公开、交流、对话、社区化、连通性。社交媒体的显著特点就是其定义的模糊性、快速的创新性和各种技术的"融合"。随着新媒体技术的发展，社会化媒体的形式和特点也随之变化，对于社会化媒体的定义也会有新的理解。但是无论怎样，社会化媒体最大的特点依然是赋予每个人创造并传播内容的能力。另外，传播学者安德烈·开普勒（Andreas Kaplan）和迈克尔·亨莱因（Michael Haenlein）对社交媒体（social media）所下的定义是：一系列建立在 web2.0 的技术和意识形态基础上的网络应用，它允许用户生成内容的创造和交流。也有学者认为，社交媒体是指"能互动"的媒体。社交媒体彻底改变了传统媒体一对多的传播方式，变成了多对多的对话方式。社交媒体模糊了媒体和受众之间的界限，而且，大部分的社交媒体大都可以免费参与其中，它们鼓励人们评论、反馈和分享信息。

基于以上界定，可以看出社交媒体是建立在互联网技术，特别是 web2.0 的基础之上的互动社区，它最大的特点是赋予每个人创造并传播内容的能力。它是用来进行社会互动的媒体，是一种通过无处不在的交流工具进行社会交往的方式。它能够给予用户极大的参与空间，不仅能够满足网民个人基础资料存放的需求，更重要的是能够满足用户"被人发现"和"受到崇拜"的心理感受需求，能够满足用户"关系建立"和"发挥影响"的需求。社交媒体可以把图片、视频、文本和传统内容进行混搭处理，并进行互动，建立"联系"（connection）和生成"意义"（meaning）。

### 10.4.2　社交媒体的发展

从时间脉络上来看，社交媒体的发展历史可以追溯到 20 世纪 70 年代产生的 Usenet（新闻组）、ARPANET（阿帕网）和 BBS（bulletin board system，公告板系统），甚至可以追溯到电脑时代来临之前的电话时代，如美国在 20 世纪 50 年代出现过一个电话入侵时代（phone phreaking era）。但直到 90 年代，随着计算机和互联网的发展，社交媒体才得到广泛的发展。到 20 世纪 90 年代末，博客已经具有一定的影响力。特别是在 2004 年以后，Web2.0 运动兴起，社交服务网站开始蓬勃发展，社交媒体由此成为一股不可忽视的媒体力量。

具体来说，社交媒体的形态包括博客及微博客（如国外的推特等，国内的微博等）、网络百科（如国外的维基等，国内的 360 百科、百度百科等）、图片分享（如国外的 Unsplash 等）播客及视频分享（如国外 YouTube 等，国内的爱奇艺、优酷网等）、论坛（如国内的天涯、新浪等）、社交网络（国外的 MySpace、脸书等，国内的开心网、人人网等）和网络社区（如国内的虎扑等）等。

关注亚洲尤其是中国社交媒体的唐克文（Thomas Crampton）在博客上发布了他领导的奥美公共关系集团（Ogilvy&Mather）360 数字影响力亚太区团队制作的中国社交媒体信息图。该中国社交媒体生态图谱按照不同功能将社交媒体归为 16 类，在每一类中，呈现了国外此类社交媒体的代表网站，同时也罗列出了国内相对应功能的核心网站。

按照属性的不同，中国社交媒体生态图谱中的媒体又可以归为五类。第一类为创作发表型，主要由博客网站（blog）和论坛网站（message boards）、微博（micro-blog）组成。第二类为资源共享型，照片分享网站（photosharing）、视频分享网站（video sharing）、音乐分享网站（online music）还有评论网（review）是资源共享型社会性媒体的典型代表。第三类是协同编辑型，包括维基（Wikipedia）以及社交型问答网站（Q&A）。第四类是社交服务型，如社交网络（social network service，SNS）、Check-in、即时通信（instant message）、Mobil Chat

等。第五类是 C2C（consumer to consumer，顾客对顾客电子商务）型，代表网站是淘宝网和每日团购网站（Deal-of-the-day）。

### 10.4.3 国内外社交媒体发展状况

国外主流的社交媒体平台包括领英、Myspace、脸书、推特、谷歌、利基社会化网络等，当下已经发展到以手机移动端为主的新媒体时代。根据 Internet Live Stats 报道，2015 年互联网活跃用户已超过 30 亿（相当于全球互联网用户总量的 45%）；有 36.5 亿用户通过移动设备接入互联网；超过 20 亿人拥有社交媒体账号；其中活跃使用社交媒体的账户达到 17 亿，发展中国家的用户比例更大，因为其直接修建无线互联通信塔，比修建有线基础设施要更省更好。例如，印度的移动设备流量超过其所有网络流量的 71%。国外的各大网络巨头都在为争夺用户和社交媒体市场而不遗余力，促使社交媒体发展呈现出新兴趋势。2015 年国际社交网络最显著的趋势变化用"移动化"来概括最为准确。首先，脸书可以说是社交媒体领域的霸主，在创新驱动的模式中不断推进用户体验的边界，将用户与各种生活应用连接。2015 年其用户数量达到 14 亿，占全球互联网用户的 47%。而谷歌也是雄心勃勃，希望赶超脸书。虽然谷歌+仅拥有 3.63 亿用户，但安卓移动操作系统的活跃用户总数达 14 亿人。其次领英在职场社交网络领域占据统治地位，它创立于 2002 年，是最老的社交网络之一。领英拥有 3.47 亿注册用户，刚毕业的大学生则是其用户之源。截至 2014 年，领英的总营收达到 6.43 亿美元，同比增长超过 40%。再次是 Whatsapp 和 Snapchat 等新的社交通信平台也在瓜分市场份额，占据"准社交网络"的一席之地。在全球用户数领先的 5 大社交平台中，有 3 个都以提供聊天应用和即时通信服务为主。其他社交媒体企业如 Instagram 和 Pinterest 也凭借自身特色拥有不错的客户群体。可以说，移动、社交和新的通信方式是这些社交媒体最大的特征。

1994 年曙光 BBS 论坛创建拉开了中国社交媒体发展的序幕。中国社交媒体发展经历了论坛、点评网站和 QQ 等即时通信工具、博客、在线视频、SNS、问答和多种并存。目前的格局是社交媒体多种形态并存且日趋复杂，各大企业也在不断挖掘用户与商业化连接的新模式。越来越多的社交应用已经融入百姓生活之中，民众对社交媒体的认识也在逐步加深。当下的主流社交媒体有社交网站、微博和微信。在中国巨大的市场推动下，社交媒体的发展兼具国外的技术和自身的特点，移动端应用也是市场的大势所趋。我国微博的发展是从 2007 年开始的，它经历了引入期、沉寂期和成长期 3 个阶段。全面成长期在 2009 年 8 月后，其标志是新浪微博上线，并迅速成长为中国最具影响力的微博。在新浪微博的带动下，各类微博网站纷纷成立，甚至电信运营商和电视台也涉足微博业务。可以说从

2009 年后,中国进入微博辉煌的一个时期。时至今日,微博仍然在社交媒体中占据一席之地。更值得一提的是微信的崛起,开始引领社交媒体潮流,逐渐形成"超媒体"生态系统。《2014 年中国微信发展报告》指出,腾讯公司雄厚的资金实力和强大的技术支持成就了微信的"富媒体"特性和"超媒体"生态系统。与短信不同,微信使用网络流量;与 QQ 不同,微信增添了语音功能;与微博不同,微信可以即时沟通。作为一种自媒体社交工具,微信不仅支持用户产生丰富内容,而且表现形式多样。更重要的是其传播手段自由,综合运用了多种传播方式,如大众传播、群体传播和组织传播,是名副其实的"富媒体"。微信逐步向商业化演变,升级版本增加了微信支付、微信购物、微视频等,以及对商家开放平台接口,使微信远远超越了一个自媒体,有学者认为这种商业化过程是一种"去媒体化"。这让微信看起来更像社交媒体、社交网络服务和移动商业应用的混搭,更突出了其作为平台的属性,也成就了国内社交领域的霸主地位,形成一个"超媒体"生态系统。

### 10.4.4 ChatGPT 的出现对于社交媒体未来的挑战

随着 ChatGPT 和 AI 热潮到来,ChatGPT 和 AI 彻底改变了人们在社交媒体平台上交流与互动的方式,为数字传播开辟了一个全新的可能性领域。推特正通过将 ChatGPT 整合到其平台中,试图为其用户创造更具互动性和吸引力的使用体验。而这种潜力背后很可能是一种对其自身的反噬。目前,智能化的侧重点主要还是信息传播过程(基于对用户和内容的分析),内容智能生产的智能化还处于萌芽阶段,还没有开始爆发。但是,ChatGPT 的崛起标志着 AI 生成内容已经进入主流化的临界点,并将构成一股重塑日常实践、个人和专业互动以及环境的力量。智能传播大规模应用的前奏预示着其传播能力对国际传播生态的改变以及机遇的创造,但同时也可能导致认知的重塑和价值固化等风险。不可抗拒的是,内容生产、传播和互动的全流程智能化模式开始走出想象、研究和探索阶段,进入大规模使用的新阶段。

迄今为止,从传统主流媒体到网络媒体,到社交媒体,再到智能媒体,人类信息传播机制的每一次变革,都是技术进步的必需,都是生产力的根本性提升,是信息传播效率和能力的质的飞跃。这个进程依然没有停止甚至放慢,智能媒体就是我们面临的新一轮革命。

当今社交媒体的繁荣,造就了内容前所未有的繁荣,极大地增强了社会信息的透明性,同时也带来了虚假信息、信息疫情、政治机器人等乱象。于是,人们开始怀念大众传播时代职业编辑、记者控制内容的有序状态。人人都有麦克风的社交媒体时代,众声喧哗呈现出一定的失序。而随着智能传播的爆发,数据和算法驱动的信息传播与生产，必然伴随着信息的又一轮大爆炸，开启一个更为复杂、多元和综合的信息传播生态。那么，我们是否又会怀念社交媒体时代的信息秩序，毕竟，虽然社交媒体上信息纷乱，但是，基于人际关系和社交图谱的传播机制，以人为本，从人入手，依然还是可控可管的。但是，算法驱动的机器时代，内容生产和内容传播等关键环节中第一次剔除了人的因素，逐渐控制了社会信息流动，无疑是全新的风险与挑战。而面对新一轮智能传播的竞争趋势，除了正在进行的大模型"竞赛"，算力和复合功能等方面的竞争也将成为未来激烈争夺的领域。

虽然社交媒体不会因为智能媒体的崛起而消亡，但是这两者的内容生产机制和生产能力有着根本的区别。智能媒体背后的大模型，是通过连接大量的语料库来训练模型，这些语料库既包括了社交媒体的内容，也包含了真实世界中的用户互动，智能媒体俨然有着海纳百川、有容乃大的"吸功大法"。同时，智能媒体生成的内容自然也会变成自己的"新原料"，形成新的内循环。由于智能媒体近乎无限的内容生产能力占据绝对优势，这种格局下社交媒体将越来越成为智能媒体的一个"特例"。而且随着物联网的爆发，机器与机器之间生产的信息与内容也将形成更自动的传播循环和闭环，使得人类传播图景再也不是我们现在的社交媒体的格局。可以说，这是人类有史以来第一次失去对信息流的生成和传播，由此产生的后果以及各种滥用的可能后果，未知的远远超过已知的。智能媒体给予我们最大的启示，就是一个趋于无限的开放系统的可能性。ChatGPT 让我们重新思考互联网的本质。作为一个全球一体化信息传播的开放系统，互联网经历了数十年的商业化，实现了从大众媒体所构建的"对所有人大规模传播"的格局，升级到一个社交媒体构建的近乎"所有人对所有人传播"的理想世界，让全球网民成为内容生产和内容传播的主导者。这也是卡斯特对网络社会中传播的变革及其产生之影响的洞见，即技术变革推动大众传播向社交传播的转变。但是，他的"重新思考"似乎并没有关注到，这一传播格局依然是有限的、受限的，其极限就是全球网民的人工的极限。而 ChatGPT 则昭示了一个剔除了"人"的环节和因素而以技术驱动"所有信息对所有人传播"和"所有信息对所有信息传播"的全新世界。智能媒体取代社交媒体成为人类主导性传播机制，是科技创新驱动下新生产力工具的自然结果，摆脱了人的环节和人的因素，就可以抵达一个真正可以实现能力指数级增长的趋于无限的真正开放系统。这显然是一个"开脑洞般"的不可思议的未来。

### 10.4.5 社交媒体使用对消费者的影响

众所周知，消费者在社交媒体网站上分享的信息会影响和形成消费者的态度和购买意图。例如，社交媒体上的口碑（word of mouth，WOM）被称为电子口碑。这是一种被认为是社交媒体网站上主要有影响力的信息来源之一的沟通形式。依赖社交媒体的消费者需要他人的信息和意见来提高他们对某个品牌的认识，就像他们喜欢与同龄人分享自己对品牌的体验一样。这种形式的沟通提供了可信度和可信赖性，从而有机会评估品牌价值，避免对品牌的误解。

社交媒体上的口碑作为消费者参与（即消费者创造信息并将信息分享给其他社交媒体用户）的结果，在消费者对某一品牌的消费观念方面发挥了重要作用。社交媒体使消费者能够创建和访问各种类型的信息（如评论、推荐、图片），使得消费者是否愿意购买某一个品牌更加依赖于社交媒体口碑。过去，消费者习惯于向营销人员和朋友寻求信息。然而，社交媒体上的口碑已经成为当今强大的信息来源，因为先进的技术使消费者能够在一个时间和地点分享和获取信息。此外，个人可以访问多个评论网站，以寻求具有明确的负面或正面效价的产品和服务信息，这被认为比通过公司网站和广告获得的信息更值得信赖。

商品的感知质量、功能价值、个人价值和社会价值与品牌的社交媒体上的口碑呈正相关，使得我们对购买具有高的社会媒体口碑的品牌具有更高的价值判断，使得我们愿意花更多的金钱来为之付费。

2014 年，菲利普斯率先提出了一个革命性的新想法：在不久的将来，人们将不再需要搜索产品，企业将通过社交媒体找到目标受众。这在当时可能很难想象，毕竟大多数人都是在谷歌或亚马逊上开启自己的购物体验。如果商家想获得更多的线上销量，需要专注于在产品描述中使用更恰当的关键词。然而在《2023 年全球社媒消费趋势报告》中显示近一半的年轻用户会选择 TikTok 或 Instagram 等社媒平台，而非选择谷歌地图或搜索引擎来寻找信息。

虽然寻找信息仍然是人们上网的首要原因，但检索形式却发生了颠覆。自 2015 年以来，利用社媒平台进行产品研究的用户不断激增。Z 世代比婴儿潮一代更热爱线上购物，对社群的兴趣也更高。因此，吸引年轻用户往往需要从引导该群体的好奇心开始，而非简单粗暴地将一系列产品堆到他们面前，TikTok、小红书等社媒平台无疑抓住了这一精髓。在这些社交媒体上的网红、KOL（key opinion leader，关键意见领袖）等具有一定影响力的人物，往往凭借各种各样具有吸引力的内容，将消费者引向消费陷阱。同时，消费者在社交媒体中的信息接收呈现出一种"瀑布"形式，即使消费者自己并没有主动关注某些商品和服务，但是受到社交媒体朋友圈、热门讨论等栏目的影响，依然难以抵挡这些信息的诱惑。由此可见，社交媒体已经成为消费者获取信息和购物决策的重要渠道，对消费者的消费行为产生了巨大影响，尤其是在与他人交流的过程之中自然而然产生的社会比较。

社会比较作为一种自发性的比较行为，是人类社会生活中普遍存在的现象。个体有评估自身能力、观点的需求与自我提高的动机，在这种内生动机的驱使下，个体会努力寻求各种信息评估自己。尤其在社交媒体背景下，用户理想化的自我披露为社会比较提供了天然的土壤，极易产生具有竞争性的社会比较，自发引起用户间的比较行为。按照社会比较的信息对象,社会比较可以分为上行社会比较、平行社会比较和下行社会比较,由于社交媒体比较信息的两极化特征,社交媒体中的比较行为多以上行社会比较和下行社会比较为主。此外,社会比较还存在两种结果,即产生对比效应或同化效应,对比效应是指用户在社会比较后自我评价背离比较标准的现象,而同化效应则是社会比较导致自我评价趋于比较标准的现象。

社交媒体中的社会比较是一个非对称的过程。用户在社交平台上自我披露时更倾向于披露理想化甚至经过处理的信息。因此,社交媒体中的社会比较往往以上行社会比较为核心。对于上行社会比较的研究视角和对象存在较为丰富的讨论,不同学者对其作用和影响也存在争议。

有些学者指出,上行社会比较是有害的,会促使用户产生自卑感,形成攀比心理。具体而言,浏览陌生人的帖子会刺激用户产生自卑感,加强与他人的攀比,甚至引发社交媒体的负面使用行为。但是,部分研究也指出,上行社会比较对自我效能和用户行为的影响作用更加明显,同时也会产生某些积极成果。例如,研究发现,在社交媒体上进行的上行社会比较有利于用户进行健身行为和使用健身APP(application,应用)。

随着研究的深入,相关学者也逐渐意识到下行社会比较的重要性,开始通过下行社会比较来解释幸福感的产生。例如,研究发现,在新冠疫情期间,社交媒体上的下行社会比较有助于提高用户的幸福感,并缓解疫情带来的压力。此外,下行社会比较还在缓解病人焦虑情绪和促进心理健康方面发挥着积极作用。

用户在浏览社交媒体信息时,可以通过关联周围信息形成对自我评价的标准,与自身进行比较,产生自发性的社会比较,直接或间接地影响用户消费。在比较过程中,由于不同用户的比较对象不同,部分用户倾向于与高于自身水平的标准进行比较,即上行社会比较,部分用户更倾向于与低于自身水平的标准进行比较,即下行社会比较。在上行社会比较过程中,用户的自我评价低于平均标准水平,用户认识到与周围的差距而感到平庸,对自身形成压力,为减小这种压力,避免被"被人看不起",用户会渴望通过炫耀性消费来提高自我的社会地位以弥补与周围的差距,提高周围对自身的认同。例如,当用户看到其他人展示豪华品牌、奢侈旅行或炫耀高消费的照片和信息时,他们可能感到渴望有同样的体验或拥有相似的物质享受。这就有可能使得用户期待通过消费来融入上层群体,即采取从众性消费来掩饰自己和周围的差距,维护自尊。在下行社会比较过程中,用户通过社会媒体上的比较后发现,其自我评价高于平均水平,当用户察觉到这种优势之后,会通过消费进一步扩大这种差距,即通过炫耀性的消费展示自己的社会地位,彰显自身优势,获得他人仰慕。同时,社交媒体上的消费存在稀缺性也会影响消费者的消费行为,如近些年在社交媒体上大火的"茶颜悦色""霸王别姬"等奶茶品牌,都是通过营销其品牌的稀缺性来吸引消费。

## 10.5　社交媒体对品牌的影响

### 10.5.1　社交媒体和品牌

社交媒体的特点是互动和参与。它促进了在线互动和参与，改变了人们相互交往和沟通的方式，以及与公司和品牌的互动。它直接连接公司和品牌，与消费者之间是双向的。消费者不仅是内容的接收者，还是品牌信息和品牌价值的积极创作者和影响者。因此，权力已从品牌转移到消费者，品牌所有者不再对其品牌信息的内容拥有完全控制权。这种转变为公司带来了一系列的挑战和机遇。

社交媒体为品牌建立提供了机会，包括品牌形象和品牌忠诚度的品牌资产创造以及品牌管理。用户现在比以往任何时候更依赖在线评论者，因此品牌评论是一种重要的信息来源，可以影响品牌偏好和购买意图。此外，学者们认识到了其中的挑战，如何衡量社交媒体营销活动对品牌成功的影响，怎么处理越来越多的客户品牌信息，并确定改善品牌页面以吸引消费者和改善消费者品牌关系的机制。这些都是当前学者研究社交媒体和品牌之间的热点前沿。

### 10.5.2　利用社交媒体与客户共同创造品牌

那社交媒体对我们品牌又有什么影响呢？共同创造理念认为我们可以利用社交媒体与客户共同创造品牌，共同创造强调使用价值，认为价值是在顾客使用产品时创造的，企业可以通过提供资源并支持顾客将这些资源与其他私有和公共资源进行整合来增强这种使用价值的创造。随着 S-D（service-dominant，服务主导）逻辑的发展，即认为价值是由企业与顾客共同创造的。有学者更加深入地提出了"顾客永远是价值的共同创造者"，与之前"顾客永远是共同生产者"的理念有着巨大的转变，该理论认为，合作生产不同于价值共同创造，但它是价值共同创造的一个组成部分，价值共同创造还抓住了"参与核心产品本身的发展"这一核心原则。有学者更加深入地区分了合作生产和价值共同创造，"合作生产"指的是"价值主张的创造——本质上是设计、定义、生产等"，而"价值共同创造"指的是"多个参与者的行动，他们往往不知道彼此，但促进了彼此之间的幸福"。

合作生产一直被视为一种可选的主题，受到一系列因素的影响，例如，受益人的知识和需求，与客户偏好相关的现有知识等，而价值共同创造则是关注独立性和专业化的人类系统中的积极因素。根据 S-D 逻辑，价值不是由制造商生产出来，然后由顾客通过购买产品获得的；相反，价值是在客户使用产品并将其与自己的资源整合的过程中共同创造的。因此，品牌商关注的重点应该从生产转向了价值共创过程。

在品牌领域，共同创造被概念化为了"服务品牌"，通过它，公司和客户共同创造品牌意义和品牌体验。有学者认为品牌在服务环境中有着独特贡献，其主要表现为在增加价值的过程中，产生了客户体验、对话和学习。然而，有学者也提出一些不同见解，认为顾客和品牌之间的关系是一个双向的过程，强调"互惠、相互交换和履行承诺"。

因此，有学者在前面两种观念上进行了更深入的思考，他们从 S-D 逻辑的角度讨论了品牌，并认为品牌是由于价值共同创造而发展的。S-D 逻辑侧重于将客户体验作为共同创造价值的增值过程，品牌的接口包括终端客户，公司及其员工和利益相关者。

随着社交媒体的兴起，渐渐地，人们开始对品牌社区产生兴趣，其中很重要的一个因素是现代消费者被认为是有知识的，他们能够在互联网的支持下为自己开发产品，能对相关产品、客户参与度和服务等相关的问题进行讨论，并在寻找解决方案时相互支持。

而越来越多的品牌也开始拥有自己的在线社区。例如，小米、华为等一众手机品牌建立自己的手机社区，耐克、可口可乐等知名品牌也在微博、抖音等社交媒体上建立账号宣传品牌内涵。这种邀请消费者一同参与品牌共同创造的好处是，公司通过品牌社区成员分享的帖子，可以了解消费者/用户对品牌的需求、欲望和偏好，并从他们共享的知识中受益。此外，品牌社区提供的内容也可能描述其成员的专业知识、技能和经验概况，帮助品牌更好地了解自己的受众群体。例如，"做女孩"是宝洁公司为青春期前和十几岁的女孩开发的一个网络论坛。女孩们通过这个论坛匿名交流，分享她们对女性卫生的看法。通过品牌社区页面，宝洁能够与客户互动，并通过客户教育让其意识到其在社交媒体上的计划和产品，成功地与客户进行品牌共同创造。这些例子无不显示着在线品牌社区对发展和提高品牌忠诚度以及创造口碑有显著贡献。

如今，由于社交媒体对品牌和客户之间关系的贡献，社交媒体对于品牌建设变得越来越重要。加上现在移动和在线技术为客户和社区提供了一个互动平台，让大家共同创造、分享和修改用户创建的内容。这些在线平台成为用户和商家共同创建品牌和发展品牌的渠道，因此，所有这些都为公司建立自己的品牌提供了许多机会。

另外，社交媒体的使用也正在改变在线品牌推广的过程，因为它能够快速分享信息。在社交媒体社区中，参与和投入是共创品牌的重要因素。由于客户参与日益重要，品牌推广也从过去的公司为主导转变为公司和客户共同参与的活动。因此，共同创造是客户在价值创造过程中的参与，客户的角色从"被动参与者"变成"主动参与者"。价值共创描绘了一个参与式社会，在这种社会中，公司寻求客户对品牌的有价值的见解。事实上，公司可以通过组织品牌社区内的共创活动与客户创新，并与不同类型的用户合作，以获得与创新相关的新思路和内容。

### 10.5.3 社交媒体下的品牌管理

随着社交媒体的逐渐兴盛，人们的兴趣点不再集中于其娱乐性和互动性，也开始注意到社交媒体对于品牌的营销具有相当重要的作用，我们可以通过社交媒体这一媒介，向消费者灌输品牌的核心理念，达到我们品牌营销的目的，下面是一些品牌营销的策略。

### 10.5.4 利用社交媒体建立品牌社区

随着社交媒体的诞生，在社交媒体上建立属于自己的品牌社区，成为各个品牌竞相实施的品牌营销策略。

那什么是品牌社区呢？有学者将品牌社区定义为"一个专门的、不受地域限制的社区，它基于品牌崇拜者之间一组结构化的社会关系"。这些社区的背景是商品或服务的消费。与其他社区一样，品牌社区是由实体组成的，包括里面的成员，他们的关系以及情感或物质上的基本资源共享。然而，品牌社区中最重要的共享是"意义的创造和协商"。品牌社区的一大好处是促进信息共享，巩固品牌的历史和文化，为消费者提供帮助，并积极影响品牌忠诚度，以达到品牌营销的目的。

每个人加入一个群体，都有自己的加入动机。一个基本的心理需求是感受到社会联系，因此，加入社交媒体和与人联系满足了归属感的需要。对社交互动的渴望被认为是消费者在网络环境中参与内容生成活动的动机之一。购物、研究、娱乐和赚钱是在社交媒体上贡献的其他一些目的。一些研究表明，这些社交媒体上的互动关系可以将人们聚集在一起，并鼓励成员在社会中有更深层次的参与。人们加入品牌社区也是为了满足他们的需求，即被认同于他们希望与之联系的群体或符号，或者他们想要的群体或符号。

此外，品牌社区通过分享各种来源的必要信息和强调不同的价值观来支持其成员。品牌社区提供了与高度忠诚的客户接触的机会，能够与其他客户进行有效沟通并从中获取有价值的信息，并通过与其他客户的密切互动共同创造价值。也许公司在支持品牌社区方面最重要的优势是提高品牌忠诚度，这被称为企业的"圣杯"。社交媒体作为一种高效的沟通和分销渠道的优势，作为影响客户感知和行为的有力手段，并带了一些志同道合的人共同为品牌营销做出贡献。

随着技术的进步，以前地理上有限的品牌社区概念现在正在超越地理。由于消费者和品牌管理者使用社交媒体和加入品牌社区的动机非常相似，社交媒体和品牌社区的概念越来越接近。品牌社区和社交媒体的交集产生了一个概念，我们称之为基于社交媒体的品牌社区。例如，化妆品牌兰蔻玫瑰在社交媒体建立了属于自己的品牌社区，与消费者建立了情感上的纽带，培养用户的忠诚度，通过品牌社区中的互动潜移默化地进行品牌营销。

正如之前所定义的："社区是由其实体和它们之间的关系组成的。"因此，基于社交媒体的品牌社区包括品牌、产品、客户、公司和社交媒体等实体，社交媒体是社区存在的平台。在品牌社区上进行的品牌测试等活动会将社区成员和其他元素带入高情境互动。在这些互动中，有意义的消费体验、有用的信息和其他有价值的资源在成员和营销人员之间相互共享，从而加强了以客户为中心的品牌社区中所有实体之间的联系。因此我们相信社交媒体还可以提供品牌社区元素之间的高语境互动。当会员登录社交媒体平台、浏览品牌页面、评论、分享照片或体验、与营销人员互动、询问有关品牌或产品的问题或回答评论时，该会员就参与了社区活动，无形的社区变得可见。在这些互动中，资源被交换，信息和价值在成员之间被分享，从而在这些社区中巩固了联系。

因此，基于社交媒体的品牌社区与线下品牌社区一样，在一定程度上支持了成员的信息共享和福利，并加强了成员之间的联系，从而巩固了以客户为中心的品牌社区模式的实体，即客户与品牌、产品、公司和其他客户之间的关系，在这一系列的过程之中，品牌营销的效果潜移默化地达成了。

### 10.5.5 通过用户参与度来提升品牌信任

虽然品牌社区成为企业发展和维护品牌与消费者之间关系的潜在工具。然而，在大多数情况下，企业不知道在何种程度上，以及以何种方式，付出的努力正在获得回报。

而品牌信任正是获得回报的一个显著证明，品牌信任一直被视为强大而长期的品牌关系的核心结构。培养消费者对品牌的信任可以提高他们光顾、共同创造的意愿，并提高品牌忠诚度。因此，加强对如何利用社交媒体建立品牌信任的了解被认为是企业成功品牌营销的关键。

有研究表明，消费者对品牌的信任可以从其他相关实体（如品牌社区）转移过来。信任转移理论认为，个体的信任可以从一个可信的来源转移到一个未知的目标，如果它们之间存在特定的关联。信任转移可以通过两个过程进行：沟通过程和认知过程。信任转移的沟通过程发生在信托者在沟通过程中直接受到信托者影响的情况下，而信任转移的认知过程发生在信托者基于对信托者与信托者之间关联的认识而对信托者产生信任的情况下。而消费者参与正是影响信任从可信任的其他方（如其他消费者）向品牌转移的沟通过程的关键因素。

消费者参与是指消费者与焦点品牌以及包括公司、员工和其他消费者在内的其他相关对象互动的整体心理体验。在 SMBC（social media brand communities，社交媒体品牌社区）背景下，消费者参与反映了消费者参与社区活动的强烈动机，如信息共享/存储、社会活动、口碑、价值共创等。

消费者参与将增强消费者与可信方的直接沟通，并且接触可信方产生的品牌相关信息的可能性将增加。因此，在信任转移的沟通过程中，消费者参与可能是一个关键因素，这意味着消费者信任的人直接对消费者施加影响。

而品牌信任可以转移的两个来源分别为：消费者对消费者信任和消费者对营销人员（customers to marketers，C2M）信任。C2M 信任对于我们品牌的信任转移十分重要，因为消费者和营销人员之间的互动频繁。在在线品牌社区中，社区成员既与其他个人互动，也与营销人员互动。因此，C2M 信任通过消费者参与影响消费者对品牌信任的建立。

基于上述分析，我们建议如果企业想利用社交媒体培养消费者对其品牌的信任，那必须加强消费者之间信任的价值和消费者对管理其品牌社区的营销人员的信任。单纯依赖其中任何一种都会阻碍品牌信任的发展。为了培养消费者之间的信任，企业应该赞助社会活动，鼓励消费者之间的互动。

企业还应该鼓励共同创造活动，在消费者之间营造信任氛围，从而激发消费者对品牌的关注和更深层次的思考。此外，企业应该认识到，如果自己身为中小企业，那消费者对营销人员的信任比对其他消费者的信任的影响更大，尤其是在情感和行为参与方面。这意味着在中小微企业的管理不能忽视消费者对营销人员信任的发展。企业管理者还应该了解，在管理中小企业时，他们应该优先考虑消费者参与的哪些属性（认知、情感或行为）。对于倾向于发展情感投入和行为投入的管理者来说，他们应该更加注重培养 C2M 信任。他们可以分享可能与品牌没有直接关系的情感信息（如个人感受或情绪），并向中小企业的消费者公开他们的私人信息（如实时位置）。及时回应消费者的信息，有效地解决问题，也可以促进消费者的信任。

中小微企业的消费者参与正向增加了消费者对品牌的信任。除培养消费者对营销人员和其他消费者的信任之外，企业管理者还应该做出其他努力来鼓励消费者参与中小企业。例如，管理者可以通过帖子向消费者提供与品牌相关的最新信息，这些信息可以是品牌新闻、品牌发布的新产品、特别优惠等。帖子最好是生动和互动的。

企业管理者还应该提供各种激励措施来吸引消费者的参与。转发与品牌相关的帖子或使用标签（#）发起围绕品牌的游戏或话题的抽奖活动，对提高消费者参与度非常有帮助。企业管理者也应该意识到双向沟通的重要性。为此，管理者可以建立有效的反馈机制，使消费者与营销人员保持持续的沟通。

有研究表明，与非移动设备用户相比，消费者参与对移动设备用户品牌信任发展的影响更大。这意味着企业管理者应该采取措施，鼓励消费者使用移动设备访问自己的品牌。我们建议管理者更多地利用移动设备的功能。管理者可以发起活动，让消费者更容易地通过手机参与进来。例如，消费者之间以品牌为中心的照片或视频比赛可以帮助提高消费者通过手机访问品牌的机会，因为今天大多数智能手机都有摄像头。

### 10.5.6 利用社交媒体网红营销提升品牌口碑

消费者越来越依赖于通过社交媒体进行通信；因此，作为企业数字营销策略的关键组成部分，网红营销的重要性持续增长。截至2020年，近75%的营销人员利用网红在社交媒体上传播产品和品牌的口碑。网红营销通常被认为是加强在线品牌参与的关键。因此，65%的跨国品牌表示计划增加对网红营销的支出，2020年相关支出已达到100亿美元。然而，尽管这些社会影响者呈爆炸式增长，但他们的有效性仍然很低；对于脸书上的网红来说，每篇帖子的平均参与度为0.37%；在推特上，这一比例甚至更低，为0.05%（2018年智商竞赛）。

影响者营销的一个大而重要的类别是赞助博客，其中公司邀请博主发布有关特定产品和品牌的帖子（即"赞助帖子"）。博主可以直接通过他们赞助的帖子内容来帮助公司产生关于品牌、产品或服务的口碑。如果公司已经成功地部署了某些赞助博客活动（如诺基亚在芬兰的拍照手机活动），同时也经历了不成功的案例（如胡椒博士的"愤怒的牛"活动），那么品牌营销最终成效的关键又是什么呢？

公司会向在社交媒体上发表文章的博主提供报酬（现金或免费商品），由此产生的网红营销与自然产生的口碑截然不同。公司通常会同时在多个平台上开展网红营销活动。博客平台是赞助博主发挥影响力的主要环境。选择与博主和他们的帖子互动的人通常是博主的追随者。关注者会选择获取博主发布的信息，因此也很可能高度关注环境问题。这种高参与度转化为博客活动的几个方面，有助于加强关注者的参与度。因此影响最终效果的因素为以下几点。

（1）平台差异。虽然社交媒体平台之间存在各种差异，但关键的差异在于消费者使用这些平台的理由或动机。一些消费者为他们的内容寻找平台（如小红书），这意味着他们有更强的动机去努力处理内容。其他人可能主要使用平台（如微博）与他人联系，这意味着他们注重关系维护。另一个关键区别是平台上普遍存在的分散注意力的程度。由于平台提供了大量的信息和内容，微博等对每个帖子的参与度相对较低，因此，更容易分散注意力。

就现在来说，网红营销活动有两个目标：①提高知名度；②鼓励尝试。从营销人员的角度来看，宣传活动是一个更容易实现的目标，不需要消费者采取任何公开的行动。鼓励消费者购买的试用活动通常与消费者行为（如购买、应用下载）相关联，因此具有更明显的说服意图，也更难以产生用户黏性。这些广告目标（意识 vs.试用）也会影响消费者说服知识的激活，这取决于是否有更直接的广告动机，如在试用活动的情况下，或不太直接的广告动机，如意识活动的情况下。

因此根据所进行的网红营销活动的不同，在不同的平台上联系网红进行投放会产生不同的效果，如果是鼓励尝试的目的则应该投放在内容寻找平台（如小红书），而如果是提高知名度则应该选择微博等平台。

（2）网红的专业性水平。消息来源专业知识是指消息来源拥有的可信度水平。专业知识反映了消费者有资格讨论某一主题的程度，如来源资格、能力、知识、教育、专业知识和分享知识的能力。这可以来自信息力量，专家拥有其他人没有的知识。专家权力可以是特定领域的知识。如果他们有能力并且有相关的知识，背书者更有可能被认为是专家。

来源专业知识影响态度改变、信心和积极性水平，以及行为改变，并导致更高水平的说服。较高水平的说服是高来源专业知识导致更深层次处理广告信息的结果。在网红营销背景下，专业知识会增加对产品的行为意向。在赞助的社交媒体环境中，消费者会更喜欢由网红认可或推荐的产品，因为他们认为信息更有说服力和可信度。因此博主的专业性水平会深刻影响着品牌营销活动的最终成效，应该寻找品牌相关的网红进行品牌营销，提升可信度。

综上所述，当企业想用社交媒体网红营销提升品牌口碑，试图在社交媒体平台上加强宣传活动时，管理者应该突出博客作者的专业知识和可信度。而当在博客或任何其他高干扰平台上执行活动时，管理人员应该根据活动意图改变内容策略。此外，在选择博主实施涉及多个高干扰平台的策略时，管理人员应侧重于选择拥有大量粉丝基础的博主，以确保更高的渗透率和参与度。

# 参 考 文 献

陈晓红, 曾平. 2016. 移动购物评价对消费者购买意愿影响的实验研究. 经济与管理研究, 37(6): 122-129.

黄敏学, 王薇. 2019. 移动购物更快吗？决策场景与思维模式的相容性. 心理学报, (5): 612-624.

刘艳彬, 袁平. 2010. 网站粘性与购买量关系的实证研究：基于消费者手机上网数据的研究. 软科学, 24(1): 131-134, 144.

肖小平. 2016. 移动消费平台对大学生消费意愿的影响. 当代青年研究, 344(5): 105-109.

张美萱, 吴瑞林, 张涵, 等. 2018. "电子钱包"让人花钱更多？——手机支付的心理账户效应. 心理科学, 41(4): 904-909.

Alexander M J, Jaakkola E, Hollebeek L D. 2018. Zooming out: actor engagement beyond the dyadic. Journal of Service Management, 29(3): 333-351.

Azuma R T. 1997. A survey of augmented reality. Presence Teleoperators & Virtual Environments, 6(4): 355-385.

Barger V A, Webb A. 2013. In search of a surrogate for touch: the effect of haptic imagery on perceived ownership. Journal of Consumer Psychology, 23(2): 189-196.

Beckers S F M, van Doorn J, Verhoef P C. 2018. Good, better, engaged? The effect of company-initiated customer engagement behavior on shareholder value. Journal of the Academy of Marketing Science, 46: 366-383.

Bitner M J. 1992. Servicescapes: the impact of physical surroundings on customers and employees. Journal of Marketing, 56(2): 57-71.

Brasel S A, Gips J. 2014. Tablets, touchscreens, and touchpads: how varying touch interfaces trigger psychological ownership and endowment. Journal of Consumer Psychology, 24(2): 226-233.

Brasel S A, Gips J. 2015. Interface psychology: touchscreens change attribute importance, decision criteria, and behavior in online choice. Cyberpsychology, Behavior and Social Networking, 18(9): 534-538.

Brodie R J, Hollebeek L D, Jurić B, et al. 2011. Customer engagement: conceptual domain, fundamental propositions, and implications for research. Journal of Service Research, 14(3): 252-271.

Chapman P, Selvarajah S, Webster J. 1999. Engagement in multimedia training systems//IEEE. Proceedings of the 32nd Annual Hawaii International Conference on Systems Sciences. Washington: IEEE Computer Society: 1084.

Chung S, Kramer T, Wong E M. 2018. Do touch interface users feel more engaged? The impact of input device type on online shoppers' engagement, affect, and purchase decisions. Psychology & Marketing, 35(11): 795-806.

Chung S. 2016. Touch in computer-mediated environments: an analysis of online shoppers' touch-interface user experiences. Riverside: University of California, Riverside.

Dacko S G. 2017. Enabling smart retail settings via mobile augmented reality shopping apps. Technological Forecasting and Social Change, 124: 243-256.

de Vries R, Jager G, Tijssen I, et al. 2018. Shopping for products in a virtual world: why haptics and visuals are equally important in shaping consumer perceptions and attitudes. Food Quality and Preference, 66: 64-75.

Dolan R, Conduit J, Fahy J, et al. 2016. Social media engagement behaviour: a uses and gratifications perspective. Journal of Strategic Marketing, 24(3/4): 261-277.

Eroglu S A, Machleit K A, Davis L M. 2001. Atmospheric qualities of online retailing: a conceptual model and implications. Journal of Business Research, 54(2): 177-184.

Faust F, Roepke G, Catecati T, et al. 2012. Use of augmented reality in the usability evaluation of products. Work, 41(1): 1164-1167.

Fazio R H, Ledbetter J E, Towles-Schwen T. 2000. On the costs of accessible attitudes: detecting that the attitude object has changed. Journal of Personality and Social Psychology, 78(2): 197-210.

Fujii S, Gärling T, Kitamura R. 2001. Changes in drivers' perceptions and use of public transport during a freeway closure: effects of temporary structural change on cooperation in a real-life social dilemma. Environment and Behavior, 33(6): 796-808.

Guido G, Piper L, Prete M I, et al. 2017. Effects of blue lighting in ambient and mobile settings on the intention to buy hedonic and utilitarian products. Psychology & Marketing, 34(2): 215-226.

Hammedi W, Kandampully J, Zhang T T C, et al. 2015. Online customer engagement: creating social environments through brand community constellations. Journal of Service Management, 26(5): 777-806.

Harmeling C M, Moffett J W, Arnold M J, et al. 2017. Toward a theory of customer engagement marketing. Journal of the Academy of Marketing Science, 45(3): 312-335.

Hedgcock W M, Rao R S, Chen H A. 2016. Choosing to choose: the effects of decoys and prior choice on deferral. Management Science, 62(10): 2952-2976.

Hein W, O'Donohoe S, Ryan A. 2011. Mobile phones as an extension of the participant observer's self: reflections on the emergent role of an emergent technology. Qualitative Market Research, 14(3): 258-273.

Heller J, Chylinski M, de Ruyter K, et al. 2019. Let me imagine that for you: transforming the retail frontline through augmenting customer mental imagery ability. Journal of Retailing, 95(2): 94-114.

Hoffman D L, Novak T P. 2009. Flow online: lessons learned and future prospects. Journal of Interactive Marketing, 23(1): 23-34.

Hollebeek L D, Glynn M, Brodie R J. 2014. Consumer brand engagement in social media: conceptualization, scale development and validation. Journal of Interactive Marketing, 28(2): 149-165.

Hollebeek L D, Srivastava R K, Chen T. 2019. S-D logic-informed customer engagement: integrative framework, revised fundamental propositions, and application to CRM. Journal of the Academy of Marketing Science, 47: 161-185.

Jaakkola E, Alexander M. 2014. The role of customer engagement behavior in value co-creation: a service system perspective. Journal of Service Research, 17(3): 247-261.

Jacques R, Preece J, Carey T. 1995. Engagement as a design concept for multimedia. Canadian Journal of Learning and Technology, 24(1): 49-59.

Javornik A. 2016a. 'It's an illusion, but it looks real!' Consumer affective, cognitive and behavioural responses to augmented reality applications. Journal of Marketing Management, 32(9/10): 987-1011.

Javornik A. 2016b. Augmented reality: research agenda for studying the impact of its media characteristics on consumer behaviour. Journal of Retailing and Consumer Services, 30: 252-261.

Jennings M. 2000. Theory and models for creating engaging and immersive ecommerce websites//Prasad J, Nance W. Proceedings of the 2000 ACM SIGCPR conference on Computer personnel research. New York: Association for Computing Machinery: 77-85.

Jih W J. 2007. Effects of consumer-perceived convenience on shopping intention in mobile commerce: an empirical study . International Journal of E-Business Research, 3(4): 33-48.

Kleijnen M, de Ruyter K, Wetzels M. 2007. An assessment of value creation in mobile service delivery and the moderating role of time consciousness. Journal of Retailing, 83(1): 33-46.

Kontra C, Lyons D J, Fischer S M, et al. 2015. Physical experience enhances science learning. Psychological Science, 26(6): 737-749.

Lee H W. 2015. Does touch-based interaction in learning with interactive images improve students' learning?. The Asia-Pacific Education Researcher, 24(4): 731-735.

McLean G, Osei-Frimpong K. 2017. Examining satisfaction with the experience during a live chat service encounter-implications for website providers. Computers in Human Behavior, 76: 494-508.

McLean G, Wilson A. 2019. Shopping in the digital world: examining customer engagement through augmented reality mobile applications. Computers in Human Behavior, 101: 210-224.

McLean G. 2018. Examining the determinants and outcomes of mobile app engagement - a longitudinal perspective. Computers in Human Behavior, 84: 392-403.

Morewedge C K, Giblin C E. 2015. Explanations of the endowment effect: an integrative review. Trends in Cognitive Sciences, 19(6): 339-348.

Neff J. 2007. OMD proves the power of engagement. Advertising Age, 78(27): 3, 31.

O'Brien H L, Toms E G. 2010. The development and evaluation of a survey to measure user engagement. Journal of the American Society for Information Science and Technology, 61(1): 50-69.

Okazaki S, Mendez F. 2013. Perceived ubiquity in mobile services. Journal of Interactive Marketing, 27(2): 98-111.

Osei-Frimpong K, McLean G. 2017. Examining online social brand engagement: a social presence theory perspective. Technological Forecasting and Social Change, 128: 10-21.

Pansari A, Kumar V. 2017. Customer engagement: the construct, antecedents, and consequences. Journal of the Academy of Marketing Science, 45(3): 294-311.

Pantano E. 2014. Innovation drivers in retail industry. International Journal of Information Management, 34(3): 344-350.

Peck J, Childers T L. 2003. Individual differences in haptic information processing: the "need for touch" scale. Journal of Consumer Research, 30(3): 430-442.

Pedra A, Mayer R E, Albertin A L. 2015. Role of interactivity in learning from engineering animations. Applied Cognitive Psychology, 29(4): 614-620.

Rauschnabel P A, Brem A, Ivens B S. 2015. Who will buy smart glasses? Empirical results of two pre-market-entry studies on the role of personality in individual awareness and intended adoption of Google Glass wearables. Computers in Human Behavior, 49: 635-647.

Rauschnabel P A, He J, Ro Y K. 2018. Antecedents to the adoption of augmented reality smart glasses: a closer look at privacy risks. Journal of Business Research, 92: 374-384.

Rese A, Baier D, Geyer-Schulz A, et al. 2017. How augmented reality apps are accepted by consumers: a comparative analysis using scales and opinions. Technological Forecasting and

Social Change, 124: 306-319.

Scharl A, Dickinger A, Murphy J. 2005. Diffusion and success factors of mobile marketing. Electronic Commerce Research and Applications, 4(2): 159-173.

Schlosser A. 2006. Learning through virtual product experience: the role of imagery on true versus false memories. Journal of Consumer Research, 33(3): 377-383.

Shen H, Zhang M, Krishna A. 2016. Computer interfaces and the "direct-touch" effect: can iPads increase the choice of hedonic food?. Journal of Marketing Research, 53(5): 745-758.

Shu S B, Peck J. 2011. Perceived ownership and affective reaction: emotional attachment process variables and the endowment effect. Journal of Consumer Psychology, 21(4): 439-452.

van Doorn J, Lemon K N, Mittal V, et al. 2010. Customer engagement behavior: theoretical foundations and research directions. Journal of Service Research, 13(3): 253-266.

Venkatesh V, Thong J Y L, Xu X. 2012. Consumer acceptance and use of information technology: extending the unified theory of acceptance and use of technology. MIS Quarterly, 36(1): 157-178.

Venkatesh V. 2000. Determinants of perceived ease of use: integrating control, intrinsic motivation, and emotion into the technology acceptance model. Information Systems Research, 11(4): 342-365.

Wakefield K L, Baker J. 1998. Excitement at the mall: determinants and effects on shopping response. Journal of Retailing, 74: 515-539.

Wang C, Zhu R J, Handy T C. 2016. Experiencing haptic roughness promotes empathy. Journal of Consumer Psychology, 26(3): 350-362.

Wang Z Y, Nelson M R. 2014. Tablet as human: how intensity and stability of the user-tablet relationship influences users' impression formation of tablet computers. Computers in Human Behavior, 37: 81-93.

Yang K, Kim H Y. 2012. Mobile shopping motivation: an application of multiple discriminant analysis. International Journal of Retail & Distribution Management, 40(10): 778-789.

Yang K. 2010. Determinants of US consumer mobile shopping services adoption: implications for designing mobile shopping services. Journal of Consumer Marketing, 27(3): 262-270.

Yim M Y C, Chu S C, Sauer P L. 2017. Is augmented reality technology an effective tool for E-commerce? An interactivity and vividness perspective. Journal of Interactive Marketing, 39: 89-103.

Zhu M L, Yao Y, Jiang Y L, et al. 2004. A survey on augmented reality. Journal of Image and Graphics, 9(7): 767-774.

Zhu Y, Meyer J. 2017. Getting in touch with your thinking style: how touchscreens influence purchase. Journal of Retailing and Consumer Services, 38: 51-58.